Il Cuoco galante

Uria me genuit; Vincentius est mihi nomen
Corradus; qui sim sat mea scripta docent.

Vincenzo Corrado

Il Cuoco galante

Ristampa dell'edizione napoletana del 1793

CON INTRODUZIONE E GLOSSARIO DI

Lejla Mancusi Sorrentino

Napoli
Grimaldi & C. Editori

ISBN-13: 978-88-98199-04-4

info@grimaldilibri.com www.grimaldilibri.com

IL CUOCO GALANTE

Il Cuoco Galante, pubblicato anonimo nel 1773, ebbe un successo straordinario e inaspettato. Oltre a suscitare grande interesse per la ventata di novità che portava nella gastronomia settecentesca italiana, strettamente legata ai dettami francesi, destò anche molta curiosità per il misterioso Autore che, nel timore di non incontrare il consenso del pubblico, aveva preferito tenere nascosto il proprio nome. Nei salotti non si parlava d'altro, era l'argomento di conversazione preferito, tra citazioni di piatti e ipotesi più o meno plausibili su chi ne fosse l'autore, anche perché la stesura del libro rivelava una notevole cultura ed una straordinaria raffinatezza. Né si pensi che erano solo le gentili dame a disquisire sull'originale opera che affrontava un tema solo all'apparenza frivolo, ricco invece di spunti culturali, storici e antropologici, messi ben in evidenza dall'Autore. Considerato a tutti gli effetti una novità letteraria, fu letto con attenzione dall'Abate Ferdinando Galiani, che ne commentò le argomentazioni in una lettera inviata a Madame d'Epinay il 14 agosto 1773, che fa parte del corposo epistolario intrattenuto dal grande illuminista con la nobildonna francese. L'abile uomo politico, che per un decennio aveva prestato i suoi servigi presso la corte francese quale rappresentante del Regno di Napoli, si sfoga amaramente con l'amica per il modesto incarico affidatogli in patria dopo un incidente diplomatico in seguito al quale era stato richiamato a Napoli, poi decide di passare ad argomenti più lieti: *Vous me plaignez; eh bien, consolons-nous. J'ai bien dîné ce matin chez le grand-maître du roi; je dînerai bien demain chez notre généralissime; après-demain chez l'ambassadeur de France. La cuisine va toujours bien ici. A propos, un frère cuisinier des Célestins vient de publier un ouvrage complet sur la cuisine. On ne parle beaucoup, car c'est le premier livre qui paraisse depuis deux ans. Un religieux, homme d'esprit, l'a aidé à le composer. Il dit, dans sa dédicace, qu'on a tort d'appeler de bon goût, ce qui se connaissent en bonne musique ou en bons tableaux: que ces gens-là sont tout au plus des gens à bonnes oreilles ou à bons yeux; mais qu'il n'y a de bon goût qu'à se connaître en ragoûts. Il a raison, au moins grammaticalement.*[1]

L'allusione al *Cuoco Galante* e a Vincenzo Corrado sono inequivocabili, e la lettera dimostra come l'identità dell'Autore fosse in pratica un segreto di Pulcinella se l'Abate Galiani, a qualche mese dalla pubblicazione, scriveva alla d'Epinay che il libro in questione era opera di un frate cuciniere dei Celestini, aiutato da un religioso, uomo di spirito, che può essere identificato in Cherubino Brancone, Padre Generale dell'Ordine. A costui in quella prima anonima edizione il Corrado aveva indirizzato un sonetto esprimendogli riconoscenza quale mentore della sua sapienza gastronomica e di quella complessa arte conviviale degna di personalità d'alto rango. Con tono confidenziale il Galiani si mostrava compiaciuto delle felici esperienze gastronomiche nella Napoli di fine Settecento, dove si mangiava e si beveva bene. Saranno, ahimè, gli ultimi anni privilegiati, ben presto i tristi avvenimenti francesi del 1789 costringeranno la nobiltà di tutta Europa a rinunciare ai fasti e all'apparato sontuoso della tavola. Il Corrado sarà testimone dei cambiamenti sociali, li vivrà in prima persona, ne subirà le conseguenze e ne prenderà atto nel suo ultimo ricettario *I pranzi giornalieri* del 1809[2], nel quale i pasti sono molto semplificati, il numero dei piatti per ogni servizio è drasticamente ridimensionato e la cucina è molto meno sfarzosa, per allinearsi alle tendenze alimentari imposte dal *Nouveau Régime*.

Che quell'anonimato debba essere interpretato come un'ingenua quanto inutile civetteria si intuisce dall'aver egli inserito in quasi tutti i capitoli dell'opera ricette di sua invenzione, denominate *alla Vincenzina* o *alla Corradina*, alludendo al suo nome e cognome, e *all'Oritana* dal paese natio, uscendo allo scoperto e permettendo così a chiunque di individuarlo. Del resto, se nelle successive edizioni lo stesso Corrado ebbe a dichiarare che alcuni suoi amici lo avevano esortato a fare una seconda edizione del libro, esaurito nel giro di qualche anno, evidentemente costoro già sapevano che egli ne era l'Autore. Edizione che comparve nel 1778, riveduta e ampliata, con il nome e il ritratto del Corrado, che non mancarono di apparire in tutte le numerose opere che egli scrisse in seguito.

Analisi del testo

Il *Galante* del titolo non deve essere inteso nel senso oggi comune di adulatore complimentoso verso le donne ma, come riportano importanti dizionari, nel senso un po' antiquato di ricercato, delicato, raffinato, perfetto. La quarta edizione del *Cuoco Galante*, qui riprodotta in anastatica, si apre con il ritratto dell'Autore accompagnato da una scritta in latino che tradotta a senso dice: "*Oria mi diede i natali, il mio nome è Vincenzo Corrado; i miei scritti diranno molte cose su di me*". Segue una dedica al Signor don Luigi Piccenna, probabilmente un facoltoso e noto commerciante dell'epoca, esperto gastronomo che, avendo affinato il suo gusto con i frequenti viaggi d'affari nelle principali città italiane, sembrò al Corrado l'uomo giusto cui dedicare il suo libro ampliato, perfezionato e completamente rinnovato. E con molta probabilità coprì le spese della ristampa.

In una nota rivolta al lettore, l'Editore tesse le lodi dell'Autore che con ingegno felicissimo e i consigli del Principe di Francavilla, "*il Lucullo de' nostri tempi*", era riuscito a rendere raffinata e elegante l'arte di preparare i cibi e di condirli in varie maniere inventando nuove pietanze e utilizzando nuove materie. L'Editore precisa che alla prima edizione di quell'utilissimo Trattato ne erano seguite una seconda e una terza, tutte esaurite, essendo stati venduti nel giro di pochi anni ben 4500 volumi, sicché per le pressanti richieste di lettori sia Italiani che Stranieri, era stato necessario presentare la quarta, ben diversa dalle precedenti, arricchita e perfezionata in tutte le sue parti.

L'indice delle materie trattate apre il ricettario che si compone di circa 1350 ricette; in una sorta di prefazione, *A chi vuol sapere*, il Corrado descrive l'evoluzione della cucina nell'antichità classica, divenuta col tempo elaborata e sontuosa, ed afferma che l'arte della gola è una pratica di primaria importanza, per vivere sani e felici gli uomini hanno bisogno di alimentarsi con cibi piacevoli, ben preparati e soprattutto variati. Convinto assertore della fantasia, dell'eleganza e della novità a tavola, il suo merito fu proprio quello di interrompere la monotonia e la supremazia della cucina d'oltralpe, e di introdurre sulle mense signorili alcuni elementi tipici italiani, rivendicando alla cucina nazionale un ruolo di primo piano, perduto ormai da alcuni secoli. Rimaneggiando classiche preparazioni alla moda francese mediante il sapiente utilizzo di erbe e sapori, egli si rese fautore di una cucina raffinata, leggera e profumata, creazioni originali identificabili dalle locuzioni *alla Corradina* o *alla Vincenzina*, dal suo nome, o *all'Oritana*, cioè alla moda di Oria, sua città natale. Esempi emblematici dell'operazione di rinnovamento svolta dal Corrado sono l'introduzione della patata e l'uso innovativo del pomodoro, sia per stufare le carni in sostituzione dei brodi grassi e sostanziosi della cucina francese, sia per condire i soffritti di interiora di maiale e il baccalà in tegame. Un timido tentativo di introdurre il pomodoro nell'alta cucina era stato già fatto un secolo prima da Antonio Latini, grande cuoco attivo presso nobili casate napoletane, che raccolse le sue esperienze ne *Lo Scalco alla moderna*[3]. Per quanto riguarda la patata invece Corrado è un vero precursore, sebbene in questa edizione del *Cuoco Galante* vi sia una sola ricetta, *Purè di patate*, dedicata alla solanacea, disprezzata da ricchi e poveri, relegata da tutti a cibo per porci. Forse è questa la prima volta che le patate compaiono in un ricettario, sull'onda di un interesse sempre crescente e della pubblicazione di numerosi testi di successo sull'argomento nella mente di Vincenzo Corrado già maturava il progetto di un ricettario dedicato esclusivamente al tubero in questione. Nel 1798 infatti vide la luce *Il Trattato delle Patate per uso di cibo*, di cui sarà inserito un saggio nella quinta edizione del *Cuoco Galante*, preceduto da una citazione significativa delle *padate* tra le culture delle Regia città di Cava nel *Notiziario delle produzioni particolari del Regno di Napoli* del 1792: "*...dal territorio di questa Città, oltre all'abbondanza e delle biade, degli erbaggi e della frutta, vien con rarità particolarizzato nella produzione delle padate, delle quali ne fanno anche pane.*"

L'attenzione del lettore, nel valutare la cucina del *Cuoco Galante*, sarà sicuramente colpita dalla mescolanza di ingredienti dolci e salati in una stessa pietanza, che potrebbe apparire insensata e stomachevole rispetto ai gusti attuali. Canditi, zucchero, cannella, vaniglia, pan di Spagna, mostaccioli venivano abitualmente mescolati a carne, pesce o verdure nella preparazione di farce, salse e condimenti per arricchire minestre, grandi arrosti, timballi o fritture. E viceversa provature, formaggi, carni macinate, riso, prosciutto, piselli, spinaci, asparagi, ceci, entravano negli impasti e nei ripieni di torte e dolci. La commistione tra questi ingredienti si protrasse fino alla fine dell'Ottocento, di conseguenza nell'ordine di servizio non vi era una netta distinzione né una rigida alternanza fra pietanze dolci e salate. Zucchero, cannella e tutte le spezie, che in virtù del loro elevatissimo costo avevano acquistato un valore di *status-*

symbol, erano profuse senza economia su qualsiasi cibo a dimostrazione del potere economico dell'anfitrione.

L'estrema concisione delle ricette, raggruppate secondo l'argomento o l'ingrediente principale, rappresenta un tentativo di semplificare l'approccio all'arte della cucina in antitesi con lo stile retorico e ampolloso dei trattati precedenti, la forma stringata ed esauriente niente toglie all'intelligibilità del testo rivolto probabilmente a chi fosse già esperto nell'arte, e non necessitava di eccessive spiegazioni. Nel ricettario si incontra sovente l'espressione *alla parmigiana*, alla quale corrispondono diversi tipi di preparazioni che hanno in comune solo l'utilizzo di formaggio parmigiano e non è quindi indicativa di una tecnica specifica. Il lessico gastronomico adottato nel ricettario peraltro conferma l'intenzione del Corrado di assimilare la cucina forestiera con quella locale, utilizzando voci d'oltralpe italianizzate con tale disinvoltura da comprometterne talvolta la comprensione: *sivé* per *civet*, *bigné* per *beignet*, *culì* per *coulis*, *glassa* per *glace* e così via. Tuttavia la lingua da lui utilizzata, che può essere definita italo-franco-napoletana, costituisce un vero e proprio certificato di autenticità, peraltro molti termini gastronomici introdotti per la prima volta dal Corrado, accolti nel linguaggio corrente sono poi rimasti nell'uso comune. Conscio del limite del suo stile letterario, l'Autore in coda al ricettario si giustifica: *non propongo regole di ben dire, ma di ben condire*, mentre risulta piuttosto scontata la dichiarazione di non aver la pretesa di aver compiuto un lavoro esaustivo in quanto la *cucina e l'invenzione delle vivande termina col terminar degli uomini* (pag. 210).

Il ricettario

Nel capitolo dei *Discorsi preliminari* vi sono suggerimenti e consigli di carattere generale, e già da queste premesse il Corrado mostra di conoscere a fondo la materia, a cominciare dai requisiti che devono avere i locali da destinare alla Cucina, luminosi e aerati, ai recipienti da usare per cucinare le pietanze: bocciate categoricamente le pentole di rame per il grave rischio di avvelenamento, la predilezione va verso quelli di creta e di ferro stagnato, e così via di seguito sul sistema migliore per conservare gli alimenti, sull'utilità di frollare le carni, di come si cuociono, si condiscono e si apparecchiano le pietanze e sull'ordine in cui esse debbano essere servite, sui doveri e sulle qualità dello Scalco, del Cuoco, ecc.. Considerazioni tutte condivisibili, riportate a quegli anni, del tutto inaccettabile invece il suo giudizio negativo sulle donne che, a suo dire, sarebbero capaci soltanto di dare un aiuto marginale, in quanto solo gli uomini sarebbero in grado di scegliere i cibi più adatti per imbandire tavole di parata e di galanteria perché dotati di vivacità d'ingegno, di educazione e di conoscenza degli astri...*sicché uomini, per ciò fare, han da essere*. Mah!

In apertura con il **Trattato I**, *Delle Zuppe e Potaggi e de' Colì e Purè*, quelle che oggi chiameremmo *Ricette di base*, ecco allora gli indispensabili brodi in cui ogni cibo veniva cotto, il *brodo chiaro generale e il brodo oscuro detto suage*, da cui dipendeva la bontà delle *Zuppe* (ne sono elencate 33) e dei *Potaggi* (25), vivande brodose che nell'ordine del servizio di tavola erano le prime a comparire sulla mensa. Da segnalare per l'originalità il *Potaggio di popone* (pag.16), a base di popone rosso, acini di uva acerba, e ceci e il *Potaggio di Frutta* (pag. 15) sorta di minestrone con pere, pesche, cipolle, zucche lunghe e sedani, completato da purè di pomodoro, che ancor oggi conta estimatori a Napoli tra buon gustai nostalgici dei sapori d'un tempo; destano curiosità un'improbabile *Zuppa di Tralci di Vite* (pag. 12), la *Zuppa di testuggine* (pag. 14), rettile dalla carne ricercata ed apprezzata per il gusto delicato, diffusa soprattutto nella tradizione inglese, mentre nelle varie *Zuppe di riso* (pag. 13) in cagnone, alla milanese, alla parmigiana, ecc. si riconoscono gli antenati degli attuali risotti. Non meno importanti erano i *Colì o Culì* (dal francese *couler* = colare), termine che all'epoca indicava i sughi concentrati ottenuti per la lenta cottura di pesci, carni o verdure insieme a spezie ed erbe aromatiche, accuratamente filtrati e passati al setaccio per essere serviti lisci e vellutati insieme alle più svariate pietanze cui aggiungevano sapore. Ne sono elencati ben 32, tra cui il *Colì di Pomidoro*, preparato facendo cuocere i pomodori con grasso di prosciutto, aglio, alloro, basilico, sale e pepe, non molto diverso quindi dalla nostra salsa quotidiana. Svariati anche i purè, con analoga funzione, tra cui spicca quello di patate già segnalato.

Il **Trattato II**, *Degli Animali quadrupedi domestici*, è dedicato a vitello, manzo, capretto, agnello, castrato e porco. Il più importante, con più di 120 ricette, era il Vitello lattante di cui sono utilizzate tutte le parti, ed è sconcertante constatare in quanti modi potevano essere cucinate le cervella, la testa, la lingua, i piedi, le orecchie del vitello, e persino gli occhi, impanati e fritti (pag. 177, 179), oltre ai *lattaroli*, cioè gli schienali, definiti *onore de' conviti e delizia de' golosi.* E che dire di mangiare Somaro Lattante? Lo si può cucinare, consiglia il Corrado, nello stesso modo del vitello (pag. 31), secondo gli usi degli *abitanti degli Oltremontani Lidi*, forse Svizzeri, Francesi, Slavi. Poco spazio per Bue e Manzo, ma ben 9 ricette sono dedicate alla *Zinna di Vacca* (pag. 34). In definitiva sembra che interiora e parti meno nobili, oggi rifiutate con ripugnanza, fossero invece molto gradite ai nostri avi.

Tra gli ovini il Castrato era il più apprezzato, molte le ricette, insolita e raffinata quella con salsa *Bergamel* (pag. 39), probabile storpiatura per béchamel che fa il paio con *alla Pampatour* per Pompadour della pagina 38. Per il Capretto, oltre che arrosto, in fricassea e al pomodoro, 5 ricette sono dedicate alla testa e 7 alle interiora, ma era di gran lunga preferito all'agnello di cui unico boccone prelibato erano i *granelli*, che *arrosto, in umido, in Pasticci, in Torta e... in qualunque modo si facciano, sempre son piacevoli...*(pag. 37) chi oggi mangerebbe e troverebbe deliziosi i testicoli di agnello?

Animale immondo il Maiale si riscatta per la sua carne saporitissima, utilizzata sia dai nobili che dal ceto modesto, ma limitatamente ai mesi invernali quando fa freddo. Anche qui poche le ricette per i tagli usuali, mentre numerose sono le proposte per testa, piedi, orecchie, sangue, polmone e pancetta. Credo che l'indulgere verso queste parti, adesso considerate di scarto, non era certo per un'esigenza di economia, ma piuttosto di varietà, dovendo portare in tavola almeno 32 pietanze differenti ad ogni servizio. Stuzzicanti le proposte per farcire il porchetto di latte, da provare quello *Ripieno di Maccheroni* (pag. 40) conditi con cervellate sbriciolate, formaggio e prosciutto, perplessità invece per l'imbottitura a base di capitone stufato e salsa di acciughe e pistacchi, nella stessa pagina.

Infine sono descritti vari salumi tra cui il cotechino, le salsicce di fegato, di cinghiale e di vitello, più insolite le salsicce fatte con petto e cosce di beccacce, e quelle di Tonno, Cefalo e Capitone (pag.46-48).

Cinghiale, Cervo, Conigli, Lepre e Ghiri, bottino delle frequenti partite di caccia, passatempo preferito della nobiltà, sono raggruppati nel **Trattato III**, *Degli Animali quadrupedi Selvatici.* Qui sono due le considerazioni da fare, la prima è che, se il Corrado ha catalogato i conigli fra gli animali selvatici, vuol dire che all'epoca o non erano ancora oggetto di allevamento, o agli allevati si preferivano quelli liberi, ancora facilmente reperibili. La seconda riguarda il ghiro che, totalmente assente nei ricettari di autori precedenti, sporadicamente consumato ancora nel Medioevo, aveva perso del tutto i favori dei gastronomi e non era più cucinato da secoli, quando il Corrado, appassionato di studi classici, lo riportò in auge avendone forse appreso l'uso negli scrittori latini. La sua carne infatti era molto apprezzata dagli antichi Romani che allevavano i ghiri in speciali vasi forati, dove li mettevano all'ingrasso con ghiande, noci e castagne per poi arrostirli dopo averli eviscerati, spellati e ricoperti di miele e semi di papavero, secondo i suggerimenti di Petronio. Apicio invece preferì condire i ghiri con una salsa piccante a base di *garum*[4].

Preferito e lodato tra tutti i bipedi è il Cappone, con cui si apre il **Trattato IV** *Degli Animali Volatili Domestici*. Delle trenta ricette dedicategli, due si mettono in evidenza per l'originalità, il *Cappone in arrosto alla Corradina* (pag. 57) ripieno di uccelletti cotti con burro e salvia, e quello *In arrosto al Capitone* (pag. 56), che fa il paio con la porchetta citata in precedenza. Era evidentemente un binomio di successo se Vincenzo Agnoletti, cuoco di Maria Luigia duchessa di Parma, la inserì nel suo *Manuale del Cuoco* sotto il titolo di *Cappone alla napoletana*[5]. Le galline più pregiate erano considerate quelle nere, dal becco rosso e cresta doppia, ma per renderne la carne più tenera e delicata si usava sterilizzarle privandole dell'ovario con un'abile manovra manuale descritta a pag. 58. Vari i modi di cucinare i pollastri, insolito cuocerli nel latte, mentre anche i teneri pulcini venivano immolati alla golosità dei ricchi, eccoli allora ripieni e fritti, oppure tagliati in quattro, passati in pastella e trasformati in calde e croccanti frittelle, o cotti nel pomodoro farciti di prosciutto e tartufi. Tra i nuovi prodotti giunti in Europa dopo la scoperta dell'America, c'era anche uno strano volatile dall'aspetto di un grosso pollo che all'inizio, poiché proveniva da quelle terre che si credevano essere l'India, fu chiamato *Gallo d'India*, termine che a Napoli si conservò anche quando fu coniata la voce onomatopeica *Tacchino* dal verso dell'animale. Il nuovo volatile fu subito apprezzato per le carni tenere e la notevole mole, e il Corrado lo utilizzò come contenitore per svariate farce, a base di carne, salsicce, gnocchi, riso, ecc. poi cotto arrosto, ma anche servito freddo in galantina. Ci sono ancora i *Piccioni*, l'*Oca* e il *Pavone*, ormai al suo declino, dopo i fasti medievali e rinascimentali quando, una volta arrostito, si usava portarlo a tavola in trionfo, rivestito della sua bellissima corona di penne e della testa con un batuffolo acceso nel becco.

Di particolare importanza il **Trattato V**, *De' Volatili Selvatici*, frutto anche questi delle frequenti battute di caccia che si concludevano quasi sempre con un banchetto per gustare le prede uccise nella giornata. Si comincia dal Fagiano, dove ricompare lo strano abbinamento con il capitone qui segnalato come *Arrostito alla Corradina* (pag. 68), segue la Pernice che con le Starne, è cibo delicato *proprio delle mense nobili e sontuose, raro in quelle frugali*. Per Beccafichi e Ortolani il Corrado dà libero corso alla sua inventiva: i primi usati come squisito ripieno di grosse cipolle o presentati in modo insolito e sorprendente dentro gusci d'uovo, i secondi, *rari e stimatissimi da' Signori*, rappresentavano un prezioso omaggio da inviare ad amici lontani racchiusi in un involucro di farina. Ancora tante ricette originali per Beccacce, Mallardi, Anatre, Allodole, Quaglie, Tordi, Tortore, Colombacci e Palombelle, gli ultimi due definiti cibo rustico e villano da utilizzare solo in mancanza di altri volatili.

Pesci grandi e piccoli, di mare e d'acqua dolce, frutti di mare, crostacei, ma anche tartarughe e rane sono il tema del **Trattato VI**, *Degli Animali Acquatici*, proposti in numerose e variate ricette. Una breve disamina delle caratteristiche di ciascuna specie apre i vari capitoletti, preferiti i pesci di grandi dimensioni, primo fra tutti lo Storione, all'epoca presente in molti fiumi italiani, in chiusura un breve cenno ai pesci conservati come Baccalà, Tonno, Pesce spada, Acciughe, Aringhe, ecc., stupisce peraltro l'assenza di polpi e seppie. Molte sono le preparazioni semplici, ma altrettanto numerose quelle elaborate, particolari per l'insolito accostamento degli ingredienti e il sapiente ricorso alle erbe aromatiche. Ne risulta una cucina indubbiamente raffinata anche se si può nutrire qualche perplessità sull'utilizzo di lardo, latte di mandorle, brodo di manzo o di pollo per cuocere i pesci, come anche di servirli accompagnati da *colì* (salsa) di prosciutto, di vitello o di pollo, o di farcirli con carne tritata, tuttavia va riconosciuto al Corrado il merito di aver introdotto il pomodoro nella cottura dei pesci. Niente di nuovo hanno inventato i cosiddetti chef creativi dei nostri giorni che adagiano filetti di pesce su crema di ceci o salsa di pistacchi, di funghi, di tartufi, Corrado ci aveva già pensato più di duecento anni fa. È ancora l'Agnoletti che riporta una ricetta di sogliola, *Linguattola alla Corradina*, spinata e imbottita con una farcia di carne di vitello, erbette, spezie e uova, poi impanata e fritta[6], dal Corrado intitolata *Alla Santé-menò* (pag. 83) alterando come al solito la dizione francese *Sainte-Menehould*, che è una città sulla Marna. E' questo uno dei tanti indizi della sua napoletanità, rivelata peraltro dall'uso di termini come *scapece*, *capitone*, *cecinelli*, *fragaglia*, e forse anche dallo *Scherzo di Gambari*, suggerito a pag. 91. Par di vederlo sorridere sornione davanti allo stupore dei commensali che vedono camminare i gamberi nel piatto.

Il **Trattato VII** rappresenta la parte più rilevante e significativa del ricettario, quella che attesta il lusso e l'opulenza di una mensa, qui il Corrado mostra tutta la sua esperienza, abilità e gusto proponendo ben 50 tra *Torte* e *Pasticci* a base di carni e circa 30 con pesci, uova e verdure, e scorrendo i titoli di questa sezione si intuisce come siano quasi tutte creazioni partorite dalla sua fantasia. Queste complesse preparazioni erano il più bell'ornamento della tavola, con le loro ricche decorazioni in bassorilievo di fiori, frutta, animali o anche stemmi nobiliari modellati con la pasta, opera di abili artigiani e di cuochi dotati di indubbio estro artistico, che davano anche la misura del censo dell'anfitrione in grado di assoldare specialisti di così alto livello. Si inizia dalla spiegazione dell'involucro che può essere realizzato con tre tipi di pasta *Mezza frolla*, ossia *Brisée*, *Sfogliata* e *Soda*. Il ripieno di torte e pasticci era in genere formato da piccoli animali interi disossati o da grandi pezzi di carne precedentemente cotti e inglobati in un impasto di carni, prosciutto o interiora tritati, arricchito da ingredienti preziosi come tartufi e spezie, e aromatizzato da erbe profumate. L'abilità nel comporre siffatte pietanze consisteva soprattutto nel saper abbinare gli ingredienti in modo da fondere armonicamente i vari sapori tra loro, senza che l'uno prevalesse sull'altro.

Nei numerosissimi giorni di magro le carni erano sostituite da pesci spinati farciti con verdure e ortaggi, poi cotti nel vino o altri brodi saporiti, mentre per l'involucro, essendo vietato il burro si ricorreva all'olio, il vino bianco e acqua tinta con zafferano sostituivano le uova per conferire una piacevole doratura e il colore giallo alla pasta. L'astinenza dalla carne e da tutti i prodotti di origine animale era un problema molto sentito che creava non poche difficoltà al Maestro di Casa nell'organizzazione dei pranzi. Nella seconda metà del Settecento, nonostante la Chiesa avesse fatto numerose concessioni riducendo i giorni di penitenza, vi erano ancora molti giorni di magro o di digiuno, oltre 150 in un anno, in cui non si potevano mangiare carne, uova né derivati del latte. L'astinenza riguardava tutti i venerdì, per rispetto alla passione di Cristo, i 40 giorni della Quaresima, le 4 settimane delle Tempora, una per ogni stagione, inoltre i giorni che precedevano importanti feste religiose, quindi vari mercoledì e sabato in quanto vigilia di ricorrenze che cadevano di giovedì o di domenica, come Pentecoste, Corpus Domini, ecc. I ricchi però riuscivano spesso ad eludere le restrizioni ottenendo la dispensa, detta *lettera della carne*, in cambio di una congrua elargizione in danaro alla diocesi.

L'intero **Trattato VIII** è dedicato alle *Uova*, definite il cibo più igienico e sano, elaborate e cucinate con mirabile fantasia in 64 ricette tra frittate insaporite dall'aggiunta dei più diversi ingredienti come fichi, rane, testicoli di galli, e uova sode variamente farcite e poi fritte. Anche le uova in camicia sono condite e insaporite nei modi più impensabili.

Il *Latte*, altro cibo utilissimo all'uomo in ogni momento della vita, dalla nascita alla vecchiaia, è l'argomento del **Trattato IX**, insieme a burro e panna, suoi derivati. Con il latte sono realizzate svariate *Creme* dai gusti più disparati, addensate con *fior di riso*, preferito alla farina perché più delicato, ma numerosi sono anche i *Budini*, dolci o rustici, tra cui alcuni a base di sangue di maiale o di agnello, di pastina e di fegatini di pollo. Per i giorni di magro, abolite latte e uova, si doveva ricorrere al latte di mandorle aumentando la quantità di fior di riso per rimpiazzare il potere legante delle uova. Ineffabili e virtuali sono gli unici aggettivi che possono definire due ricette di questa sezione: il *Butirro arrostito allo spiedo* e il *Latte arrostito allo spiedo* (pag. 171 e 172). Viene da chiedersi se sono mai state eseguite o si tratta di mera speculazione, irresistibile la tentazione di avventurarsi in un'improponibile prova.

E finalmente nel **Trattato X**, *Delli Timpalli e delli Sortù*, compaiono i maccheroni! Estranei alla imperante cucina francese, la loro presenza non era scontata nei banchetti ufficiali, anche se ormai tutti, a fine Settecento, plebei, borghesi e nobili, compreso il Re, nell'intimità mangiavano spesso maccheroni. Nel *Cuoco Galante* i maccheroni sono adoperati per pasticci raffinati, elaborati, superconditi e artisticamente decorati da meritare il posto d'onore sulla tavola. I *Timballi*, realizzati in stampi di forma cilindrica simili al tamburo anticamente chiamato timballo, erano realizzati con un involucro esterno di pasta sfoglia, brisée o frolla senza zucchero, e farciti di maccheroni, gnocchi, tagliolini, riso o anche fette di polenta. I *Sortù* erano degli sformati composti di ingredienti vari, riso, tagliolini, maccheroncini, tortelli, ortaggi, ricotta, riccamente conditi e imbottiti, cotti in forno e poi sformati su importanti vassoi d'argento per essere messi su un alto supporto in modo da dominare le altre pietanze e essere ben visibili da tutti. Il termine francese originario era infatti *surtout* per indicare che appunto 'sta sopra tutti'. Di queste complesse preparazioni l'unico sopravvissuto a Napoli è il *Sartù di riso*, realizzato ormai soltanto nelle case private particolarmente legate alle tradizioni per solennizzare eventi importanti.

Non potevano mancare i dolci, argomento affrontato nel **Trattato XI**, *Delle Torte dolci, Paste Bignè e Crostini*, per soddisfare ogni golosità. Gli involucri di pasta sfoglia o frolla sono farciti con ogni tipo di frutta, ma anche con ingredienti anomali secondo il giudizio attuale, come fegatini di pollo, petti di cappone, midollo di manzo, piselli, ceci, carciofi, tartufi, spinaci, provatura. Nella *Torta di Frumento* (pag. 128), si può intravedere l'antenata della pastierà, mentre nei *Bigné all'Innumerabile* (pag. 131) si riconoscono i nostri struffoli. La serie dei crostini, fritti o infornati, con cui si conclude il capitolo, serviva per completamento dei piatti di carne e di pesce.

Il **Trattato XII** si occupa *Delle Croccanti, Gattò ed altre Paste delicate* definite dal Corrado nel breve preambolo introduttivo *quelle che attirano l'ammirazione... che si vedono elevate ad elegante disegno, nobilmente decorate... ma le Croccanti sono più per l'occhio che per la bocca...* forse rappresentavano un serio rischio per l'incolumità dei denti. Erano preparazioni complesse e ricercate che richiedevano lunga manifattura e notevole abilità sia nel realizzarle che nel cuocerle, ma probabilmente il nostro gusto resterebbe deluso dal loro sapore. Tra le *Paste delicate* c'è una curiosità, le *Uova Faldicchere* (pag. 138), preparate con tuorli d'uovo cotti in zucchero caramellato e aromatizzati con cannella e scorze d'arancia candite tritate. Ne risultava un composto consistente da utilizzare per farcire o guarnire torte oppure da modellare in piccole palline che, cotte di nuovo in giulebbe e rivestite di zucchero, erano servite su eleganti vassoi. Avvolte in carta oleata si conservavano a lungo e, alla pari di caramelle, si portavano in tasca (*faltriquera* in spagnolo antico da cui il termine), come scorta energetica durante i lunghi viaggi. Nell'ultima ricetta, *Frutti finti* (pag.

140), è descritta la tecnica per realizzare la famosa frutta di marzapane siciliana chiamata anche *Frutta di Martorana*, dall'omonimo convento nei dintorni di Palermo.

Tutta la maestria, l'estro creativo e l'arte di Vincenzo Corrado possono essere valutati appieno nel **Trattato XIII**, *Delle Salse, Sapori, Marmellate e Geli.* Sono più di 60 le *Salse*, che prendono il nome dall'ingrediente principale ma, come in tutti gli altri capitoli, non mancano quelle *alla Corradina*, *alla Vincenzina* e *all'Oritana*. Alcune sono preparate addensando brodi, sughi o burro con aggiunta di farina o di pane abbrustolito, passate al setaccio per raffinarle, servono per completare piatti di carne o pesce, altre, più semplici e fresche, sono composte con il ricorso ad elementi aromatici come tartufi, spezie, cipolline, aglio, capperi, basilico, menta, finocchio, origano, ecc., diluite con aceto rosato, sugo di limone, vino moscato o malvasia, e talvolta l'aggiunta di zucchero o miele conferiva una nota agrodolce. Di regola le salse erano servite calde, mentre i *Sapori* si cospargevano freddi sulle pietanze. *Marmellate* e *Gelatine*, oggi come allora si preparavano ricorrendo alla colla di pesce, capace di addensare succo di ananas, fragole, pesche, arance, amarene e altri frutti. Per i *Geli* salati invece, occorreva un paziente e lungo lavoro: si facevano bollire per molte ore piedi di vitello o agnello con carne di pollo, aromi e spezie varie, il brodo ottenuto andava sgrassato, filtrato, chiarificato con albumi sbattuti e sugo di limone per renderlo limpido e inglobarvi poi prosciutto, tacchino, pollame, pezzi di carne disossati o tranci di pesce spinato (*Gattò in gelo* pag. 151). I *Geli* potevano essere resi più attraenti con coloranti naturali: sugo di bietola per il verde, zafferano per il giallo, e così via. Il capitolo si conclude con la descrizione della complessa manovra per fare il *Brodo congelato portatile* (pag. 152), utile nei lunghi viaggi per preparare in pochi minuti una gustosa zuppa diluendone qualche cucchiaiata in acqua bollente. Il brodo, concentrato al massimo, della consistenza di una *marmellé di frutta*, veniva conservato in vasi di creta, ed era giudicato dal Corrado molto superiore per gusto e rendimento a quello essiccato e ridotto in tavolette, dadi da brodo ante-litteram, consigliato da altri.

Nel **Trattato XIV**, *Del Vitto Pitagorico*[7], emergono le reminiscenze classiche del percorso scolastico e la grande passione del Corrado verso la cultura greca e romana antica. Egli prese spunto da un movimento, iniziato già verso la metà del Settecento, e propugnato da alcuni illustri esponenti della Scienza Medica dell'epoca, che tendeva a riavvicinare l'uomo alla natura indicando nelle *erbe fresche, radiche, fiori, frutta, semi, e tutto ciò che la terra produce*, il nutrimento più giovevole alla salute e più idoneo per un'aspettativa di vita lunga e sana. Si creò pertanto una corrente di pensiero in questo senso che individuò in Pitagora il precursore di tali principi, sicché il tipo di alimentazione ispirato a una siffatta filosofia venne comunemente indicato come *Vitto Pitagorico*, ma non ebbe il seguito sperato. Qualche decennio più tardi il Corrado fu folgorato da tali ragionamenti e pensò di realizzare cibi a base di ortaggi e verdure per una mensa raffinata adatta al gusto delicato dei Nobili e alle esigenze dei Letterati più propensi ai cibi leggeri a causa della vita sedentaria, senza però escludere totalmente gli ingredienti di origine animale, infatti i grassi, i condimenti e le farce delle sue ricette spesso prevedono l'uso di sugna, burro, prosciutto e anche carne. Il ricettario ebbe vita autonoma e fu stampato nel 1781, successivamente però venne parzialmente incluso in tutte le ristampe del *Cuoco Galante* a partire dalla terza edizione del 1786. Ed è in questa raccolta che si trovano le ricette più originali, moderne e innovative di Vincenzo Corrado, tra cui numerose a base di pomodoro, ormai sempre più spesso utilizzato non solo come salsa per insaporire con delicatezza e dare colore ai cibi, ma anche come pietanza autonoma farcito con fantasia di carne, riso, pesce, uova, ecc..; anche i *peperoni* fanno la loro comparsa (pag. 144) tra gli ingredienti di alcune salse, e forse i Napoletani devono ringraziare il Corrado per una ricetta di *Indivia all'olio* (pag. 156) in cui si riconosce la scarola imbottita, ghiottoneria della vigilia di Natale.

Il **Trattato XV**, *Della maniera d'imbandire venti Pranzi ed una Cena*, ultimo di questa edizione, suggerisce 20 menù di pranzi, 12 per ciascun mese dell'anno, 4 per ogni stagione e altri 4 con temi particolari, previsti sempre per 32 persone con 32 portate per ciascuno dei due servizi di cucina. Ogni portata è preceduta da un numero che ha il suo corrispettivo nelle illustrazioni inserite nel libro, e indica la posizione che ciascun piatto doveva avere sulla tavola. Nei menù non sono menzionati i *tondini* ossia i *piattini* da sistemare intorno al centro tavola, di competenza del *Credenziere* e dati per scontati, così come manca la *Terza Imbandigione*, quella finale di credenza, composta da dolci, dessert, gelati, frutta in giulebbe, biscotti, pasticceria varia, che costituisce l'oggetto di un altro libro *Il Credenziere di buon Gusto*[8].

Il servizio di tavola

Il *Cuoco Galante* è completato da due preziose incisioni, dette *Rame* dall'Autore, che mostrano come dovesse essere apparecchiata la tavola secondo l'etichetta allora in auge. Nella seconda metà del Settecento, era la corte parigina a dettare legge in materia e ad imporre le mode seguite in tutte le altre corti d'Europa e nelle dimore nobiliari. Pertanto anche presso l'aristocrazia napoletana era in uso il servizio alla francese sia per l'apparecchio e la decorazione della tavola, sia per il rituale seguito nel servire le pietanze che per il cerimoniale da rispettare. Il *Maestro di Casa* o *Scalco*, era il capo assoluto sotto la cui autorità operava tutta la servitù, scelto di solito tra i rappresentanti della nobiltà minore e legato d'amicizia al padrone di casa. Di grande prestigio anche le mansioni di *Trinciante* e di *Bottigliere*, insieme erano i *tre principali della bocca*, responsabili del perfetto funzionamento del complesso *Servizio di Bocca* che comprendeva non solo i pranzi giornalieri, ma anche la regia di feste e banchetti di gala da cui dipendeva il prestigio e il buon nome della casata. Compito del trinciante era di dividere in pezzi i grandi arrosti, i bolliti, i volatili, la caccia arrostita, i grandi pesci, preparava le porzioni nei singoli piatti che i valletti portavano a ciascun commensale. Il *Trinciante* era un vero artista e solo con il lungo esercizio e un'assidua pratica acquistava la necessaria destrezza nel manovrare forcine e coltelli per disossare, scarnire, affettare con disinvoltura le pietanze al cospetto degli ospiti. Quest'arte, rivalutata dopo un periodo di declino, conobbe la sua massima espressione nel Seicento tanto che a Roma sorsero scuole frequentate da moltissimi allievi della piccola nobiltà. Nell'Ottocento, con la riduzione della servitù, la mansione fu svolta dallo stesso padrone di casa su preziosi taglieri. Il *Bottigliere* si occupava di selezionare i vini, abbinandoli ai vari cibi, provvedeva a rinfrescarli immergendo caraffe e bottiglie in ampi bacili contenenti acqua e neve, e aveva alle sue dipendenze i coppieri addetti al servizio delle bevande. Tra le sue mansioni vi era anche quella importantissima della provvista della neve, doveva pensare in inverno a farne una scorta sufficiente per tutto l'anno, e conservarla con cura coperta di paglia in cantine, grotte o depositi chiamati ghiacciaie, di cui ogni prestigiosa dimora era dotata.

Altra figura importante era il *Credenziere* che, pur godendo di una certa autonomia, doveva comunque rendere conto al Maestro di Casa. Egli preparava tutti i piatti freddi come insalate, antipasti, salumi, pesci salati, biscotti, conserve, frutta candita, sciroppata o in giulebbe, lavori di zucchero e marzapane, gelatine, rosoli, sorbetti, ed altri cibi che non dovevano essere preparati in cucina. Custodiva anche l'argenteria e la biancheria, aveva il compito di apparecchiare la tavola, curarne la decorazione ed era il sapiente artefice delle effimere piegature dei tovaglioli.

La tavola era ricoperta da almeno due tovaglie perché tra una imbandigione e l'altra veniva tolta la prima tovaglia, probabilmente macchiata; per proteggere quella sottostante, tra una tovaglia e l'altra venivano stesi pezzi di cuoio, non essendo stata ancora inventata la plastica! Le belle incisioni allegate in appendice al *Cuoco Galante* mostrano in dettaglio una tavola di gala dove è indicata la posizione delle varie pietanze secondo regole ben definite. Al centro troneggiava un'imponente composizione artistica, dispiegata per tutta la lunghezza del tavolo e degradante verso le estremità, composta di vari elementi: grandi vasi di porcellana con fiori freschi, alzate di cristallo o argento a vari piani colmi di canditi, gelatine, frutta fresca, ortaggi di stagione, alternati a bianche statuine di porcellana raffiguranti scene bucoliche, puttini d'argento, gabbiette dorate con uccellini cinguettanti, coppe trasparenti con pesciolini guizzanti tra foglie verdi e petali di rose, o altri elementi decorativi secondo le scelte stabilite. Il Corrado aveva un innato senso artistico e una vivace fantasia nell'accostare vari elementi e fonderli tra loro in modo da realizzare composizioni spettacolari di grande impatto visivo e di gusto raffinato che fossero perfettamente in armonia con il vasellame e l'argenteria necessari all'apparecchio della tavola. Ciascun coperto era contrassegnato da un piatto tondo in argento o maiolica, coperto dal tovagliolo artisticamente piegato che racchiudeva un panino. Mestoli, grandi cucchiai e altre posate di servizio erano disposti ogni tre o quattro coperti a disposizione degli ospiti che attingevano personalmente dalle zuppiere e dai piatti di portata. Come si può notare mancavano i bicchieri che trovavano posto nei quattro *lavabicchieri*, indicati nelle figure con le lettere *A, B, C, D,* detti anche *navelle*, bacili ovali dal bordo frastagliato per bloccare il gambo dei bicchieri e non farli scivolare sul fondo una volta immersi nell'acqua a testa in giù. Uno stesso bicchiere veniva usato da più persone e per vini differenti, da qui l'esigenza di lavarli continuamente: quando un ospite desiderava bere, faceva un cenno al proprio valletto che, su un piccolo vassoio gli serviva il bicchiere con la bevanda richiesta, acqua o vino, versata dal *Coppiere* che gestiva il servizio delle bevande. Il commensale svuotava completamente il bicchiere, solitamente di piccolo formato, lo restituiva al valletto che lo riportava nella navella per essere sciacquato, e qui restava immerso nell'acqua fino al prossimo utilizzo. Nei quattro *rinfrescatoi*, indicati con le lettere *E, F, G, H,* pieni di acqua e neve, oggi li chiameremmo secchielli per il ghiaccio, erano immerse le bottiglie di acqua e vino.

Nei pranzi di gala, secondo i moduli francesi, erano prescritti quattro servizi o imbandigioni, di cui tre di cucina e l'ultimo di credenza, ciascuno composto da un numero variabile di piatti, da 12 a 32, secondo l'importanza del convito, ma a fine Settecento Corrado li ridusse a tre, come mostrano i menù esemplificativi dei pranzi proposti in coda al libro. Le pietanze della *Prima Imbandigione* venivano artisticamente e simmetricamente disposte sulla tavola prima dell'ingresso dei commensali, protette da campane e poggiate su *réchauds*, scaldini d'argento contenenti braci accese: 4 zuppiere con i *Potaggi*, 4 *Terrine* con carni e pesci in umido, in fricassea, a spezzatino, o in guazzetto, 8 *Hors d'oeuvres* in piatti triangolari, 8 *Entrées* cioè piccoli pasticci, torte o timballi serviti in piatti rotondi, 8 *piccole Entrées* su piatti ottagonali, 4 *Relevés* su piatti triangolari da mettere al posto delle zuppiere quando queste fossero portate via in modo da non lasciare spazi vuoti, un totale di 36 piatti. Il primo Servizio era completato da una teoria di *Piattini*, detti *di rinforzo*, con piccole golosità come caviale, olive, salumi, riccioli di burro, fichi, finocchi, ravanelli, ecc. di competenza del Credenziere, che formavano un giro intorno al centro tavola. Per ottenere l'effetto sorpresa gli invitati venivano introdotti nella sala da pranzo solo quando tutto era stato preparato. La *mise en place* era concepita come una ricca e variopinta composizione con lo scopo di sbalordire, gli ospiti dovevano restare affascinati e abbagliati dal colpo d'occhio, divorando i cibi con gli occhi prima di assaporarli. In base alla disposizione, all'ordine e alla forma dei piatti tutti potevano riconoscerne agevolmente il contenuto. Di ogni pietanza c'era un esemplare su ognuno dei quattro lati della tavola per rendere più comodo e agevole il servizio. Una volta che tutti avevano preso posto intorno al tavolo, ciascuno era libero di servirsi attingendo da piatti e zuppiere con l'eventuale collaborazione dei vicini per le pietanze più distanti.

Un'altra interminabile serie di piatti arrivava in tavola per la *Seconda Imbandigione*, o *Secondo servizio di cucina* rappresentato nell'altra incisione: 4 grandi piatti freddi, 4 arrosti, 8 *Entremets* in piatti quadrati, 8 *Entremets* nelle *schifette* (bacinelle), 8 *Entremets* in piatti rotondi, quindi altri 32 piatti. Quando anche il secondo servizio era completato, la tavola veniva completamente sparecchiata, eliminati anche la tovaglia sporca e i pezzi di cuoio sottostanti, compariva una tovaglia preziosamente ricamata, si distribuivano tovaglioli puliti, piatti di fine porcellana o di vermeil, se non addirittura d'oro massiccio, e giungevano tutte le vivande del *Servizio di Credenza*, conclusivo del pranzo, detto anche *Tavola Bianca*. A questo punto terminava l'andirivieni della servitù e i numerosi valletti, che avevano affollato la sala da pranzo per assistere uno o al massimo due commensali, si ritiravano. Gelati, Torte, Frutta, Composte, Confetture, Petits fours e tutti gli altri dolci passavano tra i convitati di mano in mano, in genere erano le dame che offrivano ai propri vicini avendo cura di rimettere al loro posto i piatti per non guastare la simmetria della tavola. Facevano la loro comparsa i vini speciali che lo stesso anfitrione provvedeva a versare, pregando gli invitati di far circolare bicchieri e bottiglie. Gli ospiti poi passavano in un'altra sala per sorbire caffè e liquori, accompagnati da confetterie varie disposte su un buffet riccamente addobbato, mentre valletti in livrea facevano girare tazze di cioccolata calda, considerata digestiva, sostituita in estate da bicchieri di cioccolata gelata.

La *Minuta della cena per 100 coverti*, suggerita dal Corrado a pagina 208, composta da ben 104 pietanze, guarnite e decorate come esigeva l'etichetta dell'epoca, richiedeva il lavoro di un esercito di cuochi. L'incredibile quantità e varietà di piatti non va interpretata come l'espressione di una smodata ingordigia dei ricchi signori di un tempo, che avrebbero dovuto essere dotati di stomaci di struzzo per digerire una tale quantità di cibo, ma era una forma di rispetto e cortesia verso gli ospiti nell'intento di soddisfare i differenti gusti e di andare incontro alle preferenze di tutti gli ospiti sicché ognuno potesse rivolgere la scelta verso i cibi preferiti.

Notizie biografiche

Poche, frammentarie e discordanti le notizie sulla vita di Vincenzo Corrado che fu molto operosa, ricca di interessi rivolti a svariate branche dello scibile umano, filosofia, scienze naturali, matematica, astronomia e una grande passione per la gastronomia. Di modesta famiglia, vantava però un antenato illustre, Quinto Mario Corrado, celebre umanista, che egli ebbe a modello per tutta la sua lunga vita. Ne ricalcò le orme dedicandosi allo studio delle lettere antiche e avendone ereditato la vivacità dell'ingegno, cercò di emularne la rettitudine morale, il carattere tranquillo ed equilibrato e la riservatezza, doti che gli furono utilissime nelle relazioni sociali e nell'assidua frequentazione con l'aristocrazia sempre benevola nei suoi confronti. Sicuro è solo il luogo di nascita, l'antica città di Oria, per la data qualche biografo riporta il 17 marzo 1734[9,10], altri il 29 marzo 1738, che potrebbe essere quella esatta in quanto riferita in un *Ritratto dell'Autore* scritto su richiesta del Corrado da Frosinio Tueboate, nome arcade di don Domenico Maria Pinto, canonico della cattedrale di Oria, in apertura di un altro libro, *Il Moltiplico e governo degli animali per uso di cibo*[11], ed è logico supporre che le notizie lì riportate avessero l'approvazione del Corrado. Ma sotto il ritratto che compare nel suo ultimo libro di cucina, *I Pranzi giornalieri*, edito la prima volta nel 1809, c'è una data ancora diversa: 28 marzo 1732[12]. Quale sarà quella giusta? Difficile dirlo. Persino Luigi Sada, che con appassionato piglio campanilistico in varie occasioni si è battuto per contestare l'appellativo di napoletano comunemente attribuito a Vincenzo Corrado, e rivendicarne le origini pugliesi, non è riuscito a rintracciare particolari salienti sulla sua vita privata, oltre quelli qui riportati[13]. Fu il citato don Domenico Pinto, rettore del Seminario di Chierici, ad avviarlo allo studio della teologia e delle belle lettere quando, rimasto orfano di padre, la madre decise di metterlo in quell'istituto. Avrebbe condotto di lì a qualche anno una vita semplice e rustica nella natìa Oria se, durante la sua permanenza nel Seminario, non avesse avuto la fortuna di essere notato dal principe di Francavilla che lo condusse con sé a Napoli avendolo scelto come paggio di borsa del ministro Gaetano Maria Brancone, quando i ministri di Carlo III di Borbone godevano del privilegio di aver al seguito chi gli portasse il portafogli al Consiglio. Il suo ingresso nell'alta società avvenne dunque molto precocemente, ed il giovane Vincenzo, seppe ben sfruttare l'occasione della sua vita per risalire velocemente i gradini della scala sociale. Quel ministro Brancone, che grazie al suo prestigioso incarico aveva ottenuto nel 1753 il vescovado di Gallipoli per suo fratello

Cherubino, semplice monaco dei Celestini[14], lo fece entrare come converso in quell'ordine nel convento di San Pietro a Maiella, e l'abito da novizio che indossò a soli sedici anni gli fu di aiuto a nascondere la sua origine umile e campagnola. Frattanto don Cherubino, grazie alla sua carriera fulminante, dopo pochi anni fu nominato Padre Generale dell'Ordine e, dovendo visitare con un giro di ricognizione i monasteri sotto la sua giurisdizione, scelse Vincenzo Corrado come segretario e compagno di viaggio. Per ben tre anni, dal 1758 al 1760, il giovane converso percorse in lungo e in largo tutta l'Italia per proseguire verso Francia e Spagna, annotando e memorizzando tutto ciò che di raro, di grande e di magnifico colpisse la sua attenzione nelle città visitate. Una volta tornato a Napoli, quel diario gli fu utilissimo strumento di consultazione per ben figurare e fare sfoggio di vasta e profonda cultura; con la brillante conversazione e le dotte argomentazioni riuscì in breve a conquistare un ruolo di primo piano negli ambienti chiave della capitale, invitato e ricevuto ovunque col dovuto riguardo. Il suo fisico prestante e l'aspetto piacevole ebbero certo un peso notevole nel raggiungimento di un discreto successo, vissuto sempre con grande modestia e sobrietà, ben consapevole dei limiti impostigli dalla società di quel tempo.

Soprattutto continuò a frequentare la principesca dimora del suo primo benefattore, Don Michele Imperiali, ed in breve ne divenne il capo dei Servizi di Bocca grazie all'esperienza nella *Scienza del mangiare* accumulata negli anni di noviziato in cui aveva ricoperto l'incarico di frate cuciniere, e non secondaria fu la conoscenza dei prodotti e degli usi delle altre città italiane ed estere acquisita durante i suoi lunghi viaggi.

Il mecenate

Nobile e ricchissimo signore, feudatario del Regno di Napoli, coniugato dal 1740 con la principessa Eleonora Borghese, don Michele Imperiale, marchese di Oria, principe di Montana e Francavilla, signore di Casalnuovo, Avetrana, Cotonato, Massafra, ecc. ecc.[15], usava trattenersi a lungo nei suoi vastissimi feudi nel Leccese, ma quando, già Grande di Spagna di prima classe, insignito dell'ordine di San Gennaro, nominato gentiluomo di camera del Re, poi maggiordomo maggiore, ebbe anche il grado di gran Camerario, dovette gioco forza compiacere il re Carlo III di Borbone nel suo disegno di riportare in pianta stabile a Napoli la nobiltà e i grandi feudatari. Egli possedeva una villa a Portici presso il Granatello e un casino al Chiatamone, ma ambedue le residenze non gli sembrarono sufficientemente prestigiose per un Signore del suo rango, pertanto nel 1760, con il suo definitivo rientro nella capitale, prese in affitto il Palazzo Cellamare non abitato dai proprietari che all'epoca erano i Caracciolo, duchi del Gesso e principi di Cellamare. Arredò magnificamente la bellissima dimora secondo il gusto francese dell'epoca, una preziosa pinacoteca impreziosiva le pareti, l'arredamento oltre a mobili di finissima fattura comprendeva un corredo di argenteria, porcellane, tappezzerie e batterie da cucina di inestimabile valore e i giardini erano ricchi di piante bellissime tra cui anche stufe per piante di ananas. Non poteva mancare un'importante scuderia curata da tal Gaetano Pezzella, personaggio tanto popolare che gli fu dedicato un libro dall'abate Giuseppe Novi, intitolato *Vanto delli cocchieri napoletani*. Insomma tutto era al top. Per il funzionamento e la manutenzione di un complesso di tal fatta c'era nel palazzo una folla di maggiordomi, segretari, camerieri, volanti, paggi e persino un nano come trastullo, ricevuto in eredità dalla principessa Borghese. La folta schiera che lavorava in cucina, paragonabile ad un piccolo ministero denominato *Servizi di Bocca*, era composto da un maestro di casa, un maestro di cucina, uno scalco, un trinciante, alcuni bottiglieri, un ripostiere, una schiera di cuochi per ogni specifico settore, pasticceria, gelateria, fritture, insalate, conserve, ecc, aiutati da una serie di sguatteri e servitori. La direzione di questo complesso manipolo fu affidata dal principe a Vincenzo Corrado, ormai sotto la trentina che, conoscendo a perfezione l'etichetta e il cerimoniale della vita sociale dell'epoca, dava al Principe la più assoluta garanzia di saper ricevere in maniera adeguata gli illustri personaggi d'alto rango che frequentavano la sua casa. *L'abbondanza, la varietà, la delicatezza delle vivande, la splendidezza e la sontuosità delle tavole richiedevano una schiera di uomini d'arte, saggi e probi*, scrisse il Corrado, e in effetti per essere ammessi al servizio del principe di Francavilla bisognava avere capacità professionali di altissimo livello, basti pensare che tra i cuochi attivi sotto la direzione del Corrado con buone probabilità passò anche il grande Francesco Leonardi[16], che aveva già lavorato nelle cucine del Maresciallo di Richelieu, e nel prosieguo della sua carriera fu chiamato a S. Pietroburgo dal Principe di Orloff per diventare infine cuoco di Caterina II, Imperatrice di tutte le Russie. La grande zarina gradiva in modo particolare i piatti a base di pomodoro che il Leonardi aveva imparato ad utilizzare proprio a Napoli, pomodoro che in Russia era ancora del tutto sconosciuto.

Nella casa del principe di Francavilla, oltre ad un simposio familiare intimo per otto commensali, che più volte nella settimana diventava di gran gala per trentadue commensali, c'era ogni sera tavola imbandita di dodici coperti per gli stranieri di un certo livello di passaggio per Napoli. Erano i tempi nei quali il viaggio in Italia era di gran moda e quasi obbligatorio il soggiorno a Napoli, la più grande e popolosa città d'Europa alla fine del XVIII secolo. La principessa poi, non mancava di cogliere qualsiasi pretesto per dare balli con sette, ottocento invitati. Quando nel 1764 Napoli fu colpita da una terribile carestia e anche i ricchi furono costretti a privarsi del pane, il principe non rinunziò ai suoi sontuosi pranzi ma si premurava di raccomandare agli invitati di portarsi dietro il pane[17]. Nel giro di pochi anni il Palazzo Cellamare divenne il luogo di ritrovo dell'alta società napoletana, gareggiando per lusso, opulenza e raffinatezza solo con la corte borbonica e tutto era abilmente orchestrato con autorevolezza, fantasia e discrezione da Vincenzo Corrado, faro dell'arte gastronomica napoletana. Egli organizzava i pranzi e le cene, studiando la complessa compilazione del menù e l'assortimento delle vivande in funzione dell'importanza e del numero dei convitati, ne sorvegliava la realizzazione curando nei minimi dettagli anche la parte coreografica e spettacolare con effetti sontuosi e ricercati. Per ogni festa sceglieva, d'accordo con i principi, il tema da sviluppare nella decorazione della tavola, nelle canzoni e poesie da declamare durante i brindisi beneauguranti, e nelle scenette da recitare per l'intrattenimento degli ospiti. L'impegno richiedeva cultura, fantasia, esperienza e molto studio, nulla era lasciato all'improvvisazione; per la realizzazione dei *desert*, come venivano chiamati i sontuosi centrotavola, il Corrado faceva di propria mano vari bozzetti rivelando una non comune abilità nel disegno e un fervido talento creativo. Conosceva a memoria numerosi brani di celebri scrittori classici e intere poesie che recitava in occasioni particolarmente liete o durante riunioni celebrative e solenni, improvvisava con facilità componendo di getto madrigali, sonetti e anche canzoni giocose ed era particolarmente abile nell'utilizzare espressioni metaforiche e linguaggio figurato.

Ad uno dei grandiosi ricevimenti a palazzo Cellamare, durante un breve soggiorno napoletano nel 1770, riuscì ad imbucarsi quell'impudente avventuriero di Giacomo Casanova al seguito della chiacchieratissima Elisabetta Chudleigh, duchessa di Kingston, insieme con l'ambasciatore inglese Hamilton. Il veneziano rimase piacevolmente impressionato dalla grandiosa ospitalità, in particolare fu turbato dallo spettacolo offerto dal principe dopo il pranzo sulla spiaggia del Casino al Chiatamone: un gruppo di paggi, belli come giovani adoni, si esibirono tra le onde in mille evoluzioni ed acrobazie acquatiche, suscitando l'eccitazione delle dame presenti. Poiché gli ospiti di sesso maschile avevano protestato, chiedendo un divertimento all'inverso, il principe il giorno dopo nella sua villa di Portici, fece eseguire un saggio di nuoto altrettanto coreografico a una dozzina di fanciulle bellissime, nell'immensa vasca di marmo che adornava il giardino. Nelle sue memorie Casanova definì il principe: *un riche épicurien, magnifique, spirituel, dont la devise était "Fovet et favet"*, all'incirca "mangia e godi"[18].

Il Principe di Francavilla aveva una profonda stima per il suo protetto, della cui formazione morale e culturale si reputava l'artefice e, resosi conto della sua grande competenza e dell'enorme bagaglio di nozioni in campo gastronomico, lo incoraggiò a raccogliere in un libro le esperienze maturate per tramandare ai posteri le sue originali creazioni e tutte le squisite preparazioni con cui era riuscito a conquistare fama e successo, senza trascurare le nozioni generali e i principi fondamentali tanto utili a chi volesse intraprendere quella strada. Quando il libro fu completato, il principe scelse il titolo – *Il Cuoco Galante* - e al principe fu indirizzata la dedica dall'anonimo Autore, come avvenne anche per il secondo libro, *Il Credenziere di Buon gusto*. Di ambedue i libri le richieste furono tante che le edizioni si ripeterono fino al 1857 e l'editore per soddisfare i Signori francesi dovette inviare molte copie a Parigi, e ne furono fatte traduzioni. Né mancarono lettere di congratulazioni ed apprezzamento da parte di illustri personaggi dell'epoca, lettere riportate con giusto orgoglio alla fine del libro, dove c'è anche una *Canzone* autobiografica in cui Corrado si raccontò descrivendo brevemente le tappe principali della sua vita e i lati salienti del suo carattere.

Scrittore e aio

Nel 1782 don Michele Imperiale raggiungeva nella tomba la consorte Eleonora, passata a miglior vita nel 1779, ma la fama conquistata da Vincenzo Corrado durante gli anni trascorsi al servizio del principe, gli consentì con grande probabilità di continuare ad organizzare sontuosi pranzi e ricevimenti in altre grandi nobili famiglie, senza trascurare peraltro la sua attività di scrittore. Al *Cuoco Galante* del 1773 di cui si contano ben otto edizioni, via via ampliate ed arricchite di nuovi trattatelli e manuali, fino all'ottava postuma del 1857 e al *Credenziere di buon gusto* del 1778, che sono le sue opere più importanti, seguirono numerose fortunate pubblicazioni, che si distinsero per originalità, arguzia e il rigoroso criterio sistematico. Questi a volo d'uccello i titoli: *Del Cibo Pitagorico ovvero erbaceo per uso de' Nobili e de' Letterati* (1781), *Il moltiplico e governo degli animali per uso di cibo* (1784), *Fisiologia degli Agrumi, delle Erbe Aromatiche e de' Fiori* (1787), *La manovra della cioccolata* (1787), il *Notiziario delle produzioni particolari del Regno di Napoli e delle cacce riservate al Real Divertimento* (1792), il *Trattato sul caffè* (1794), il *Trattato delle patate per uso di cibo* (1798), *Scuola di generale Agricoltura e Pastorizia* (1804), il *Trattato delle Api e dei Filugelli* (1805), *I pranzi giornalieri, variati ed imbanditi in 672 vivande secondo i prodotti delle stagioni* (1809), *Raccolta di Poesie Baccanali per Commensali e varie imbandigioni della Mensa secondo i mesi dell'anno* (1811).

La ricca produzione e l'intensa attività letteraria dimostrano come il Corrado non si fosse adagiato nella comoda posizione del servitore, ma fosse riuscito con lo studio, la cultura, la rettitudine fisica e morale, la specchiata onestà, a ritagliarsi un ruolo ai margini della classe dominante fin quando eventi di portata mondiale produssero un totale cambiamento della realtà sociale e culturale del Paese. Prima la Repubblica Partenopea, poi il decennio francese che decretò la soppressione degli Ordini religiosi, provocarono una svolta radicale nella sua vita. Nel 1809 il convento di S. Pietro a Maiella fu confiscato con gli altri beni dei Celestini, ed egli che era laico non avendo mai preso gli ordini, dovette cercarsi una nuova casa e un lavoro, ma non si perse d'animo. Avendo viaggiato e studiato molto mise a frutto il suo sapere proponendosi a settant'anni suonati come pedagogo e continuò a guadagnarsi onestamente qualche ducato in cambio di lezioni a nobili signorini e damigelle, dando corso ad un secondo filone di scritti inerenti la nuova attività: *Lezioni morali*, *Opuscoli morali e civili*, *Guida per educare la nobile gioventù*, *Guida ed aiuto ai nobili genitori per l'educazione fisica, morale e scientifica dei figli*, *La ricerca in dialogo per trovare un aio a due nobili giovani*, *Trattato astronomico per i principianti*, *Esposizione di discorsi scientifici*, *Catechismo di religione e società*, *Trattato generale di geografia, idrografia ed astronomia per le dame*, *Orazioni panegiriche*, *Orazione a S. Antonio di Padova*. Tra l'altro scrisse un *Discorso sulla fabbricazione della seta e sul modo di allevare i bachi* in virtù del quale Ferdinando IV di Borbone gli affidò la direzione delle fabbriche di seta nel Real sito di S. Leucio.

Napoli, settembre 2007

Lejla Mancusi Sorrentino

Note

[1] L'Abbé F. Galiani, *Correspondance avec Madame d'Epinay* – Calmann Lévy editeur, Paris, 1881 – pag. 243-246. D VI C 42 Biblioteca di Storia Patria, Napoli.

"Voi mi compiangete; ebbene, consoliamoci. Stamane ho fatto un ottimo pranzo dal gran ciambellano del re; e pranzerò bene domani dal nostro generalissimo; dopodomani dall'ambasciatore di Francia. La cucina va sempre bene qui. A proposito un frate cuciniere dei Celestini ha di recente pubblicato un'opera completa sulla cucina. Se ne fa un gran parlare, perché è il primo libro che appare dopo due anni. Un religioso, uomo di spirito, lo ha aiutato a scriverlo. Nella sua dedica, dice che è sbagliato chiamare persone di buon gusto coloro che sono esperti di musica o di pittura: costoro sono tutt'al più persone con buon orecchio o buoni occhi; ma che ha buon gusto solo chi s'intende di ragù. Almeno dal punto di vista grammaticale ha ragione".

[2] Vincenzo Corrado, *I Pranzi Giornalieri* – Domenico Corrado, Napoli, 1832. Ristampa anastatica a cura di Lejla Mancusi Sorrentino, Grimaldi & C. Editori, 2001.

[3] Antonio Latini, *Lo Scalco alla moderna* – Napoli, 1694. Ristampa anastatica, Appunti di Gastronomia, Biblioteca Culinaria, Lodi, 1993. - (Vedi anche): CLAUDIO NOVELLI, *Nè pomodoro nè pasta. 150 Piatti napoletani del Seicento ... Da "Lo Scalco alla Moderna.* Napoli, Grimaldi & C. Editori, 2003.

[4] Apicio, *De re coquinaria* – liber VIII, IX.

[5] Vincenzo Agnoletti, *Manuale del Cuoco e del Pasticciere*, Tomo I, pag. 192, 1832 – Ristampa anastatica Forni, Sala Bolognese, 1983.

[6] Vincenzo Agnoletti, op. cit. Tomo II, pag. 24.

[7] Vincenzo Corrado, *Il vitto Pitagorico ovvero erbaceo per uso de' nobili e de' letterati*, Stamperia F.lli Raimondi, Napoli, 1781.

[8] Vincenzo Corrado, *Il Credenziere di Buon Gusto Opera meccanica dell'Oritano Vincenzo Corrado*, Stamperia Raimondiana, Napoli, 1778.

[9] Carlo Villani, *Scrittori ed artisti pugliesi antichi, moderni e contemporanei*, 1904 – Biblioteca Nazionale Vittorio Emanuele II, Napoli.

[10] Camillo Minieri Riccio, *Memorie storiche degli scrittori nati nel Regno di Napoli*, 1844 – Biblioteca Nazionale Vittorio Emanuele II, Napoli.

[11] Frosinio Tueboate P. A. alias don Domenico Maria Pinto, *Ritratto dell'Autore* ne *Il Moltiplico e Governo degli Animali Domestici* di Vincenzo Corrado, Stamperia Raimondiana, Napoli 1784, pag. IX-XIII.

[12] Vincenzo Corrado, op. cit.

[13] Luigi Sada a cura di, *Vincenzo Corrado, Tre opere di gastronomia*, Edizioni Sigma Bari, 1976, pag. V-XV.

[14] *Storia di Napoli*, ESI – Napoli, 1972, Vol. VII, pag. 716.

[15] Benedetto Croce – *Aneddoti di varia letteratura* – Ricciardi Editore, Napoli, 1942, vol. II pag. 260-270.

[16] Francesco Leonardi, *L'Apicio Moderno*, Vol. I, pag XXII, 1790 – Ristampa anastatica ed. Gianpiero Zazzera, Lodi, 1999.

[17] Benedetto Croce, op. cit.

[18] Giacomo Casanova, *Storia della mia vita,* Vol. II, pag. 1118 – Milano, 1946.

IL CUOCO GALANTE

QUARTA EDIZIONE

ACCRESCIUTA, E MIGLIORATA

DALL' AUTORE

VINCENZO CORRADO

ED IN MODO

DA PERSUADERE, E SODDISFARE GLI UOMINI DI BUON SENSO, E DI BUON GUSTO.

Nisi utile est quod facimus stulta est gloria

PHEDRI Lib. III. fab. 17.

NAPOLI MDCCXCIII.

INDICE

DEI TRATTATI CHE CONTENGONSI IN QUESTO LIBRO.

AL SIGNOR
D. LUIGI PICCENNA

VINCENZO CORRADO

DA che io mi posi a pensare ed a scrivere, per restaurare in una nuova foggia il presente libro mio su'l buon gusto de' cibi, e a fine di rendere o più felice, o meno incomoda la esistenza dell' uomo, pensier mi disse, che lo dedicassi a Voi. Non ho esitato punto il farlo, sì per darvi un attestato della mia profonda stima, e sincer' amicizia, sì ancora per far giustizia al vostro merito; giacchè Voi, a tutta buona equità, siete universalmente reputato per giudice di sì fatta materia, perchè buon gusto nel mangiare, e nel bere sortito avete nel nascere, ed indi migliorato, ingrandito, e rettificato col vostro giro nelle cospicue, e colte città d' Italia. Ed oltre a ciò, s'è vero, com' è verissimo, che la dedicazione dei libri far si dee agli uomini di buon senso, i quali s'interessano per la sorte de loro simili, io son sicuro di non esserm' ingannato nella scelta; poichè in Voi a chiaro lume ravviso l' ottimo cittadino, che con la nettezza, e docilità del costume rifrange la forza di ogni disordine. Veggo in Voi l' amico dell' uomo intento sempre coll' animo a giovare. In Voi ammiro quella economica prudenza nel maneggio degli affari: e veggo pur anche nell' esteso vostro commercio abborrita la lu-

lusinga dell' interesse. Tralascio quei doni, che dalla Fortuna Voi aveste; poichè sò bene, che di questi o conto non ne fate, o quello, che far se ne dee. Di quelli io parlo, che sebbene dalla Natura in parte originati, son tutta via colla volontà, e collo studio accresciuti, migliorati, e resi giovevoli agli uomini. E quì li miei candidi genj vorrebbero pur dire . . . . . . ma Voi me ne disviate; poiche piacevi più meritare la lode, che l' ascoltarla. Solo dicovi, che non sarà mai interrotta la vostra felicità, ne abbisogna de' miei augurj, poichè, con mio contento, sibbene vi veggo essere a parte dei benign' influssi del cielo, e della copiosa fertilità della terra. Gradite intanto il dono che vi faccio, e sappiate, che di ogni mia fatica soprabondevolmente soddisfatto io mi reputo, dal piacere di averlo a Voi dedicato. Continuate a dividere i vostri pensieri fra le cure del Commercio, e quelle di una saggia Moglie, e graziosi Figli. Vivete lunghi, e felici anni alla Virtù, alla Patria, agli Amici, e continuate a guardare con occhio cortese l' Amico, che unitamente al libro suo, vi offre tutto se stesso.

L'EDI-

L' EDITORE

A CHI LEGGE.

D*Opo che Apicio studiosissimo di ridurre la meccanica della Cucina ad arte, e filosofia, nel libro* de Gulae irritamentis *dettato nella Città regina del Mondo, ne riunì e raccolse tutti i precetti, sembrava, che questa interessantissima arte dovesse andare acquistando col tempo miglioria, e perfezione. L' ingegno umano risvegliato, ed eccitato a pensare su di una materia, per un' andar naturale delle cose, aggiunge sempre de' nuovi lumi all' antecedente. Accadde nondimeno il contrario. La nostra bellissima Italia inondata da uomini nuovi, i quali da barbare nazioni vennero a sciami ad abitarla, e travagliarla, cambiò con essi interamente genio, e gusto, e la Cucina divenne non solo grossolana, ma assai bizzarra e stravagante. Un complesso di diverse fibre, di diversi genj, ed umori, i quali da luoghi o freddi, o sterili ricevevano scarsi, o strani alimenti, formò nella bella Italia il gusto dominante della Cucina. Cibi solidi e duri, condimenti grossolani, unione di cose ripugnanti e strane, e bizzarie non ordinarie di cervello, formavano il buono e bello della Cucina de' mezzi tempi* (a)*. Negli ultimi tempi fu tra gli Italiani alcuno, che disgustato dall' antichità su questa materia, tentò di sostituire alla vecchia una nuova, e più gentile, e conveniente ma-*

(*a*) Chi ha voglia o di ridere, o di annojarsi, legga la descrizione di un pranzo del sedicesimo Secolo tra le curiosità erudite ed istruttive, che van dietro alle Effemeridi di Venezia del 1791.

materia di preparazione, e di condimento. Nella fine del Secolo paſſato il Cavalier Antonio Latini diedene fuori un libro intitolato lo Scalco alla Moderna, che fu impreſſo nel 1694. Ma l' aſpettativa dell' Autore reſtò deluſa. Il libro non produſſe l' effetto, che egli ſperava, e la Cucina rimaſe tuttavia barbara, e groſſolana. Non ſolo mancavale ciò che diceſi eleganza, ſquiſitezza, e buon guſto, ma anzi per lo contrario un diſordine univerſale regnava ſu tutto, ed un guſto ſtraniſſimo diriggeva la ſcelta de' cibi, e la maniera de' condimenti. In tanto diſordine di vitto più, che le altre parti d' Italia, era involto il noſtro fioritiſſimo Regno. La Natura ſpargendo in eſſo tutti i ſuoi benefici influſſi rendendolo colmo di quei delicati prodotti, che la man dell' uomo, per mancanza di arte miſeramente oltraggiando guaſtava. Un genio raro, figlio di queſto fertiliſſimo ſuolo, nojato dall' uſo dell' antico vitto, ſeppe per ſe ſteſſo inventare delle nuove, e delicate maniere di rendere grate, e piacevoli le vivande. Vide il gran principio, che l' arte lontana da indurre il guaſto nella natura delle coſe, doveva anzi farla ſignoreggiare, e corredarla di proprie, e convenienti compagnie, per farla ben ſervire.

Tutti li ſuoi nuovi ſaggi, ed eſperimenti ridotti a trattato, formano un libro, in cui videſi la prima volta abbellita, ed ampliata l' arte di rendere aggradevoli le numeroſe, e varie maniere di condire, e preparare i cibi, o da lui con feliciſſimo ingegno inventate, o con favorevole riuſcita rettificate. Queſto utile trattato diretto, e ſcorto dal Principe di Francavilla, il Lucullo de' noſtri tempi, ſi reſe pubblico la prima volta da miei torchi nel 1773 col titolo del Cuoco Galante. L' Autore di eſſo Vincenzo Corrado, già chiaro fra ſuoi, in molta ſtima fra gli uomini abili, e notiſſimo per le altre produzioni d' ingegno, (ſiccome la nota, che corre alla fine di di questo libro) si attirò giustamente l' ammirazione, per quel raro preggio, onde l' Opera sua è singolarmente commendevole, cioè di aver saputo adattare i suoi precetti ad ogni ceto di persone, ed al gusto diverso delle Nazioni. Conseguenza dell' applauso universale fu il vedere in un tratto finito tutto il numero di esemplari di tal Opera. Quindi nel 1778 fui nella necessità di replicarne una nuova edizione. Assorbita anche questa fra poco tempo, le molte richieste mi strinsero a farne la terza nel 1786, la quale comparve accresciuta, e migliorata dall' Autore, e corredata di alcune lettere scrittegli da uomini conoscitori della materia, i quali ne fecero ampie e giudiziose approvazioni. Finite anche le copie della terza edizione, Italiani, e Forastieri anziosi di provvedersene non han lasciato di farmene delle premurose dimande. Ed ecco perchè dopo il giro di pochi anni, che ne ha esaurito 4500 copie, sono ora al caso di farne la quarta edizione. Questa è quella, che io ti presento amico leggitore; ma essa non è qual' era prima. Accresciuta in molte parti di singolari, e precise notizie, emendata in altre, rettificata, ed aumentata anche di nozioni generiche, e di principj prodotti dal purgato giudizio, e raffinato gusto dell' Autore, comparisce ora in forma tutta nuova, e brillante. Egli, che non è inteso ad altro, se non se a giovare all' uomo, applica con indefesso studio i suoi feracissimi talenti ad inventar ciò, che possa renderne o più felice, o meno incomoda l' esistenza. Quindi nuovi pensieri, e nuovi lumi veggonsi sparsi in questa Opera, la quale fornita anche di alcuni discorsi preposti alle materie, le danno un dritto di superiorità su tutte le antecedenti. Ecco Amico leggitore un trattato il più compiuto, ed il più esatto, che possa aspettarsi da un uomo, che applicato a trattare una materia, consuma tutta la sua vita in perfezionarla, e migliorarla. Vivi felice.

A CHI VUOL SAPERE

LA Cucina, che fu ne' primi secoli del mondo la più semplice, e la più naturale, tal che l' appetito regolava il numero delle vivande, ed il condimento de' cibi era la fame, e delle bevande la sete, nel decorso de' tempi venne a farsi un' Arte positiva, e meccanica. I primi, che si occuparono nella meditazione, e ricerca della Natura, e che s' impiegarono alla preparazione delle vivande, furono gli Asiatici, particolarmente i Persiani. Da essi poi passò alla Grecia, e specialmente in Atene, ove a sentimento di Socrate, di giorno in giorno fioriva la invenzione, e la delicatezza delle vivande. Quindi ne venne nella nostra Italia, siccom' è noto da' Sibariti con li loro lussoreggianti annuali Conviti, e da' Romani, i quali divenuti ricchi e potenti, si diedero con tanto lusso al buon gusto de' cibi, che sorpassarono ogni altra Nazione; anzi caddero in tanta svogliatezza, che per mangiare senza fame, e per bere senza sete ingaggiavano a gran danaro e Cuochi, e Credenzieri.

Fu tanto la Cucina di que' tempi spedita, ed elevata, ed insieme stimata ed onorata, che per puro genio e piacere ci s' impiegarono tanti Filosofanti ingegni, e tanti Nobili di quella rinomata antichità. Agi, Eulino, Lamprio, Chio, Nereo, Chariade, e Astoretto, che furono i sette Savj della Cucina, ed Apicio il Romano, ne scrissero, e ne dettarono dalle Cattedre sistemi, e precetti, de' quali, in fra gli altri, se ne impadronirono sì bene i Siciliani, che non vi era in Roma tavola sontuosa nella sceltezza delle vivande, e nella ingegnosa, vaga, e signorile imbandigione di esse, che non fosse servita da gente di questa Nazione.

Da un tale studio, e da una sì fatta applicazione n' è venuta la invenzione di fare in varj modi servire i prodotti della Natura. Da esso studio n' è venuta pure la grande utilità di tante preparazioni in rapporto alla conservazione degli alimenti, ed alla piacevole preparazione delle vivande, senza la quale l' uomo o sarebbe privo dell' intutto del proprio sostentamento, o tali cose molto rozzamente avrebbe. Se altro l' uomo non avesse avuto di soddisfazione, quella è incontrastabile, d' aver trovato, nelle varie preparazioni, il modo, e la maniera di scegliere un cibo secondo se, e secondo la inclinazione de' suoi gusti, e de' suoi appetiti.

E' sperimentata cosa, che l' uomo per mantenersi sano, e per menare allegri, e contenti i giorni della vita, di un cibo piacevole, ed a se analogo ha da far uso. Si osserva ciò, anche fra' bruti ani-

A ma-

mali, i quali per via del materiale loro meccanismo manifestano il piacere, e la inclinazione, che hanno più per una sostanza, che per un' altra. Le insensate piante fanno ancor lo stesso; poichè chiaro ci dimostrano con la loro vegitazione qual concime e qual terreno le sia più o di men piacere. Con tutta ragione una sì fatta cura si deve all'uomo, il quale essendo una intricata machina organica, meccanica vivente, per aggire e riaggire sù tutti gli oggetti dell' universo, per cui è stato creato, di un cibo a se confacente, e piacevole ha da far uso; anzi per le sue infinite sensazioni, per il contrasto giornaliero de' gusti, e degli appetiti; e quindi per le infinite dissimilitudini d' idee, le quali producono altrittanti varj, e diversi giudizj, non solo le si deve un piacevole cibo, ma le si deve ancora varia la manovra, e vario il sapore; poichè l' abito di mangiare le stesse cose, e della stessa maniera preparate, partorisce il disgusto, la nausea, e spesso ancora la inappetenza. Di questa verità se ne avvidero que' Filosofi sprezzatori delle ricchezze, e del buon gusto de' cibi, quando costretti a non pascersi d' altro, che di filosofia, conobbero, che con questo cibo leggierissimo non solo non gustavan mai cosa di buono, anzi che morivan di fame.

Lungi intanto i dettami di semplicità, e di naturalezza della Pitagorica scuola; poichè s' è vero, com' è verissimo, che dal buono, e piacevole cibo dipende il ben vivere dell' uman convitto, io son di parere, che fra gli studj di necessità, che deve far l' uomo, è d' annoverarsi quello della conoscenza di se stesso, e de' commestibili per servirsene a seconda delle stagioni, ed in quella preparazione a se analoga, confacente, e piacevole.

Per far che ciò avvenga; anzi per soddisfare al genio vario degli uomini di ogni Nazione, ed alla diversità de' loro particolari genj, si manda al pubblico, e per la quarta volta, accresciuto nelle idee, e raffinato nel gusto il presente libro, che l' elevata, e nobile Cucina de' nostri tempi tratta, e contiene.

DI-

DISCORSI PRELIMINARI

1. *Qual debba essere il luogo per la preparazione delle Vivande.*

L'Uomo animato dal naturale istinto di ben vivere, corre avidamente all' esca dell' utile, e proccura i mezzi per ottenerlo. Uno di essi è il trovare un luogo, ove manovrar si possano con proprietà le vivande. Le vivande appartengono dirittamente all' utile, ed al ben vivere dell' uomo; sicchè per compiacerlo, e per soddisfarlo, un tal proprio sito si ha da trovare; e tanto più lo deve esser proprio, quanto che la Cucina de' nostri tempi è più artefatta, ricercata, e composta, che semplice, e naturale, siccome pretendea che fosse il Filosofo Pitagora. Nò gli uomini d' oggidì sono elevati, e deliziosi, e per modo, che sembra loro bassezza aver la mensa imbandita di cose non artefatte. Bramano cosa, che gl' inviti a cibarsene; che gli stimoli a servirsene, e che mangiandole possono soddisfare, e dar gusto allo stesso gusto.

Volendo dunque ciò ottenere, siccom' è dovere di farlo, il luogo di Cucina dovrà essere chiaro, e luminoso, per nettamente vedere; spazioso e largo, per francamente aggire; e alto e ventilato, acciò libera e franca ne vada la evaporazione, ed esalazione de' corpi accensibili, e marcescibili, che son quelli, che danno il nome alla Cucina.

2. *De' vasi ove dovrà farsi la preparazione delle Vivande.*

Scelto il luogo, e formata la Cucina, è di necessità guarnirla di vasellami per la preparazione delle vivande. E poichè le mie mire altro non sono se non che di giovare, e di piacere insieme, io son di parere, che i vasellami della giornaliera Cucina degli Amici debbano essere di creta; e per quella di aspettativa, di proprietà, e di lusso, di ferro coverti di perfettissimo stagno, i quali si possono fare in tutte quelle grandezze, figure, e lavori, come si fanno di rame. Ne' vasi di ferro è tutto sicuro, non solo nel tempo della cottura, ma puranche fuor di essa, che non è così col rame.

Il rame è pieno di molte parti velenose; e qualunque cosa, che nel rame si assoggetta, sempre le parti ramiginose son tirate dalla cosa, che vi si mette: nè vale la stagnatura; poichè per coverti, che sieno di stagno, le parti acide e grasse delle vivande sempre veleno si attirano; e tanto più, quanto che nello stagno, che non è perfetto per la parte di arsenico, anche trovasi materia velenosa. E quando anche la stagnatura fosse di stagno purissimo, l' azione sola del fuoco, che impiegasi alla cottura delle vivande è fortemente disposta sopra lo stagno, che posto in dissoluzione scuopre il rame.

3. *Da chi le Vivande si han da preparare.*

La lunga esperienza mi ha fatto conoscere, che per rendere più spedito, più franco, più bene inteso, e di maggior eleganza il servizio della Cucina, nella preparazione delle vivande, vagliono molto più gli uomini, che le donne; e soltanto di ajuto potrebbero servir le donne. Ed io nel preferire gli uomini alle donne, intendo anche parlare di quegli uomini di probità, e di educazione, che abbiano appreso così le cognizioni per conoscer l'uomo, e sapergli addattare il cibo, come i prodotti della Natura più proprj, e più eccellenti per poterli con arte darli cottura, e condimento; ed anche gli astri, per conoscer il tempo della loro perfezione, e così poter meglio soddisfare. Intendo anche parlare di quegli uomini dotati d'ingegno, di vivacità, e di geometrica elevatezza, per poter regolare il buono, il bello, ed il leggiadro ancora delle vivande, e delle mense.

Chi non sà di quanta importanza sia una Tavola di parata, ricercata dal lusso, e dall'opulenza? poichè, oltre delle vivande di nutrimento, e di lusso, si han da imbandire anche quelle di galanteria, per fare quel tutt' assieme, che col nome di bello si esprime; sicchè uomini, per ciò fare, han da essere.

4. *Come debbano essere le carni per le Vivande.*

Qualunque sia il modo e la maniera, con la quale si voglian servire le carni degli animali, debbano essere di stagione, grasse, e da tempo ammazzate, corrispondente alla loro solidità, per farle frollare. So, che il frollo non a tutti piace, ma io lo ricerco, e lo bramo (all'infuori di quelle carni, che saran destinate per brodi) perchè fa tenera la carne, perchè più breve e più facile n'è la cottura, e perchè di meno incomodo, e di maggior piacere si rende a' nostri organi. Il grasso però si deve da tutti ricercare, poichè è di prima necessità. Riscaldato il grasso quando è nella cottura, aggisce sì bene su l'intiera tessitura delle fibbre componenti la carne, che per glutinose e tenaci, che sieno, le intenerisce e le frange. Da ciò ne avviene, che la cottura non è lunga, e con ciò non si fa dissipamento di sali volatili, ove risiede la sostanza ed il gusto migliore. Anche il brodo divien di maggior corpo, e con ciò più nutritivo; ed a tutto ciò si unisce, che la carne rimane nella sua natura sapita, e gustosa, per cui non ha bisogno di estraneo condimento.

5. *Come conservare i Commestibili.*

Lungo sarebbe il parlare della preparazione de' Commestibili in rapporto alla loro conservazione, che perciò, per non tediare, ne do solo una idea. Per disseccare nelle carni, ed in tanti altri commestiſtibili le parti muccillaginoſe, ed impedirne la fermentazione, e la putrefazione, è propria coſa far uſo, quando del ſugo di limone, o di arancio, o pur di agreſto; quando con ſottiliſſimi ſali, ed acidi volatili; quando coll' addenſato graſſo di animale, o coll' olio; quando coll' azione del leggiero fuoco, o del ſole; quando con ſuffumigj de' corpi accenſibili, e quando con li brodi denſi e congelati.

I Commeſtibili conſiderati in rapporto al regno animale, o al regno vegetabile, quando ſono in tal modo preparati, la loro conſervazione ſarà di lunga durata, non ſolo per giorni, e meſi, ma puranche per anni. Certo ſi è, che la invenzione di conſervare i Commeſtibili, ha meritata tutta la lode de' Fiſici; poichè ſi è conoſciuto, che mancando le preparazioni, avrebbe mancata, all' uomo di buon ſenſo, e di buon guſto, l' eſca più piacevole, e più grata.

6. *Del cuocere i Commeſtibili.*

Quì non intendo far altro, ſe non che dar della cottura de' Commeſtibili le regole generali; giacchè o per li varj ed eſatti gradi di fuoco, o per le varie preparazioni che per eſſi ſi hanno da impiegare, ſi acquiſtano più con la pratica, che con la teorica.

Per le carni bollite, il fuoco dev' eſſere eguale e ſodo. La marmitta, o pentola, dopo ſpumato e condito il brodo, ſi ha da tener ſempre chiuſa per accelerarne la cottura, e per non far fare evaporazione di ſpiriti volatili, ne' quali ci ſi contiene il ſapore maggiore. Il condimento dev' eſſer più toſto di radiche, e verdi cime d' erbe odorifere, che con aromi.

Alle carni deſtinate per li brodi da zuppe, o da condimento di altre vivande, come ſono i ſughi, i conſumati, i ſoſtanzioſi, e le glaſſe, ſe l' ha da togliere il graſſo ſoverchio, ch' è l' eſteriore; e tali carni, per ciò fare, non biſogna che ſieno troppo frolle, per non eſſer ſcevre di ſugo e di ſoſtanza, la quale l' han perduta nella fermentazione, e per eſſa ancora hanno acquiſtato un certo viſcoſo, che fa venir torbidi li brodi. Il fuoco dev' eſſere leggiero, e ſoave.

Le breſe, i ragù, le fricaſsè ec. ſi hanno da deſtinare in un vaſe ben chiuſo, involte nelle barde di lardo e di preſciutto, e col condimento di cipolle, ſcalogne, paſtinache, foglie di alloro, radiche di ſellari, di petroſemolo, qualche ſpicchio d'aglio, fette di limone ſenza corteccia, e ſpezie. Il fuoco le ſi darà leggiero, ma eguale; e nel ſervirle ſiano ſgraſsate, e condite con le adattate loro ſalſe.

Le fritture ſi hanno da deſtinare nell' abbondanza del graſso, nell' azione viva del fuoco, e ſotto al movimento di mano.

Gli arroſti di carni lattanti, come capretti, porchette, vitelle, ed agnelli s'ingraſsano con lo ſtrutto, ſi condiſcono di ſale, e ſi deſtinano a giuſto grado di fuoco a riverbero, con avvertire, che la lo-

ro

ro cottura dev'esser lunga, per disseccare le parti mucillaginose, delle quali abbondano tali lattanti carni. Ciò devesi praticare con la carne di porco grande, la quale anche abbonda di umor sieroso.

I volatili sì domestici, che salvatici debbonsi inviluppare nelle barde di lardo, o di continuo ingrassarli, affinchè sia breve la cottura, divenghi tenera la carne, e non resti disseccata, giacchè nel grasso riscaldato ci si contiene tal virtù.

Il bue, il castrato, e la salvaggina quadrupede, perchè han le carni molto fibrose, e disseccate di umore, si hanno anche da inviluppare nelle fette di lardo, o nella rete di vitello, o pure si hanno da piccare di lardelli. Il fuoco dev' essere sempre di riverbero, e nella cottura han da rimanere sugose.

La pasticceria poi, che nel forno si ha d' assoggettare, il forno dovrà essere ben riscaldato, e dopo, che avrà gradatamente perduta la voracità, s' infornerà. La pasticceria, che si ha da servir calda, bisogna farlo all' istante, che n' è terminata la cottura, per gustarsi nella viva azione de' sapori.

7. *Onde nasce il sapor delle Vivande.*

Chi sa l' indole, e la natura dell'uomo, con difficoltà può definir onde nasce il sapor delle vivande. Si dice dalle carni giovani e ben pasciute; dalla perfetta manovra; dalla esatta cottura; dalla esquisitezza de' condimenti; e dall' essere state servite in tempo, e nel termine della cottura. Tutto può accadere, e da tutto ciò può derivare. Ma più delle volte il sapor delle vivande nasce dalla facoltà naturale. Per bene intendere questa, che io credo verità, bisogna premettere, che il corpo umano, secondo il sentimento de' Fisici, è di struttura elastica, irritabile, ed a diverse sensazioni soggetto. Da questo principio non si penerà punto a capire, che più delle volte per eccellente, che sia una vivanda, non a tutti riuscirà di piacere, e di gusto; giacchè dalla varietà de' corpi di coloro, che ne usano, può derivare la diversità de' particolari loro genj, discordi tal volta, e contrarj. Dato ciò per vero, com' è verissimo, per poter incontrare, è di necessità il sapere dapprimo qual sieno le persone da pranzo, per esaminarle, sentirne il genio, la inclinazione, ed il piacere; e ciò fatto son sicuro del favorevole incontro.

TRATTATO I.

Delle Zuppe, e Potaggi, e de' Colì, e Purè.

LE Zuppe, e li Potaggi sono le vivande prime, che s' imbandiscono in su le mense; e sebbene con le Zuppe, e con li Potaggi altre vivande ancor si uniscono, da essi però, non so, se per giovare, o per costume, si dà principio al pranzo, ed alla cena. Qual ne sia stata la introduzione io non entro ad esaminare. Vedo bene, che questo metodo di servir le vivande è stato da tutti sposato, e da tutti se ne continua il servire, l'uso, e la costumanza.

Or se nell' imbandir le vivande in su la mensa, han d' avere il primo luogo le Zuppe, e li Potaggi, voglio anche, che nello scrivere, abbiano per loro luogo il primo Trattato, siccome lo hanno, e lo debbono avere nella manovra; giacchè la Potaggiaria è la principale nella cucina, ed è la base, e 'l fondamento di tutte le vivande in brodo.

LA eccellenza delle Zuppe, e de' Potaggi dipende dalla sostanza de' brodi, e dal sapore di essi, de' quali quì ne descrivo due principali, e generali, che servir possono per le Zuppe; ed un terzo poi si descriverà nel Capitolo de' Potaggi.

Primo brodo chiaro generale.

Il brodo chiaro per le Zuppe si fa in questo modo, mettendo in una marmitta piena di acqua un grosso pezzo di ben nudrita carne di Bue, un Cappone, o Gallina, ed uno, o due piedi di Vitello, regolando il peso, e li pezzi dal numero de' commensali, e dalla quantità del brodo, ch' è necessario. E posta la marmitt' a bollire con ardente fuoco sotto, si starà in attenzione per toglierne la spuma. Secondochè l'acqua si va riscaldando, così s'introduce ne' vasi assorbenti delle carni, e per gli esalanti va pian piano estraendo tutto l'impuro di esse, ch' è la spuma, la quale dal calore vien portata alla sommità della marmitta, ed a fior d'acqua, ove si addensa. Bisogn' avvertire di toglierla con mestola forata, e prima di alzare il bollo. Ciò fatto, si condirà di sale, di un bochetto di sellari, pastinache, e radiche di petrosemolo, ed anche di una cipolla steccata di cannella e garofani. Si coverchierà la marmitta, e si metterà con fuoco soltanto alla pancia di essa per continuarne la bollizione; avvertendo di non tenerla mai aperta, sì per non fare arrestare il bollo, sì ancora per non far seguire evaporazione di sali volatili, ne' quali risiede il sapor più attivo.

Secondo brod' oscuro detto suage.

Il brod'oscuro ha bisogno di diversa manovra. Il fondo di una grossa cassarola si coprirà di barde di lardo, e sopra di esse fettate cipolle, pastinache, e presciutto. Indi vi si metteranno grossi pezzi di carne magra di Bue, piedi di Vitello, ed un qualche vecchio pollo in quarti. Si metterà, coverchiata la cassarola, sopra lento fuoco, per far adagio adagio trasutar le carni, e con ciò tramandar il sugo, e la sostanza, ma senza punto muoverle, o rivoltarle. Quando si vedranno dissseccate, ma glassate e quasi arsicce, allora si bagneranno con poc'acqua calda, o col brodo generale, e ristorante; e disseccato ancor questo, si empirà dopo la cassarola, si condirà di sale, e di pepe schiacciato, con coriandri, e con una cipolla steccata di cannella e garofani, ed un bocchetto di sellari, pastinache, e radiche di petrosemolo. E coverchiata di nuovo la cassarola, si faranno cuocere le carni.

Del depurare, e chiarire i brodi.

Tanto il brodo chiaro, che l'oscuro, ad uno per volta si debbono purificare e chiarire, dovendoli servire per le zuppe. Dapprimo (sia l'uno, o sia l'altro) si passeranno per stamigna, si sgrasseranno, e freddati si chiarificheranno con uova sbattute a guisa di giulebbe. Si metteranno sul fuoco a bollire, per portare a galla l'impuro, toghendolo con mestola forata. Indi, per renderli limpidi e cristallini, si faran passare filtrandoli per panni lini bene stretti, e fini. E ciò fatto, si adopreranno per le Zuppe, le quali se si voglion servire con Coli, o con Purè, basta solo sgrassarli.

Oltre de' suddetti due brodi generali, se ne fanno anche altri particolari sotto varj nomi, come pure con volatili, e quadrupedi sì domestici, che selvatici; siccome anche degli acquatici. Tutti sossopra si fanno con lo stesso metodo, e tutti nell'uso si devono sgrassare, e depurare.

CA-

CAPITOLO I.

Delle Zuppe.

VUotate piccole pagnottine, e rasatene con la grattugia la superficie, si faranno brustolire nel forno; poi ripiene di cerfoglio, acitosa, e petrosemolo, tutto trito, e passato prima, si faranno appena bollire, e s' intenda sempre in brodo chiaro, e cotte, si servirà questa Zuppa con una Purè di piselli. *Alla Corradina.*

Nel brodo chiaro si faran cuocere le croste di pane brustolite, e cotte, si serviranno coverte con Colì di cappone, e panna di latte. *Alla Regina*

Tritolate cipolle, sparaci, acetosa, sellari, petrosemolo, e targone, e passate con grasso, si faran cuocere nel brod' oscuro. Dopo vi si facciano bollire ancora le croste di pane tagliate a dadi, e brustolite, e si serviranno con quantità di brodo. *Alla Giulien oscura.*

Brustolite le fette di pane, si faran cuocere nel brodo chiaro con petrosemolo trito; e cotte, si servirà la zuppa con un Colì di petti di pollanche. *Alla Giulien chiara*

Si passano i pollastri con grasso, cipolle, presciutto, ed un senso di agio, e si faccian cuocere con brod' oscuro. Poi chiarificato il brodo ci si faccian bollire le croste di pane brustolite, le quali si serviranno con un Colì di fegati degli stessi pollastri, passati prima con butirro. *Alli Pollastri.*

Tagliati a filetti sellari, indivia, pastinache, lattuche, cipolle, cerfoglio, ed acetosa, e tutto passato, si faccia cuocere con brodo oscuro. In questo stesso brodo si faran bollire le croste di pane, che tramezzate con l' erbe istesse si serviranno. *Alla Santè*

Nel brodo chiaro si faccian cuocere quantità di cipolline tagliate a filetti, ma prima passate con una fetta di presciutto, e condite di targone. Dopo vi si metteranno a bollire le croste di pane brustolite, e si servirà la Zuppa con Colì di presciutto. *Alle Cipolline.*

Si facciano cuocere nel brodo piselli, petrosemolo, ed erbe aromatiche. Cotti, si pestano, e se ne formi una Purè, che dovrà sciogliersi con altro sostanzioso brodo, nel quale bollite anche le croste di pane brustolite, si servirà la Zuppa con la Purè sopra. *Alla Purè di Piselli.*

Cotte in brodo di volatili salvatici le croste di pane brustolite, si serviranno con una Purè di lente, pesta co' volatili, presciutto, e finocchi salvatici, che sono stati con essi bolliti. *Alla Salvaggina.*

Si pesti un piccione arrostito, con pinocchi, ed una mollica di pane bagnata nello stesso brodo, col quale, sciolto tutto, si passerà per setaccio, e condito di basilico trito, e sugo di limone, si farà riscal- *Al Basilico.*

riſcaldare, e ſi ſervirà ſopra la Zuppa preparata con brodo di piccioni, condito di baſilico.

Alla Dama. Levata con la grattugia la prima ſuperficie, ch' è d' intorno alle picciole pagnottine, e cavatone il midollo in modo, che reſtino vuote, ſi facciano ſeccare al forno. Indi ſi facciano lentamente cuocere nel brodo di cappone meſcolato con latte di Vacca, e condito di acqua di cannella. Cotta così la Zuppa, ſi ſervirà con una crema ſopra di panna di latte, e gialli di uova.

All' Agreſta. Da' petti di pollanche arroſtite, peſti con ſellari cotti nel brodo, mandorle bianchite, ed una mollica di pane bagnata nello ſteſſo brodo, ſe ne formerà un Colì, quale ſciolto col ſuddetto brodo, e paſſato per ſetaccio, ſi farà bollire in una caſſarola con quantità di acini di agreſta, e petroſemolo trito. E bollite nel chiaro brodo le croſte di pane bruſtolite, ſi ſervirà la Zuppa col già detto Colì ſopra.

Alli Gambari da graſſo. Si peſtino li gambari, prima bolliti e ſenza le code, con una mollica di pane bruſtolita; poi ſoffritti con butirro, ed erbette, ſi bagnino con brodo, e ſe ne formi un Colì. Indi ſi faccian cuocere le croſte di pane bruſtolito nell' ottimo brod' oſcuro. Cotte, ſi ſervirà la Zuppa coverta del Colì già detto, una con le code di gambari.

Di Tralci di Vite. Bianchiti li tralci teneri di vite, ſi paſſeranno con butirro, e petroſemolo, e poi ſi faranno cuocere nel brodo chiaro detto di ſopra, nel quale bollite ancora le croſte di pane bruſtolite, ſi ſervirà la Zuppa co' detti tralci, ed una Purè di gialli di uova.

Alla Reale. Si faccian cuocere in brodo quaglie, preſciutto, ceci, cipolle, erbe, e ſtecchi di cannella; poi ſi peſti tutto, formandone una Purè ſciolta con l' iſteſſo brodo. In altro brodo si faran bollire le croſte di pane, e si ſervirà la Zuppa con la Purè ſopra, prima paſſata, e riſcaldata.

Alli Pomidoro. Nel brodo di manzo si faccia cuocere una quantità di pomidoro, con un mazzetto di erbe aromatiche, ed in queſto brodo chiarificato, si faccian cuocere le croſte di pane bruſtolite; si ſervirà queſta Zuppa con un Colì ſopra di pomidoro, che ſi terrà preparato.

Alli Tartufi. Si faccian bollire le croſte di pane nel brod' oſcuro, eſtratto da carne di caſtrato, con fette di tartufi, e quando si avrà da ſervire la Zuppa, si coprirà con una Purè di tartufi, peſti con foglie di timo, e ſciolta con il detto brodo.

Alla Parmegiana. Tagliato il pane a dadi, e bruſtolito, ſi farà bollire con brodo di Cappone, tramezzato di parmeggiano, e di petti di Capponi arroſtiti, e tagliati a filetti: e quando ſi avrà da ſervire, ſi coprirà con una Purè di uova, e panna di latte.

Alla Crema. Si faccia cuocere nel brodo di Gallina ben graſſa il pane grattato, dimenandolo bene mentre cuoce. Cotto, ſi leghi con gialli di uova, e panna di latte, e ſi dimeni fuor del fuoco per farlo incorporare a guiſa di Crema, e poi ſi ſervirà.

In

In brodo chiaro di Manzo e Cappone ci si facci bollire boragine, cerfoglio, e targone, ed in esso poi le croste di pane brustolite, coverte da una Purè di fagioli bianchi, cotti nel grasso. *Fantastica.*

Si faccia soffriggere il riso in una cassarola con butirro, grasso di Vitello trito, presciutto, funghi, e tartufi, tutto trito, dimenandolo sempre con mestola di legno; brustolito che sarà, si bagni a poco a poco con brod' oscuro di Manzo, Cappone, e presciutto, e si faccia cuocere lentamente. Cotto, si servirà con Coll. di presciutto. *Di Riso in Cagnone.*

Nel brodo di Cappone, e cervellato di Milano tinto di zafferano, si faccia cuocere il Riso, che si servirà brodoso, e non troppo cotto. *Alla Milanese.*

Cotto il Riso nel brodo di Cappone, si condirà di butirro, e si servirà legato con parmegiano, e gialli di uova. *Alla Parmegiana.*

Nel latte di Vacca mescolato con brodo di Cappone si farà cuocere il Riso, condendolo con acqua di cannella, e nel servirlo si legherà con panna di latte, e butirro. *Alla Panna.*

Data mezza cottura al Riso nel brodo di Castrato, si farà finir di cuocere in una marmitta con quantità di butirro, rognonata di Castrato arrostita e tritolata, e noce moscata; e così poi si servirà. *Al Polao.*

Le Paste fine si possano cuocere nel brodo bianco di Cappone, o pure nel brod' oscuro di Manzo, o nel latte, e cotte si possono servire legate con gialli di uova, o senza. *Alla Pasta fina.*

Nel brodo di Cappone, o Manzo, si fa cuocere la Semola, la quale cotta, che sarà, si servirà legata con gialli di uova, e panna di latte; o pure cotta in brod' oscuro si servirà con un Coll. di Vitello. *Semolata.*

Ridotti li Funghi a filetti, e passati con olio, cipolline, petrosemolo, ed un senso di aglio, si faran cuocere nel brodo di Pesce, nel quale, dopo cotti li funghi, si uniranno con le croste di pane brustolite, si faran bollire, e si serviranno con sugo di limone. *Zuppe di magro di funghi.*

Cotte le Rane con acqua, sale, olio, petrosemolo, e cipolle, se ne levano i segati, le uova, e la polpa delle cosce, ed il rimanente si pesta, formandone una Purè, sciolta con il loro brodo, la quale passata per setaccio, si unirà co' fegati, uova, e polpa, si farà riscaldare, e si servirà sopra le croste di pane bollite nel brodo delle Rane, avvalorato da Pesce. *Di Rane.*

Nel brodo di Pesce si faccia cuocere una quantità di ceci, conditi di aglio, timo, e petrosemolo; cotti si pesteranno, e si scioglieranno con l'istesso brodo, nel quale si faranno bollire le croste di pane, e si serviranno con altri Ceci intieri cotti anche nel brodo istesso. *Di Ceci.*

Soffrite le Telline con olio, petrosemolo, ed un senso di aglio, si faranno bollire nel brodo di pesce, nel quale, passato, si faran bollire le croste di pane brustolite, e si serviranno con le Telline sopra, nette dalle scorze. *Di Telline.*

Bian-

Di latte di mandorle. Bianchite le Mandorle dolci, e poi pestate, si dislatteranno con acqua, e passato per stamigna questo latte, si metterà a riscaldare condito di sale, acqua di cannella, e poco giulebbe, e quando sarà per bollire, ci si fanno cuocere le croste di pane brustolite, che si serviranno con una Crema di altro latte di mandorle, condita di giulebbe, ed acqua di cannella.

Di Testugine. Si faccia il brodo di Testugine con acqua, olio, cipolle, ed un mazzetto di erbe aromatiche; poi dalle uova, e fegato della medema già bollite, se ne formi una Purè sciolta con l'istesso brodo, la quale passata per setaccio si servirà sopra le croste di pane dopo che avran bollito nel brodo suddetto.

Si posson fare altre zuppe da magro siccome quelle descritte da grasso, cambiando soltanto la carne in pesce.

CAPITOLO II.

De' Potaggi.

ACciocchè i Potaggi riescano di gusto, bisogna, che siano cotti in ottimo brodo fatto con carne di Manzo, Cappone, ed un pezzo di presciutto, e con rape, pastinache, cipolle, e di un mazzetto di erbe aromatiche condito; ma nel servirli bisogna sgrassarli, essendo il grasso nauseante, e nocivo.

Di Cicoriette alla semplice. Pulite le Cicoriette salvatiche, e bianchite in acqua bollente, o senza, si faranno finir di cuocere nel brodo suddetto. Cotte, si grassano, e si servono.

Alla Parmegiana. Le Radiche di Cicorie, cavatone il midollo, si fanno bianchire, e si fan cuocere con il brodo condito. Cotte, si legano con parmegiano, e gialli di uova, e così si servono.

Di Cavoli Torzuti. I Torsi de' Cavoli con le loro cime tenere si bianchiscono in acqua, e poi si fan cuocere nel già preparato condito brodo. Cotti, si servono brodosi e semplici.

Al butirro. Bianchiti li Cavoli, si passano con butirro, petrosemolo, un senso di aglio, e semi di finocchi; poi si bagnano con brodo, si fanno finir di cuocere, e si servono.

Di Boragine Pulita la Boragine, si farà cuocere nello anzidett' ottimo brodo, e subito cotta bisogna servirla

Di Cardoni Tagliati li Cardoni, e puliti da' filamenti, si faranno bianchire in acqua con sugo di limone, e poi cuocere in brodo di molta sostanza, e sapore. Cotti, si serviranno con Purè di ceci, o pure con un legamento di gialli di uova.

Pu-

Pulite le Lattuche, s' imbianchiscono, e poi si fan cuocere nel sostanzioso brodo. Cotte, si legano con gialli di uova, e si servono. *Di Lattuche*

Le Lattuche bianchite si riempino di farsa di Vitello pesta con erbette, spezie e parmegiano; poi ben chiuse si fanno cuocere nel brodo suddetto. *Farsite.*

Tagliati li Sellari si fanno bianchire, e poi cuocere nello anzidetto brodo condito, di cervellato di Porco, presciutto, e targone. Cotti, si serviranno brodosi. *Di Sellari.*

Dopo bianchiti li Sellari, si faranno cuocere in brodo con acetosa trita. Cotti, si legheranno con gialli di uova. *Alle Uova.*

Tagliate le Zucche a dadi si passano con butirro, un senso di aglio, basilico trito, presciutto, e sellari triti, si fan cuocere con brodo, e si servono con Coli, o Purè legate con parmegiano, e gialli di uova. *Di Zucche.*

Passate le Zucche con butirro, targone, un senso di aglio, e timo, si faranno cuocere nel brodo con basilico dentro. Cotte, si serviranno con Coli di Pomidoro. *Al Colì di Pomidoro.*

Tritati li Verzi, e bianchiti, si passano con lardo rifatto, presciuto trito, un senso di aglio ed erbette, e si fanno cuocere col già detto brodo, e nel servirli, si copriranno di parmegiano grattato, e con Purè di ceci. *Di Verzi.*

I Piselli verdi si passano con grasso di presciutto, cipolline, petrosemolo, timo, e presciutto, e si fan cuocere con brodo. Cotti, si servono con Purè di altri piselli verdi. *Di Piselli verdi.*

Bianchiti li Piselli in acqua si passano con butirro, petrosemolo, e basilico, e si fan cuocere col condito brodo. Cotti, si legano con gialli di uova, e panna di latte. *Alla Panna.*

I Finocchi bianchiti si faccian cuocere con fettoline di presciutto, un senso di aglio, e col condito brodo. Cotti, si servono con Purè di fagioli. *Di Finocchi*

Nette le cipolle, si tagliano a quarti, e si passano con lardo rifatto, un senso di aglio, presciutto trito, e timo, e si fan cuocere con il preparato brodo. Cotte, si servono con Purè di piselli. *Di Cipolle.*

Le punte di Sparici prima bianchite, si faran cuocere nel brodo condito di erbette. Cotti, si servono legati con parmegiano, e gialli di uova. *Di Sparagi.*

Fettate le Cipolle, con Pera, Pesche, Zucche lunghe, e Sellari si passano, secondo la loro durezza, con grasso, un senso di aglio, basilico, petrosemolo, e presciutto, e si fan cuocere col brodo preparato di Manzo, Gallina, e Pesciutto. Quando il Potaggio si ha da servire, si coprirà con una Purè di Pomidoro. *Di frutta.*

Nel brodo di Manzo, Cappone, Porco, e Salsiccie si faccian cuocere i Broccoli, e cotti, si servono subito, e semplici. *Di Broccoli*

Tagliate le Rape a dadi, si passano con grasso, un senso di aglio, erbette, e presciutto trito; e si faccian cuocere col brodo. *Di Rape.*

Cot-

Cotte, ſi ſervono con gialli di uova, e parmeggiano.

Di Popone. Tagliato un roſſo Popone a dadi, ſi paſſa con butirro, acini di agreſta, ed acetoſa, e ſi fa cuocere col ſolito brodo. Cotto, ſi ſervirà con Purè di ceci, o pure con gialli di uova, e parmegiano.

Di Carcioffi. Tagliati a quarti i Carcioffi, e bianchit' in acqua con ſugo di limone, ſi paſſano con butirro, erbette, e preſciutto trito, e ſi fan cuocere con il guſtoſo brodo. Cotti, ſi ſervono con gialli di uova, o con Purè di piſelli.

Di Capucci. Tritulati li Cappucci e bianchiti, ſi paſſano con cervellato, preſciutto, ſoppreſsata, e formaggio a filetti, un ſenſo di aglio, peparoli roſſi in polvere, e baſilico, e ſi fan cuocere col brodo di Manzo, e Cappone, condito di preſciutto, e ſciris. Cotti, ſi ſerviranno con Purè di ceci.

All'Olio. Della ſteſſa maniera ſi può ſervire ogni Potaggio all'olio, cambiandole ſolo il brodo, che dovrà eſſere fatto con carne di peſce, cipolle, rape, paſtinache, ſellari, e petroſemolo; o pure bianchite, o cotte l'erbe in acqua, e poi poſte in olio con un ſenſo di aglio, petroſemolo trito, acciughe, e ſemi di finocchi. Le fave poi, e li piſelli, o pure le zucche, ſenza bianchirle, ſi paſſano con olio, e ſi fan cuocere con poc'acqua; e nel ſervir il Potaggio, ſi legherà con Colì di acciughe, o pur di gambari, o buttariche.

CAPITOLO III.

Delli Colì, e delle Purè.

LI Colì, e le Purè, che quì si descrivono, posson servire non solo nelle zuppe, ma ancora sopra tutte le carni, pesci, uova ed erbe. L' avvertenza sarà di saperle adattare, e destinarle in modo, che possono essere analoghe alle cose, che si voglion condire, acciò possan riuscire di gusto al palato.

Data mezza cottura allo spiedo ad un pezzo di carne magra di Manzo, si farà finir di cuocere in una cassarola con fette di lardo, presciutto, cipolle, pastinache, ed erbette, bagnandole quando saran stagionate con brodo di Manzo, e vi si aggiungeranno alcune croste di pane brustolite; indi si pesterà tutto, si scioglierà con l' istesso brodo, si passerà per setaccio, si sgrasserà, e si conserverà caldo, il Colì, in una cassarola, condito di sugo di limone. *Colì di Manzo.*

Tagliati a quarti i Piccioni, si passeranno con butirro, presciutto, un senso di aglio, e basilico, e quando saranno ben soffritti si bagneranno col brodo, vi si metteranno le croste di pane brustolito, e cotti si pesterà tutto, sciogliendolo con brodo; dopo si passerà per setaccio, si sgrasserà, e si terrà caldo, il Colì per servirlo con sugo di limone. *Colì di Piccioni.*

Si faccian soffriggere con butirro, fette di presciutto, e fette di carne di Vitello con erbette, e spezie; e soffritte si faranno cuocere con brodo di Manzo, croste di pane, stecchi di cannella, foglie di alloro, e timo. Cotte si pesterà tutto, si scioglierà con l' istesso brodo, e si passerà per setaccio; e sgrassato dopo, il Colì, si condirà di sugo di limone, e si servirà caldo. *Colì di Presciutto.*

Dalle Pernici lardate, ed arrostite se ne levano li petti e le coscie, ed il restante si pesta con tartufi, un senso di aglio, croste di pane, spezie, ed origano, si passa con butirro, e si fa bollire nel brodo di Manzo, poi si passerà per setaccio, e si servirà caldo il Colì con sugo di limone, e ben sgrassato. *Colì di Pernici.*

Bianchiti li gambari con acqua, e sale, se ne caveranno le code, ed il resto si pesterà con croste di pane brustolite, e bagnate in brodo; pesto si passerà con butirro, erbette, spezie, ed alloro, e si farà bollire con brodo. Si passerà poi per setaccio, e si servirà caldo, il Colì, con le code suddette. *Colì di Gambari.*

Ad un capone arrostito se ne levino i petti, e le coscie, ed il restante si pesta con fette di pane fritto; dopo si passano con butirro, scalogne, ed erbe aromatiche, ed unite con la roba già pestata *Colì di Cappone.*

seguita B si fa

si fa bollire con brodo di Manzo, e quando avrà preso corpo si passerà per setaccio, e si servirà il Colì, con senso di targone.

Colì di Anetra. Il collo, le ale, il fegato, ed il ventricolo dell'Anetra si fanno cuocere con lente, e col condimento di fette di presciutto, spicchi di aglio, foglie di alloro, e finocchietti salvatici. Cotto, che sarà tutto si toglie dal brodo, e si pesti ben fino. Pesto si sciolga con lo stesso brodo, si passi per setaccio, si condisca di spezie, e caldo si serve il Colì.

Colì di Vitello. Più pezzi di carne di Vitello, mezzi cotti con butirro alle braci, si pestino con mandorle bianchite, gialli di uova duri, una mollica di pane bagnata in latte, e cannella; si sciolga questo pesto con brodo chiaro, si metta in una caffarola a bollire, e passato per setaccio si servi il Colì.

Colì di Acciughe. Si pestano le Acciughe con mandorle brustolite, una mollica di pane bagnata in brodo, e poi con brodo di Manzo sciolto, si passerà per setaccio, e si servirà il Colì con sugo di limone.

Colì da magro. Si pestino i pignoli con filetti di pesce cotto ed una mollica di pane bagnata in brodo di pesce, e pesto tutto, si stempri con brodo, e si facci bollire, ed addensare con l'istesso brodo condito di stecchi di cannella, e garofani. Dopo si passerà il Colì per setaccio, e si servirà caldo con sapor di aceto di targone.

Colì di Rane. Le Rane cotte con butirro, e brodo, e condite di un senso di aglio, e di spezie, si pestano intiere con la loro carne, ed ossa, e con esse ancora qualche mandorla brustolita, e fette di tartufi. E quando sarà tutto pesto si scioglierà collo stesso brodo, si passerà per setaccio, e caldo si servirà il Colì.

Colì di Butirro. Si fa liquefare un pezzo di butirro, e si addenza con fior di farina, ed indi con brodo si allunga per farlo bollire. Ci si mettono intieri delli spicchi di agli, una testa di sellaro, una foglia di alloro, e di sale, e noce moscata, si condisce, e quando si sarà addensato, si unirà con gialli di uova, stemprati prima con sugo di limone, si passerà per setaccio, e si servirà il Colì.

Colì di Pomidoro. Li Pomidoro ben maturi si passano con grasso di presciutto, e si condiscono con un senso di aglio, di basilico, di foglia di alloro, e di sale, e pepe. Si bagnano con ottimo brodo, e si fanno bollire, aggiungendoci nella bollizione delle croste di pane brustolite. E disfatto, che sarà tutto, si passerà per setaccio, e si servirà il Colì.

Colì di Uova. Bollite le uova in acqua, ed indorite, se ne cavano li gialli, e con una mollica di pane brustolita, e bagnata in brodo, ed un pezzo di butirro si pestano, e si condiscono di sale, e di noce moscata. Fatto ciò, si stempri, e si allunghi il Colì in una certa densità; indi si passi per setaccio, e caldo si servi.

Purè Verde. Mettansi a bollire nel brodo di Manzo, erbette aromatiche, cioè il verde delle cipolle, spinaci, e foglie di bietole; poi cavate dal brodo si pestano con croste di pane brustolite, e bagnate nel bro-

brodo, e ſciolte con altro brodo, si paſſano per ſetaccio, e si ſervirà la Purè, condita di ſpezie.

Purè di Radiche.

Si paſſano con olio carote, radiche di petroſemolo, ſellari, paſtinache, cipolle, e finocchio. Dopo peſtato tutto con mandorle bruſtolite, e croſte di pane fritto, ſi ſcioglierà con brodo, ſi farà un poco bollire, ſi paſſerà per ſetaccio, e ſi ſervirà la Purè, condita di ſpezie.

Purè di Lente.

Cotta la Lente nel brodo di Peſce, o Anetra, con ſpicchi di aglio, alloro, petroſemolo, finocchi ſalvatici, ſale, e pepe, ſi peſterà tutto, ſi ſcioglierà con l' iſteſſo brodo, e si paſſerà per ſetaccio; dopo ſi farà riſcaldare, e ſi ſervirà la Purè calda.

Purè di Faggioli.

Li fagioli mezzi cotti in acqua, ſi faranno finir di cuocere nel latte di mandorle, e brodo di peſce, condito di erbe, e pepe. Cotti ſi peſteranno, e ſciolti con l' iſteſſo brodo, ſi paſſerà per ſetaccio, e ſi ſervirà la Purè con ſugo di limone.

Purè di Ceci

Li Ceci cotti con olio, aglio, timo, targone, e brodo di peſce, ſi peſtano, e ſi ſciolgano con l' iſteſſo brodo, poi paſſata per ſetaccio la Purè, ſi ſervirà con un ſenſo di targone.

Purè di Erbe

Si paſſano con butirro piſelli, magiorana, targone, menta, timo, polleggio, e ſpezie; poi ſi peſtano con una mollica di pane bagnata in brodo, e gialli di uova duri. Peſto tutto, si ſcioglierà con brodo, si paſſerà per ſetaccio, e si ſervirà la Purè calda, con ſugo di limone.

Purè di Ricci.

Dai Ricci di mare, quando ſon pieni, ſe ne cava il loro giallo, e ſenz' altro condimento si ſtempra con brodo chiaro, in modo da farne un denzo condimento, che forma la Purè, la quale paſſata per ſetaccio si ſervirà.

Purè di Ragoſta.

Dalla Ragoſta, già cotta in acqua, ſe ne cava il giallo e parte di carne a ſe vicina. Si peſta dopo con qualche croſta di pan fritto, si ſcioglie con brodo, si condiſce di ſpezie, si paſſa per ſetaccio, e si ſerve la Purè.

Purè di Rape.

Paſſate le Rape con preſciutto, e fatte cuocere con brodo ben condito, si peſtano dopo, si ſciolgono con lo ſteſſo brodo, e per ſetaccio si paſſa la Purè. Della ſteſſa maniera si fan quelle di Carote, e di Zucche, e di altre radiche.

Purè di Frutta.

Si prendano pera, e percoca, ſi puliſcano dalla corteccia, ſi tagliano a fette, e ſi paſſano con butirro, e fette di preſciutto. Cotte, che ſaranno, ſi peſtano con una corteccia di limone, ſi condiſcano di noce moſcata, e ſi ſtemprano con brodo. Si paſſano dopo per ſetaccio, ed è già fatta la Purè.

Purè di Mandorle

Pulite, che ſaranno le mandorle ſi peſtano con una mollica di pane bagnata in latte, e peſte ben fine, che ſaranno, ſi dislatteranno con latte di animelle. Si condiranno con acqua di cannella, e per ſetaccio ſi paſſerà la Purè.

Purè di Padate. Si fanno cuocere le Padate sotto le braci, e cotte si puliscano, e si pestano con un pezzo di butirro, e si condiscano di spezie. Indi con chiaro e gustoso brodo si sciolgano, si passano per setaccio, e calda si serve la Purè.

Purè di Noci. Si mettono a cuocere in brodo li torzi di Cavoli, e cotti si pestino con quantità di noci fresche, e con una mollica di pane bagnata in brodo, ed un spicchio di aglio. Pesto, che sarà tutto, si condisce di pepe bianco, e di sale, si scioglie con brodo chiaro, si passa per setaccio, e calda si serve la Purè.

Purè di Zucca. La Zucca vernina si taglia a dati, e con grasso, e fette di presciutto, ed un senso di aglio si passi, condendola di petrosemolo, e spezie. Cotta, e disfatta che sarà, si pesterà con pignoli; dopo si stemprerà con brodo, si passerà per setaccio, e calda la Purè si servirà.

Purè di Riso, Il riso si farà cuocere con latte, e butirro, e con stecchi di cannella. Poi pesto ben fino, si dislatta con altro latte, si condisce con acqua di cannella, si passa per setaccio, e calda che sarà, si servirà la Purè.

Purè di Latte. Liquefatto un pezzo di butirro si addenserà con un poco di fiore di riso, dopo si stempra con latte, col quale si farà bollire, condito di corteccia di limone. Addensato, che sarà si passerà, e si servirà la Purè.

Purè di Pistacchi. Una buona quantità di pistacchi unita con la quarta parte di petrosemolo bianchito, ed una mollica di pane si pesti, ed indi si scioglie con brodo di Cappone. Si passi per setaccio, e calda si servi la Purè.

Purè di Tartufi. Puliti li tartufi si pestino con croste di pane fritto, con un senso di aglio, e con aromi. Si scioglie il composto con brodo di pesce si passa per setaccio, e calda la Puré si serve.

TRAT-

TRATTATO II.

Degli Animali quadrupedi domestici.

GLi Animali quadrupedi domestici, de' quali l' uomo vuol far uso per cibo, debbono essere ben pasciuti, ben carnuti, e ben ingrassati. Ce lo insegna la sperienza, la quale chiaro ci fa conoscere, che per rendere gli animali gustosi al palato, ed al corpo dare robustezza, e vigore, vaglia più il buon governo in essi, che tutte le studiate conditure. Gli animali quando per lo governo si sono ingrassati, il loro grasso gli rende teneri, e saporosi: la lor tenerezza li fa cuocer presto, ed il loro sapore esclude ogni altro estraneo artefatto condimento, e con ciò fassi un cibo più analogo, più semplice, più connaturale, e meno anche dispendioso.

FRa gli Animali Quadrupedi domestici si deve il primo luogo al Vitello lattante. Se ne fa uso di questo Animale in tutte le stagioni. Non ha parte in osso, che non sia atto a ricever condimento, ed a soddisfare qualsisia delicato palato. Principierò dalla testa, e poi a parte a parte il rimanente del corpo descriverò.

Della Testa del Vitello Lattante.

LA testa del Vitello, pulita e netta da' peli, si potrà cuocere lessa in acqua, condita di sale, ed erbe aromatiche, e servirla, quando è cotta, con petrosemolo attorno. *Testa di V. all' Erbette.*

Dissossata cruda la testa, si potrà riempiere con un pastume fatto dalla stessa carne dell' Animale, cervello, animelle di Agnello, tartufi, funghi, pistacchi, gialli di uova crudi, erbette trite, e spezie. Indi si farà cuocere in brodo, con fette di lardo, erbette, e presciutto; e quando sarà fatta, si servirà con crema di fior di latte. *Dissossat' al fior di latte.*

Si potrà riempiere di fegato dello stesso Vitello, ben pesto con

 lardo

Dissossata, e ripiena di fegato, ed Acciughe. lardo, midolla di Manzo, tartufi, pignoli, passerina, coriandri, capparini, suo cervello, spezie, ed erbette; con questo pastume la testa ripiena si metterà a cuocere in cassarola, con fette di lardo, e presciutto, facendola così lentamente stufare, bagnandola con ottimo brodo; e nel servirla, si coprirà con salsa di acciughe, e capparini.

Dissossat' alla Parmegiana. Ripiena ancor la suddetta testa con parmegiano grattato, suo cervello, uova crude, targone, e petrosemolo, si farà cuocere in brodo con erbette, fette di lardo, e sale; e quando sarà cotta, si servirà con Crema composta di latte, gialli di uova, e parmegiano grattato, facendola assodare anche al forno, acciò abbia corpo.

Al Colì di Pomidoro. Dopo cotta ne' suddetti modi la testa del Vitello, si può tagliare in fette, e passate con butirro, ed erbe trite, si servirà con Colì sopra di pomidoro.

Imboracciat' al sugo di limone. Bollita la testa di Vitello in brodo senza ripieno, si potrà tagliare in fette, le quali infarinate, attuffate ne' gialli di uova, ed involte nel pane, e parmegiano grattato, si metteranno a cuocere adagiatamente su la graticola, e si serviranno con sapor di limone verde.

Alla salsa Reale. Cotta la testa in brodo, e tagliata a bocconi, si fanno infarinare, e friggere in buono strutto, e poi con salsa reale sopra, giusta il trattato delle Salse, si serviranno.

Allo Spiedo, con sapor di agresta. La testa dopo bollita, e quasi cotta, si potrà arrostire allo spiedo, involta bene in fette di lardo, o con carta unta di butirro, e così lentamente farla finir di cuocere, e servirla con sapor di agresta.

Alle Amarene. Dello stesso modo arrostita la testa di Vitello, riuscirà di gusto, se prima si riempie di farsa di presciutto e butirro, mescolata col suo cervello (prima cotto in brodo) gialli di uova, ed aromi, e quando sarà cotta, si servirà con costrini di pane, convertì di farsa di presciutto, o di butirro.

Alla Malvasia. Sarà ancor piacevole, se dopo dissossata la testa di Vitello, si riempirà con farsa di carne dello stesso Animale, acciughe, erbette, capparini, ed un senso di aglio; dopo posta in istufa con fette di lardo e presciutto, bagnata con malvasia, si farà lentamente cuocere; e quando sarà per servirsi, con la stessa sua salsa s' imbandirà.

Alla Pampateur. Dissossata la testa, e ripiena con varie cervellette, panna di latte, gialli di uova, tartufi triti, e cannella in polvere, si farà cuocere in buono brodo, e quando sarà cotta, si caverà. Poi si coprirà di butirro, gialli di uova stemperate, e parmegiano grattato; e facendola prender colore al forno, così calda si servirà.

Al latte, e butirro. E' ottimo a cuocersi la testa del Vitello nel brodo, ed indi nel latte condito di cannella in polvere: e nel servirla s' imbandirà con salsa di butirro, e gialli di uova.

In frittata. Dopo che la testa sarà cotta in brodo, si taglierà a bocconcini, quali mess'in una quantità di uova bene sbattute, con parmegiano no grattato, pepe, e presciutto trito, se ne formerà con butirro una ottima frittata servita con crostini attorno.

La testa di Vitello cotta intiera, o in fette, in brodo ben condito, si può servire coverta di spinaci alla crema. *Agli Spinaci.*

Bollita intiera la testa di Vitello, e poi fettata, s' infarina, e si frigge in istrutto; e con salsa di cedro candito, ed aceto si servirà. *Alla salsa di Cedro.*

Delle Cervella del Vitello, o del Manzo.

Le cervelle del Vitello, o del Manzo, dopo pulite della pelle, e sangue, si metteranno a cuocere in acqua, e dopo in brodo condito di petrosemolo, e sale, e si serviranno dopo con sapor di acetosa. *Cervelle di V. lesse al Petrosemolo.*

Bollite le cervella in acqua, sale, limone, ed un mezzo bicchier di aceto, si faranno freddare; e tagliate dopo in bocconi, s' infarinano, si passano in uova, ed in parmegiano e pane grattato; indi si faranno nello strutto friggere, e calde con salvia fritta intorno si servono. *Fritte alla Salvia.*

Cotte le cervella in brodo ben condito di sale, e petrosemolo, si possono servire alla salsa di butirro, ed uova; mettendo in cassarola un grosso pezzo di butirro, de' gialli di uova, e sugo di limone; e tutto addensato sopra un fornello, caldo com' è, si verserà sopra le cervella. *Al butirro, ed uova.*

Fatte cuocere le cervelle in acqua, sale, ed erbe, si faranno dopo freddare, e si taglieranno a bocconi, quali passati con butirro, presciutto trito, pretrosemolo trito, e spezie, si passeranno dopo in pane, e parmegiano grattato. Così fatte, si accomodano sopra di una carta in forma di navicella, coverte di butirro, e con un' ottimo Colì di Vitello. Dopo si faranno prender corpo, e colore al forno, e calde si servano. *Alla Parmegiana.*

Le suddette cervella, dopo bollite, si potranno tritulare, e mescolare con parmegiano grattato, e grasso di Vitello, e condito di fior di latte, e spezie, e con uova sbattute, se ne formerà una grossa frittata con butirro, servendola calda. *In frittata.*

Ottime sono le cervella in Buden, o in Suppresse, con farle cuocere in brodo chiaro, poi pestarle con spinaci, prima less' in brodo, aggiungendoci del butirro, uova, latte, e cannella in polvere. Si faranno prender corpo in una cassarola sopra al fornello, dopo in altra cassarola unta di butirro e mollicata con pane grattato, si metterà questo composto, ed al forno si farà finir di cuocere, ed assodare. *In Buden agli Spinaci.*

Sono di piacere ancora le cervella, quando si faran cuocere in brodo, poi peste con mollica di pane e parmegiano grattato, e di gialli di uova, e spezie condite, se ne formerà un pastume, dal quale se ne faranno delli gnocchi in forma di quelli di pasta, e si fanno cuo- *In Gnocchi.*

cuocere in ottimo brodo; ind' incaciati con parmegiano, e di butirro, o pure con sugo di carne conditi, si serviranno.

In Frittelle alla Malvasia. Si faranno bollire in acqua le cervelle, e dopo peste con erbette odorifere, formaggio grattato, uova, zucchero e spezie; indi con buona malvasia il tutto bagnato, se ne fanno delli boccon' involt' in fior di farina, che si friggeranno in istrutto.

In Frittata Montata. Cotte prima le cervella in brodo, e dopo peste con fior di latte, rossi di uova crude, aromi, e parmegiano grattato; indi ci si metta della chiara di uova ben montata, con la quale si mischierà ogni cosa; ed avendo la padella sopra il fuoco con butirro, se ne formerà con la composizione suddetta una delicata frittata da servirla calda.

Alla Crema. Cotte, che saranno le cervella in brodo ben chiaro, si pestano bene bene, e si passano per setaccio, e dopo si uniscano, con gialli di uova, latte, e zucchero, e se ne formi una crema, condita di cannella; e quando sarà assodata, si verserà in un piatto per servirla.

In Frittat' agli Spinaci. Si può fare con le cervella altra frittata agli spinaci e cipolle, facendole prima bianchire, poi tritulare con spinaci ancor bianchiti, e cipollette passate in butirro, aggiungendoci del parmegiano grattato, delle uova bene sbattute e condite, del sale, e del pepe; dopo con ottimo butirro nella padella se ne formerà la frittata.

In Buden grigliato. Si possono ancor fare de' Buden con le cervella di Vitello, facendole cuocere in brodo, e dopo pestarle con midolla di manzo, butirro, aromi, parmegiano grattato, e gialli di uova duri; ed essendo tutto ben pesto, se n' empino le budella di agnello alla lunghezza di un dito, dopo, su la graticola, si fanno arrostire, e calde si servano.

Alla Rete in soppresse. Lesse le cervella in brodo, e tritulate bene, vi si pone della panna di latte, aromi, cedro trito, e polvere di mostaccioli; dopo fattone bocconi, s' involtano in rete di porco, e dentro di una tortiera si faran finire di cuocere nel forno, servendole calde.

In Tartarette. Ancor farsene potranno delle cervella Tartarette, facendole cuocere prima in brodo, poi peste con pistacchi, con zucchero, cannella, gialli di uova, capo di latte, scorzette di portogallo giulebbate, ed un poco di acqua di odore. Questa composizione ben maneggiata, si mette dentro delle cassette di pasta, e senza coprirle, si faranno cuocere al forno, servendole con zucchero.

Fritte alla sals' agro-dolce. Dopo che le cervella saranno cotte, si possono dorare, e friggere; e poi con sals' agro-dolce servirle calde, o fredde.

Arrostite alla Rete. Bollite le cervella in brodo, passate in butirro, involte nella mollica di pane grattato e parmeggiano, condite di sale, e pepe, si metteranno nella rete di Porco, o di Vitello; e così si faranno arrostire per servirle calde.

Mescolate con ricotta le cervelle, se ne fanno anche frittelline, che sono gustose.

Del-

Della Lingua del Vitello.

LA lingua del Vitello è ottima a farsi bollita, condita di erbette e sale, e poi servita calda, o con verdura d'intorno, o pure con salsa di butirro. *Lingua di V. less' alla salsa di butirro.*

La lingua bollita, e poi passata con butirro, presciutto, cipollette, un senso di aglio, capparini, spezie, e bagnata con vino generoso, si farà prender corpo, e si servirà calda. *Alla salsa Tedesca.*

Si può la lingua farsire con carne di Vitello, e poi in cassarola mess' a cuocere con fette di lardo, presciutto, ed erbette; e quando sarà cotta, si servirà con salsa di tartufi cott' in butirro, con acciughe, e con vino bianco bagnata. *Alla salsa di tartufi.*

Conficcata la lingua di lardelli, chiodi di presciutto, aromi, e cotta in istufa, si servirà con un sapor di funghi passat' in olio con un senso di aglio, ed erbe. *Al sapor di funghi.*

E' ottimo a servirsi la lingua fritta, la quale si farà prima bollire, dopo si fetterà, e infarinate le fette, dorate, e involte nel pan grattato, si faranno friggere, e con salvia fritta intorno, si serviranno. *Fritt' alla salvia.*

Cotta lessa la lingua, e tagliat' a bocconi, questi s' infarinano, si dorano e si friggono; e formando dopo una sals' agro-dolce, con sugo di limone, aceto bianco, polvere di mostaccioli, pignoli, passerina, e spezie; dentro di questa si faran prendere corpo, e si serviranno come piace, cioè o caldi, o freddi. *Alla sals' agro-dolce.*

Cotta la lingua in brodo chiaro, condito di sale, ed erbette, si servirà fredda, con salsa all' olio, fatta con petrosemolo pesto con acciughe, capparini, maggiorana, e pepe; il tutto ben pesto, vi si mette dell' olio, e sugo di limone. *Alla sals' all' olio.*

Riesce assai di gusto la lingua se si conficcherà di lardelli conditi di aromi, e poi involta in rete di Porco, o di Vitello, o più fette di lardo, si farà cuocere arrostita; e quando sarà cotta, si servirà con salsa reale attorno, butirro, e gialli di uova. *In Arrosto con salsa Reale.*

Si cuoce la lingua in brodo, ben condita di erbe, e spezie; e quando sarà cotta, si metterà in una Purè di piselli verdi con fettoline di presciutto, servita calda. *Alla Purè di Piselli.*

Si può ancor vuotare la lingua, ed empiere con una farsa di parmegiano grattato, uova, erbette trite, butirro, e spezie: e dopo metterla a cuocere in brodo chiaro, e servirla con salsa di gialli di uova, latte, e foglie di salvia. *Farsit' al latte.*

La lingua, quando sarà cotta lessa, si passerà con butirro, presciutto trito, erbette, e spezie non già intiera, ma fettata; dopo si accomoda sopra di un foglio di carta, si coprirà di parmegiano, pane grattato, e butirro; di questa maniera si metterà al forno, e si servirà calda. *Imboracciata.*

Cotta la lingua lessa, o pure in istufa, si può servire con salsa di targone nel Colì di Vitello. *Alla salsa di targone.*

Si

In Fricassea Si può fare una fricassea della lingua, facendola prima lessare; poi tagliat' a dadi, si passeranno con butirro, erbette, e spezie, e nel servirla, si legherà con gialli di uova, butirro, e sugo di limone.

Della Scannatura del Vitello.

Scannatura lessa. LA scannatura del Vitello è ancor di uso nelle mense de' Grandi, e la prima sua cottura sarà lessa, servita o con verdura, o pure con salsa: come sarebbe di butirro, di cetriuoli, di acetosa, di presciutto, o cipolline, e sempre calda dee servirsi.

In Ragù alli Tartufi. Si potrà cuocere in ragù ben condita con grasso, e fette di presciutto, e bagnata con vino generoso, e poi servita con sapor di funghi, o tartufi.

Fritti alla sals' agro-dolce. Cotta la scannatura lessa, condita di sale ed erbe, si taglia in bocconi, qual' infarinati, e dorati, si friggeranno nello strutto; e con sals' agro-dolce ben condita di spezie si serviranno, o pure con salvia fritta intorno, o petrosemolo.

Con sals' alla regina. Si farà cuocere la scannatura in istufa condita di droghe, e butirro, bagnandola con malvasia; e cotta, s' imbandirà con una sals' alla regina fatto con cedro condito pesto, e sugo di limone.

In fricassea. Tagliata la scannatura in bocconi, e passata con grasso di Vitello, erbette, e spezie, si farà cuocere in brodo chiaro; e quando sarà ora di servire in tavola, si legherà con una salsa di gialli di uova, e sugo di limone.

Alla Parmegiana. Si serve ancora la scannatura lessa coverta di scalogne, passate con presciutto, e con sapor di malvasia servita.

Alla Purè di Lente. Riesce di gusto la scannatura cotta in istufa; e poi servita con una Purè di lente, o piselli, dove siavi del cervellato, fette di presciutto, e finocchietti salvatici triti.

Del Fianchetto del Vitello.

Fianchetto di V. lesso al petrosemolo. IL Fianchetto del Vitello, se ben sia un tocco di carne quasi vuota, e non di troppo corpo, pure se ne possono fare delle variate vivande, da usarsi nelle mense nobili. In primo si può servire lesso con erbe aromatiche, e poi imbandito con petrosemolo attorno.

Farsito di erbe. Si fa ancora lesso, farsito di erbe aromatiche dolci; come spinaci, lattuca, bietola, ec. legate con parmegiano, ed uova, e condite di spezie; con questo ripieno si farà cuocere in brodo, e si servirà con sapor di targone.

Farsito alla parmegiana. E' ottimo farsito alla parmegiana, con formare un pastume composto di parmegiano grattato e pane, uova bene sbattute, erbette trite, passerina, pistacchi, pignoli, midolla di Manzo, presciutto tri-

trito, e ſpezie. Con queſto paſtume ſe n'empirà il fianchetto, e ſi farà cuocere in brodo ben condito. Si ſervirà caldo con ſalſa di butirro, o pure fettato rifreddo con verdura d'intorno.

Il fianchetto, dopo farſito, e cotto nella detta maniera, ſi può tagliare in fette, le quali bagnate con gialli di uova, e butirro, s'involteranno in pane e parmegiano grattato, e ſi faranno friggere nello ſtrutto, o pure ſu la graticola arroſtire, da ſervirle calde. *Farſito, e grigliato.*

Si può formare un'altro paſtume, compoſto di carne magra di Vitello ben peſta con un ſenſo di aglio, de'capparini, erbette trite, tartufi, preſciutto trito, ed aromi, ſe n' empirà il fianchetto, e ſi farà cuocere in iſtufa con fette di lardo, e quando ſarà cotto con ſapor di funghi, ſi ſervirà caldo. *In iſtufa farſito per Entrées.*

Del Petto del Vitello.

Il petto del Vitello è una parte del corpo ottim a mangiarſi; tanto più, che in varj modi ſi può preparare. La ſua prima cottura ſarà bollita in acqua con ſale, ed erbette; e quando ſarà cotto, con ſugo di limone, e petroſemolo trito ſopra si ſervirà. *Petto di V. bollito all' erbette.*

Bianchito il petto del Vitello prima in acqua, e poi fatto cuocere in brodo di Manzo ben condito, quando ſarà cotto, si può ſervire con ſapor di acetoſa, o di targone. *Al ſapor di acetoſa, per Entrées.*

Steccato il petto di lardelli e preſciutto, bene aromatizzati, ed erbolati, si metterà a cuocere in iſtufa con le ſolite coſe, bagnandolo con vino bianco; e nel ſervirlo, si coprirà con ſapor di prugnoli alle acciughe. *In Ragù al ſapor di prugnoli.*

Si potrà farſire il petto tra la carne ed oſſa, con carne magra dello ſteſſo Vitello, miſchiandovi alla farſa del preſciutto trito, midolla di Manzo, erbette, tartufi, e ſpezie. Con queſto pieno si metterà a cuocere adagiatamente in iſtufa, bagnandolo con brodo, e si ſerva, quando ſarà cotto, con Colì di Gambari. *Farſito al Colì di Gambari.*

Diſſoſſato il petto con diligenza, e fatta una farſa di parmegiano, e pane grattato, ſpinaci, pignoli, piſtacchi, ſpezie, ed uova sbattute, ſe n' empirà il petto, e si metterà a cuocere in brodo chiaro, con fette di lardo, erbe, e ſale. Si ſervirà con iſpinaci paſſati con butirro, e legati con panna di latte. *Farſito all' erbe, e ſapore di Spinaci alla Crema.*

Bianchito il petto del Vitello, e poi tagliato in bocconi, si paſſeranno con butirro, e si faran cuocere con brodo, erbe trite, e ſolite ſpezie. Quando ſarà ora di ſervire in tavola, vi si metterà una ſalſa di gialli di uova, e ſugo di limone. *In fricaſſea bianca.*

Si cuoce in brodo il ſuddetto petto, condito di ſale, un bocchetto di erbe, e vino bianco. Nel ſervirlo, si coprirà con ſalſa di petroſemolo, e ſugo di limone all' olio. Queſta ſarà una vivanda da ſervirla fredda per Entremets. *Alla ſalſ all' olio.*

Diſ-

In Arrosto. Disossato il petto di Vitello crudo con diligenza, si potrà riempiere con rognonata dello stesso Vitello, e da fuori piccato di lardelli e presciutto; dopo inviluppato in fette di lardo, o carta unta di strutto, si metterà allo spiedo, e si farà cuocere per servirlo con crescione intorno.

In bocconi fritti. Il grasso della punta del petto di Vitello cotto in brodo, poi tagliato in bocconi, quest' infarinati, dorati, e mollicati, si friggeranno in istrutto, e caldi si servano con frittelle di rosmarino, o petrosemolo.

All' Arlecchina. Bianchito il petto del Vitello, e poi coverto tutto di radiche di varj colori, formandone come una veste all' Arlecchina, si farà cuocere in isfusa lentamente, coverto però con carta unta di olio, acciò non si guast' il lavoro. Si servirà con Colì sotto di Vitello, condito di sugo di limone.

Della Coscia del Vitello.

Coscia di V. in Coppola. LA coscia del Vitello essendo un taglio di carne poco nervosa, se ne possono fare quelle vivande, che non si possono dagli altri tagli. Eccone la prima, che saranno le Coppiette. Per farle, bisogna prendere un pezzo di coscia, levarne que' piccoli nervicciuoli, e pestarla con midolla di Manzo, cedro candito, parmegiano grattato, poco pane bagnato in brodo, e gialli d' uova, con qualche chiara, e spezie. Mescolando bene il tutto, se ne formeranno le Coppiette in forma rotonda, o lunga, ed in buon brodo di carne, si faranno cuocere; servendole dopo con Colì di Vitello, o con Purè di gialli di uova.

In braciole. Si fanno della coscia di Vitello delle braciole involtate, prendendo un tocco di carne, e tagliarlo a fette sottili, le quali con la costa del coltello si schiacciano, e si riempino di carne di Vitello battuta, mischiata con grasso dello stesso animale, erbette aromatiche, e spezie; dopo si mettono a cuocere con fette di lardo e cipollette, bagnandole con buono brodo. Quando si son tutte glassate, e quando saran cotte, si serviranno con lo stesso sugo, ma ben sgrassato, e targone contrito.

In Fricondò Se ne fanno de' Fricondò micciati di lardelli, e si faran cuocere in acqua con presciutto, lardo, ed erbe; e quando saranno cotti con la stessa glassa, si serviranno, e con sapor di acetosa sotto.

In Crocchetti La carne magra della coscia tagliat' a dadi, si passerà in cassarola con butirro, e poi si pesterà con grasso di Vitello, mollica di pane bagnata in latte, gialli di uova crudi, cannella in polvere, e fior di latte. Con questo pastume ben mescolato se ne formano li Crocchetti lunghi, come un mezzo dito, quali passati nel pane, e parmegiano grattato, si friggono, e si servono caldi.

Ta-

In Braciole ripiene per Entrèes.

Tagliat' a fette ſottili e larghe la carne magra della coſcia di Vitello, si ſchiacceranno bene, e con rognonata dello ſteſso Vitello ben condita di ſale e pepe, si riempino, e s' involtano bene ſtrette; dopo s' inviluppino una ad una in fette di lardo, e si metteranno a cuocere allo ſpiedo; e quando ſaranno cotte, si ſerviranno calde (fuor delle fette di lardo) con croſtini d' intorno.

In iſtuf' al vino, e tartufi, per Entrèes.

Un bel pezzo intiero di coſcia di vitello netto da' nervi, ed oſſa, si ſtecchi di lardelli, e preſciutto a filetti, ben aromatizzati prima, ed in iſtufa ben chiuſa si farà cuocere, ma condito di aromi, erbe, fette di lardo, preſciutto, e cipolle. Avendo biſogno di umido, si può bagnare con vino bianco; e quando ſarà cotto, si ſervirà con ſalſa di tartufi al vino.

In granatine al ſapor di Gambari per Entrèes.

Ancor ſe ne fanno della Coſcia del Vitello delle granatine micciate di lardelli, o pure farſite con la ſteſſa carne, ma ſempre ſi faran cuocere in caſſarola con le ſolit' erbe, ed aromi; e nel ſervirle, con ſapor di gambari.

In pane per Hors-d'euvres.

Peſta la carne magra della coſcia di Vitello con midolla di Manzo, erbette aromatiche trite, e pane bagnato in latte, s' impaſterà con gialli di uova crudi, panna di latte, ed aromi, ſe ne formerà un bel pane accomodato ſopra di una tortiera, e ſi farà cuocere con diligenza al forno, coverto tutto di rete di Vitello. Quando ſarà cotto, con Colì di preſciutto ſi ſervirà.

In fettoline fritte alla ſalſa di Butirro.

Tagliato un pezzo di Coſcia di Vitello a fettoline ſottili, e condite di ſpezie, con butirro, ed erbette, ſi mollicano, ed ind'in ottimo ſtrutto ſi friggano; e nel ſervirle, s' imbandiranno con ſalſa di butirro, e ſugo di limone.

Alla perſilata.

Un bel groſſo pezzo di Coſcia del Vitello ſi vuoti, cavandone per una buca con diligenza la carne, la quale ſi peſti con dell' erbe fine, e graſſo dello ſteſſo, e con ogni ſorta di ſpezie ſi condiſce. Si riempirà con queſto paſtume, e da fuori ſi piccherà tutto di lardelli, e poi in caſſarola con fette di lardo, e preſciutto, a lento fuoco ſi farà cuocere. Quando ſarà all' ordine, ſi ſervirà con ſalſa di cipollette al vino.

Piccata per ripieno di Erbe.

Peſta la carne della Coſcia di Vitello, quando ſarà cotta, e condita della ſteſſa ſuddetta maniera, ſe ne potranno empiere delle frittatine in forma di tubbi, li quali fatti cuocere in buona glaſſa, ſi ſerviranno con buon Colì di Vitello.

In fettoline alla ſalſ' agro-dolce.

Fattone fettoline della Coſcia di Vitello, e poſte in aceto di odore, con ſale, e pepe per un' ora; poi aſciugate, ed infarinate, ſi friggeranno in butirro, e ſi ſerviranno con ſalſa di limone, e zucchero.

Alla Griglia

Ridotta la Coſcia di Vitello in fette ſottili, e bene ſchiacciate, ſi ungano di butirro, e ſi buttano nella mollica di pane grattato, condita di ſale e pepe. Dopo, ſopra la graticola, ſi faran cuocere, e ſi ſerſi ſerviranno con ſals' alla Craportina, di ſcalogne, aceto, e ſugo di limone.

In Cannelloni. Della carne di Coſcia di Vitello ſe ne fa una farſa con graſſo dello ſteſſo, condita di panna di latte, gialli di uova, e ſpezie; dopo ſe ne formano tanti pezzi, quali rotolat' in forma di cannelloni s' involtano ne' pezzi di rete di agnello, e ſi fan cuocere al forno. Così, ſi ſervino caldi ſopra croſte di pane.

Del Lacerto del Vitello.

Lacerto alla Malvaſia per Entrèes. IL Lacerto, parte dalla Coſcia di Vitello, è un tocco di carne anche magra, il quale rieſce di guſto quando ſi cuoce in umido, ſteccato prima di lardelli aromatizzati, ed erbolati, e bagnato nel cuocerlo con malvaſia, e nel ſervirlo con lo ſteſſo ſuo ſugo.

Farſito alla ſalſa di ſcalogne. Si può fare una buca nel Lacerto per lungo, cavandone un pezzo di carne, e riempirlo poi con farſa della ſteſſa carne, condita di erbe, preſciutto trito, piſtacchi, pignoli, fette di tartufi, e ſpezie. Ripieno con queſto alterato paſtume, ſi farà cuocere in iſtufa, bagnato con buon vino, e brodo, e nel ſervirlo, vi ſi metterà ſotto una ſalſa di ſcalogne.

Arroſtito alla ſalſa di agreſta. Tutto lardato il Lacerto di Vitello di fini lardelli, ſi può cuocere allo ſpido, e poi ſervirlo con ſalſa di agreſta.

Al vino per Entremets. Il Lacerto di Vitello cotto con acqua, vino bianco, foglie di alloro, coriandri, ginepri, ſale, e pepe ſchiaccato, ſi ſervirà freddo, coverto di gelo, o pure con ſals' all' olio di piſtacchi.

Della Lonza del Vitello.

Lonza di V. arroſto allo Spiedo. LA Lonza è la parte migliore del Vitello, dalla quale ſi fa la vivanda più gradita. La cottura di queſta ſarà arroſto, bene inviluppata nel graſſo, o nella carta unta di ſtrutto, o butirro, e quando ſarà cotta, ſi ſervirà con inſalatine intorno.

Alla Genoveſe. Si fa anche arroſto alla Genoveſe, mettendola in una caſſarola con dello ſtrutto dentro, o butirro, e con fuoco ſotto e ſopra ſi farà lentamente cuocere; quando è per ſervirla, ſi paſſerà ſopr' al fornello per farle prendere colore. Queſta ſi ſervirà calda co' croſtini d' intorno, e ſua glaſſa ſopra.

Carbonata. Fettata la Lonza del Vitello quando è cruda, e poſte le fette dentro di una tortiera con butirro a cuocere lentamente ſopra le braci; quando ſaranno cotte, ſi bagneranno bene di butirro liquefatto, e ſi mollicheranno con pan grattato, mettendole da parte. Quando ſarà ora per ſervirle, ſi metteranno per poco nella graticola, acciò ſi riſcaldino, e faccino croſta.

E' an-

E' anche piacevole la Lonza del Vitello a mangiarsi quando è cotta in forno, che si farà cuocere coverta della sua rete, e poi servita senza punto di umido, con sugo di aranci. *In Istuf' agl aranci.*

Quando è cotta la Lonza del Vitello allo spiedo, se le caverà il Rognone e grasso, che unit' insieme si sminuzzeranno, e fritturerranno per farne con uova sbattute una frittata, condita di sale, pepe, e parmegiano grattato. *In frittata.*

Si farà cuocere allo spiedo con la leccarda sotto, piena di butirro, il quale si butterà di continuo sopra per farla con questo umettare, acciò resti bianca, e sugosa. Quando sarà cotta, si servirà coverta tutta di panna di latte, o pure con Crema di latte, e gialli di uova. *Arrostit' alla Corradina*

Delle Coste del Vitello.

LE Coste del Vitello tagliate una ad una, si posson cuocere in umido con sapor di scalogne; e per farle, bisogna schiaccarle, e involtarle con un poco di farsa dentro, ed indi servirle con salsa di capparini. *Coste di Vitello al sapor di Scalogne per Entrées.*

Le Coste bene apparate, ed ingrassate di butirro, si faranno cuocere su la graticola con fuoco lento, e nel servirle, si guarniranno con insalata di crescione. *Alla Graticola.*

Nettate da' nervi le Coste del Vitello, ed ingrassate bene con butirro, si metteranno a cuocere in una tortiera sopr' al fuoco lento; quando saranno mezze cotte, si leveranno per farle freddare. Freddate, si bagnano nelle uova sbattute, e s' involtano nel parmeggiano e pane grattato, e si tornano a finir di cuocere su di una graticola con carta sotto, servendole dopo con petrosemolo fritto intorno. *Imboracciate*

Se ne fanno de' Fricondò delle Coste del Vitello, lardandole di piccioli lardi, cuocendole in brodo, e quando saran cotte, con salsa di acetosa sotto si serviranno. *In Fricondò*

Si posson marinare le Coste del Vitello, e dopo friggerle in buono strutto. Nel servirle, si copriranno di Colì di gambari alli tartufi. *Alli tartufi*

Cotte le Coste del Vitello con butirro in una tortiera, s' empiranno di un salpicon di animelle, tartufi, funghi, e cose simili, e si copriranno con una farsa di Vitello, e mollicate poi si faranno prender colore al forno. Quando saran cotte, si serviranno con salsa di latte. *Farsit' alla panna, e butirro.*

Del Rognone della Lonza del Vitello.

Rognone di V. in Ragù IL Rognone intiero fuor del grasso si potrà cuocere in Ragù ben condito di erbe, e spezie, e si servirà con sapor di acetosa sotto.

In Fricassea Cotto il Rognone in fettoline in cassarola, con butirro, ed erbette, quando sarà per servirsi, si legherà con gialli di uova crudi, e sugo di agresta.

Arrosto. Tutto conficcato di lardelli il Rognone del Vitello, ed unto bene di butirro, si farà cuocere allo spiedo; e nel servirlo, si metterà con insalatina intorno.

In Frittata Dello stesso Rognone cotto arrosto, se ne può formare una ottima frittata, tritolandolo con erbette fine, e mischiandolo con parmegiano grattato.

Delle Orecchie del Vitello.

Orecchie lesse alla salsa di Menta. LE Orecchie del Vitello si possono cuocere lesse in acqua, sale ed erbe, e servirle poi con salsa di menta, o pure di pomidoro.

Farsito al butirro. Bianchite le Orecchie del Vitello in acqua, e ripiene dopo di farsa di uova, ed erbette, si metteranno a cuocere in buon brodo chiaro, condito di erbe; e quando sono per servirle, si copriranno con salsa di butirro, gialli di uova, e sugo di limone.

Fritte alla Parmegiana. Cotte lesse le Orecchie del Vitello, e fatte poi freddare, s' infarinano, si tuffino nelle uova, e nel pane e parmegiano grattato s' involtino; e così in istrutto si friggono per servirle calde con petrosemolo intorno.

In Ragù al sapor di funghi. Bianchite le Orecchie del Vitello in acqua, e con ottima farsa di carne e grasso dello stesso Vitello ripiene, condita con erbette, capparini, presciutto trito, e spezie; si faran poi cuocere in ottimo brod' oscuro, e servirle con sapor di funghi.

All' Agrodolce. Bollite prima in brodo le Orecchie del Vitello, e dopo infarinate, dorate, e fritte, si possono servire con sals' agrodolce fatta con giulebbe, ed aceto di targone.

De' Piedi del Vitello.

Piedi di V. alla salsa di anasi. I Piedi del Vitello si cuocono bollit' in acqua, conditi di sale, petrosemolo, e presciutto, e si servino con salsa di anasi, la quale si farà con anasi, ed uno spicchio di aglio, e spezie, pesti anche con amenta, e sciolta dopo con aceto rosato; si passerà per setaccio, e calda si servirà sopra i Piedi.

Si

Si possono ancor cuocere i Piedi del Vitello in umido, con fette di lardo, presciutto, ed erbe, ed indi con sugo di carne bagnati. Quando saran per servirsi, bisogna coprirli di un buon Colì di presciutto, con capparini, e tartufi dentro. *In Umido al Colì di Presciutto.*

Cotti lessi li Piedi del Vitello, si tagliano in pezzi, e si lasciano freddare. Dopo s'infarinano, si dorano, e si friggono in istrutto; e con salsa Reale sopra si servino. *Fritti alla salsa Reale.*

Cotti con buon brodo chiaro i Piedi del Vitello, si possono così intieri dissossare, e farli freddare sopra un panno. Quando saranno freddati, si ungano bene con butirro, e gialli di uova stemperat' insieme, dopo s' involtano in mollica di pane, e parmegiano grattato, e così sopra la graticola si fan prender colore, e caldi si servino. *Arrostiti alla Parmegiana.*

Cotti less' in acqua con sale, ed erbe, si servino freddi con salsa verde all' olio fatta con petrosemolo, capparini, ed acciughe. *Rifreddi alla sals' all' olio.*

Si cuocono ancora i Piedi del Vitello in istufa con foglie di alloro, e spezie, e quando saranno cotti se ne levino le ossa, e vi si fa nel servirli una sals' agro dolce, composta di aceto, limone, spezie, giulebbe, polvere di mostaccioli, pistacchi, e capparini triti. *Alli sals' agro dolce.*

I Piedi del Vitello si mettono anche a cuocere nel brodo di sostanza, acciò li dia corpo, e gusto, e con essi si fann' ottimi geli, siccome si dirà.

De' Lattaroli del Vitello.

I Lattaroli del Vitello sono l'onore de'conviti, le delizie de' golosi, e'l conforto degli ammalati. Questi si possono servire cott'in brodo chiaro, condito di erbe, e poi imbanditi con petrosemolo, e sugo di limone. *Lattaroli di V. bolliti al sugo di limone.*

Bianchit' in acqua i Lattaroli, si fettino, s' infarinano, e si friggono; e con petrosemolo trito intorno, o pure con salsa Reale, servonsi caldi. *Fritti alla salsa Reale.*

Bianchit' in acqua i Lattaroli, e netti dalla loro pelle, si possono minutamente lardare, e arrostire allo spiedo, serviti con crostini d' intorno. *Arrostiti.*

Cott' in buono brodo chiaro i Lattaroli, s'infarinano, si dorano in uova sbattute, e mollicati con pane grattato, si friggeranno in istrutto, e così caldi con salvia fritta intorno si servino. *Imboracciati, e fritti.*

Si possono cuocere in Ragù con ottimo condito brodo, e quando saranno cotti, si servino con buon Colì di Vitello, e senso di Targone dentro. *In Ragù al Targone per Entrèes.*

Bianchit' i Lattaroli del Vitello, e netti delle pellicole, s' involtano in pane e parmeggiano grattato, e poi inviluppat' in rete di porco, o in carta unta di butirro, si faran cuocere allo spiedo. *Arrostiti alla parmegiana.*

Quan-

Quando saran cotti, si levino dalla carta, e si servino.

In cassettine al Colì di pomidoro. Se ne possono ancor riempiere cassettine di carta co' Lattaroli del Vitello, facendoli bianchire prima, e poi tagliarli a pezzi, e passarli con butirro, erbette tritate, conditi di sale, e pepe; ed avendo fatte le cassette di carta, si mettano dentro, e si coprino di crema di latte, e gialli di uova, e così farli prendere colore al forno, servendoli dopo caldi.

In Fricassea per Entrèes. E' ottima una fricassea di Lattaroli di Vitello, passati con butirro, erbette, e conditi di aromi; e poi servirla legata con gialli di uova, e sugo di limone.

In frittata per Hors-d' aeuvres. Bolliti come sopra i Lattaroli del Vitello si tagliano a bocconi, e si passano in cassarola con butirro, ed erbette fine; dopo con uova sbattute, e con parmegiano grattato se ne farà una frittata, da servirla calda.

Del Fegato del Vitello.

Fegato di Vitello fritto per Hors-d' aeuvres. IL Fegato nel cuocerlo bisogna con diligenza tenerlo tenero, altrimente indurito non vale. Per friggerlo bisogna pulirlo dalla pelle, e ridurlo in fette sottili, le quali si laveranno in acqua fresca più volte, dopo si asciugano con panno, s' infarinano, ed in buono strutto si friggono, servendole con salvia fritta intorno.

Fritto alla Genovese. Fritto il Fegato del Vitello della stessa maniera di sopra, si può condire alla Genovese, facendoci una sals' agro dolce, fatta con pezzi dello stesso fegato fritto pesti, capparini, pignoli, polvere di mostacciolo, spezie, zucchero, e con sugo di limone, ed aceto sciolto. Condito il fegato con questa salsa, è ottimo a mangiarsi caldo, o freddo per Entremets.

Alla Cipollina per Entrèes. Ridotto il Fegato del Vitello in pezzi, netti già dalla pelle, questi messi in cassarola con butirro, e cipolline trite, targone, e petrosemolo trito, si faranno adagiatamente cuocere, bagnandoli con buon Colì, condito di spezie, e sugo di limone.

Arrostito al Finocchio. Netto dalla pelle il Fegato del Vitello, e tagliato in grossi pezzi, si faranno in acqua fresca bianchire per poco, e dopo si asciugano con panno. Quando son ridotti così, bisogna passarli nel pane, e parmegiano grattato, conditi di polvere di semi di finocchi, pepe, e sale; ed involt' in rete di Vitello, si faranno allo spiedo arrostire, servendoli con salsa di finocchio.

Alla glasse, e sapor di Targone. Il Fegato del Vitello, netto dalla sua pelle, e conficcato tutto di lardelli, e chiodi di presciutto, passati prima negli aromi in polvere, ed erbe trite, si farà cuocere nella glassa, ove siavi del lardo, presciutto, alloro, ed erbe fine. Quando sarà cotto, si servirà con sapor di targone per Entrèes.

Lo stesso Fegato del Vitello netto dalla pelle, e micciato tutto al al di fuori di lardelli, si farà cuocere allo spiedo, ungendolo spesso di butirro mentre cuoce; e nel servirlo, si guarnirà di cedriuoli tagliati a filetti, e conditi di olio, ed aceto. *A rosto micciato di Lardelli.*

Bianchito in brodo il Fegato del Vitello, e pesto bene in mortajo, con grasso di Vitello, e poco pane bagnato in brodo, si condirà di spezie, panna di latte, cedro candito, passerina, pistacchi, ed un poco di zucchero. Essendo il tutto ben maneggiato, si legherà con gialli di uova crudi, e qualche chiara, e si metterà in una cassarola unta di butirro, e polverata di pane grattato, facendolo cuocere nel forno. *In Gattò per Entremets.*

Tagliato a filetti il Fegato del Vitello, si farà cuocere in cassarola con butirro, erbe fine, e brodo chiaro; quando sarà per servirlo, ci si metterà un legamento di gialli di uova, e sugo di limone. *Alla Parmegiana.*

Pulito il Fegato del Vitello, e fattoci una buca per lungo, la quale si riempierà con una falsa composta dello stesso Fegato pesto, midolla di manzo, rognonata di Vitello, presciutto trito, parmegiano grattato, uova sbattute, e spezie. Di questo composto ripieno il Fegato, si metterà a cuocere in cassarola involto nelle fette di lardo, con fuoco sotto e sopra, e quando sarà cotto, si servirà con sapor di tartufi al butirro. *Farsito al sapor di Tartufi.*

Dello stesso Fegato del Vitello se ne posson fare delle Suppresse, facendolo bianchire in brodo; indi con midolla di Manzo pestarlo, e condirlo di spezie, mollica di pane bagnata in latte, ed uova: dopo formarne le Supprese alla lunghezza di un dito, panarle, e frigerle. *In Supprese.*

Se ne posson fare delle Salcicce col Fegato del Vitello, tritolandolo ben fino, unitamente con grasso di Vitello, un senso di aglio, corteccia di portogallo, e poi condirlo con ogni sorta di spezie, ed empierne le budella di Agnello alla lunghezza, che piacerà. Si possono servire arrostite, ed ancora in umido con sapor di malvasia. *In Salsiccie.*

Del Somaro Lattante.

DEl Somaro Lattante se ne fa uso oggidì nelle Mense de' Grandi, particolarmente dagli abitanti degli Oltramontani Lidi. Ha bisogno questo Animale di molta cura nello ingrassarsi; ma divenuto grasso, egli è anche bianco, e tenero come al Vitello, onde se ne possono fare le stessissime Vivande, che si son descritte parlando del Vitello Lattante.

CAPITOLO I.

Del Bue, o del Manzo.

LA carne di Bue era presso gli antichi in grande stima, e la usavano i Personaggi più nobili nelle magnifiche Mense; ma agli Uomini di oggidì sembra loro bassezza il vedere su la Mensa vivande composte della carne di Bue, e soltanto se ne servono per lo lesso, e per far brodo, quandochè se ne posson fare delle variate e gustose Vivande, delle quali ne descriverò alcune.

Bue lesso. Il Petto, e Culatta del Bue son' ottimi a cuocerli lessi, ben bene conditi di erbe aromatiche, e sale; servirle con verdura d'intorno, o pure con delle salse spiritose, e piccanti. La importanza sarà a farli cavar fuori lo impuro con lavarle bene, e per mezzo della spuma, la quale si deve con arte togliere prima, che l'acqua venghi a bollire.

Alla Reale per Entrèes. Si prenda una Culatta di Bue, e si stecchi con presciutto, e lardo, ben conditi di spezie diverse, e di erbette trite, facendoci entrare i lardelli, acciò diano gusto; dopo si metta in cassarola per farla marinare con cipolle, petrosemolo, basilico, timo, agresta, e pezzi di limone. Quando sarà così fatta, si metta dentro di una marmitta, ma involtata prima con lardo in una salvietta, e si faccia adagiatamente cuocere, bollendo in acqua, vino bianco, arom' in istecchi, ed erbe aromatiche mettendo un tondino al fondo della marmitta, acciò non bruci la salvietta. Quando sarà cotto, si farà freddare, e fredda, e ben pulita, si servirà con verdura.

Culatta di Bue all'olio Bollita della stessa maniera, come sopra, la Culatta di Bue, si potrà servire rifredda intiera, o pure in fette, con sals' all'olio di pistacchi.

Entrèes di Bue in istufa. Un pezzo grosso di Coscia di Bue si cuoce in istufa, tutto lardato prima di grossi lardoni, ben aromatizzati, e condito con fette di lardo, presciutto, aromi, erbe, ed un bicchiere di spirito di vino; e quando sarà cotto, si servirà con sapor di Tartufi al vino.

Bue in fette Rodolate per Entrèes. Un altro pezzo di carne magra di Bue tagliato a fette ben sottili, si schiacciano, e vi si metta dentro un pieno fatto con carne dello stesso animale, midolla, grasso di porco, presciutto, funghi, tartufi, ed erbe, tutto ben tritolato, e condito di spezie e di gialli di uova crudi. Ripiene dunque le fette, si rotolano bene strette, e si mettano a cuocere alle braci, con il solito grasso, erbe, e spezie; e quando saran cotte, si sgrasseranno, e si serviranno collo stesso loro sugo.

Del-

Della carne magra del Bue se ne fanno de' Piccatigli, delle Coppiette, de' Pastumi per ripieni, ed altre cose conforme a quelle del Vitello.

Coste di Bue per Entrèes al Griglio. Le Coste di Bue si mettono allo spiedo, facendole prima marinare con sugo di limone, sale, pepe, timo, origano, ed un filetto di olio, e così lentamente farle cuocere; e quando saran fatte, si metteranno in un buon sugo, condito di tartufi, e funghi all' olio.

Alla Griglia. Le dette Coste di Bue tagliate una ad una si faran marinare come sopra, e poi unte bene di lardo, ed aglio, si metteranno a cuocere su la graticola, servendole, quando son fatte, con sugo di limone.

Rotolate allo Spiedo. Tagliate come sopra le Coste di Bue, e schiacciate bene, si possono marinare, e riempiere di lardo, e di ogni sorta di erbe aromatiche, con un senso di aglio; poi s'involtino bene, acciò si possano cuocere allo spiedo, ingrassati al di fuori con olio mentre cuocono. Quando saranno fatte, si serviranno con del crescione intorno, o colle scalogne passate in olio.

Filetto di Bue allo Spiedo. Il Filetto di Bue, tutto lardato e marinato con limone, sale pepe, timo, e cipollette, si metterà a cuocere allo spiedo, con carta unta di strutto; e quando sarà fatto, si servirà caldo con salsa di scalogne.

Alla bracia. Lo stesso Filetto si potrà cuocere alla brace, ben condito di erbe, e spezie, e di un bicchier di vino bianco. Quando sarà cotto, si servirà con salsa di capparini.

Addobbato. Si serve il Filetto di Bue addobbato in altro modo, cioè con origano, spicchi di aglio, peparoli di Spagna, sale, fior di finocchi e coriandri; il tutto ben pesto, e bagnato con aceto di odore, si lascerà così per lo spazio di ore, dopo si farà arrostire involtato in fette di lardo, e carta unta di strutto; e quando sarà cotto, si servirà caldo.

Lacerto alle droghe in istufa. Il Lacerto del Bue essendo ben pulito da ossa e nervi, si steccherà tutto di cannella, garofani, lardelli, e presciutto; dopo si metterà in istufa a cuocere, con fette di lardo, e presciutto, condito di cipolle ed erbette, e bagnato, quando sarà asciugato, con vin generoso. Essendo cotto, si può servire con salsa di targone, o senza.

In freddo al sapor di Menta. Il suddetto Lacerto cotto bollito con acqua, vino bianco, alloro, limon verde, pepe schiacciato, coriandri, e fior di finocchio, si servirà in freddo con sapor di menta all' olio.

Della Zinna di Vacca.

Zinna di Vacca Bollita. LA Zinna di Vacca per farne variate vivande, si dee prima cuocere in acqua, condita di erbe e sale, per poi farne quel che piacerà. Così bollita, si potrà servire calda con verdura intorno, o pure con sapor di petrosemolo, o di pomidoro, o di presciutto, o pur di capparini, che sempre riuscirà di gusto.

Fritt' alla Parmegiana. Dopo bollita la Zinna di Vacca, si farà freddare per tagliarl' a fette, le quali infarinate, e dorate, si passano nel pane e parmegiano grattato, e poi in istrutto si friggono, servendole con salvia fritta intorno.

Fritt' alla salsa Reale. Tagliata la Zinna di Vacca in bocconi, e bagnati con uova sbattute, si friggeranno in istrutto, (senza punto di pane, o parmegiano) e dopo in salsa Reale si fanno prender gusto, e si serviranno caldi, o pure freddi.

In fricassea. Si può tagliare la Zinna di Vacca a filetti, li quali passati con butirro, aromi, erbette trite, e brodo chiaro se ne formerà una fricassea legata con gialli di uova, e sugo di limone.

Al sapor di Tartufi. La Zinna di Vacca dopo bollita e cotta, si pulirà, e si metterà in una Purè di piselli con tartufi: si può tutta al di dentro lardare con lardelli aromatizzati, e poi fatta cuocere, ed incorporare con buon sugo di carne, si serva, con sapor di presciutto, e tartufi, o pure di funghi, e sugo di limone.

Arrosto. Micciata minutamente al difuori la Zinna di Vacca con fini lardelli, ed involtata in rete di Vitello, si farà cuocere allo spiedo; e quando sarà cotta, si servirà con sugo di agresta.

Zinna di Vacca al latte, e crema di Pistacchi. Dopo bollita la Zinna di Vacca in acqua, e nettata dalle pellicole, si farà bollire di nuovo in latte, condita bene di stecchi di cannella; e quando avrà preso gusto, e corpo, allora si caverà fuori, si asciugherà con panno, e si servirà fredda con crema di pistacchi.

Alla salsa di Pignoli. Bollita la Zinna in acqua e malvasia, ben condita di spezie schiacciate; dopo che sarà cotta, si pulirà ben bene, e si servirà fredda con salsa di pignoli all' olio.

Arrosto alla Parmegiana. Quando sarà ben cotta la Zinna di Vacca in acqua, si taglierà a fette, e si faranno freddare; dopo si ungeranno con butirro, e gialli di uova crudi, e si passeranno nel parmegiano e pane grattato, condito di sale, e pepe. Così fatte, le si farà far crosta adagiatamente su la graticola, e si serviranno con frittelle di fior di sambuco.

Del-

Della Lingua di Bue.

LA Lingua di Bue si può preparare come quella del Vitello, ma se ne possono ancor fare delle vivande diverse. Si prenda dunque una Lingua di Bue, si netti, e se ne tagli la gola, dopo s' infilzi tutta di lardelli aromatizzati, e si mett' a cuocere dentro di una cassarola con fette di lardo, presciutto, erbe aromatiche, e foglie di alloro; e siccome va cuocendo, così si vada mettendo del vin bianco, e brodo di carne. Quando sarà cotta, si potrà servire con Colì di funghi, passati con un senso di aglio. *Lingua di Bue alla brace.*

La Lingua di Bue si può cuocere in addobbo, facendola bollire con acqua, vino bianco, limon verde, foglie di alloro, anasi, coriandri, pepe lungo, cannella a stecchi, e sale; cotta, si servirà fredda, unta di butirro, e guarnita di erbe. *Addobbata per Entremets.*

Fattasi una buca per lungo alla Lingua di Bue, si può riempiere con una farsa di Vitello, capparini, pignoli, fette di tartufi, prugnoletti, ed erbe trite; con questo ripieno si farà cuocere in istufa adagiatamente con il solito grasso, ed erbe. Quando sarà per servirla, si coprirà di una salsa di cipolline, passate con presciutto. *Farsita.*

E' ottima la Lingua di Bue servita lessa con erbe e sellari cotti in brodo, e poi coverti con sapor di butirro. *Bullit' al sapor di cipolline.*

Si può cuocere la Lingua di Bue in arrosto, ma prima bisogna lardarla bene, e farle dare mezza cottura alle braci con fette di lardo; dopo bisogna infilzarla allo spiedo, e farla finir di cuocere, ungendola spesso di butirro; e prima di servirla, farle una crosta, con pane, e parmegiano grattato. *Arrosto.*

La Lingua di Bue si può salare, e affumare, come quelle di Porco; e volendole servire, si metteranno prima nell'acqua fresca per qualche giorno, e poi si faran cuocere, o in vino bianco per farle servir fredde, o pure in brodo con tartufi. *Affumate.*

CAPITOLO III.

Del Capretto Lattante.

IL Capretto lattante è al par del Vitello di gusto e nudrimento, e perciò se ne può far uso nelle tavole de' Grandi. La stagione principia dall' Autunno per tutto l' Inverno. Per cuocerlo si può servire intiero, facendolo in arrosto, minutamente lardato, o pure inviluppato in rete di vitello, e quando sarà cotto, si guarnirà con frittelle di rosmarino. *Capretto Arrosto intiero.*

Si

Fricaſſea al bianco. Si può fare de' quarti di avanti del Capretto una fricaſſea ; tagliat' in pezzi, indi bianchiti, e paſſati con butirro ed erbe trite, e poi nel ſervirli, ſiano legati con gialli di uova, ſtemperati con brodo, e ſugo di limone.

In fricaſſea oſcura. Si fa ancora altra fricaſſea de' quarti di avanti del Capretto, tagliandoli a pezzi, paſſati con graſſo di preſciutto, e fatti cuocere in buon ſugo di carne, con erbette, e ſpezie; e ſi ſerva con un ottimo legament' oſcuro di funghi, e tartufi triti.

Arroſto al ſapor di roſmarino. I quarti di dietro del Capretto ſi fanno in arroſto tutti conficcati di lardelli aromatizzati, ed inviluppati in fette di lardo e carta; ſervendoli con ſapor di roſmarino.

In iſtufa al ſapor di pomidoro. Steccate di lardelli e foglie di roſmarino le coſcette di Capretto, ſi faran cuocere in iſtufa con butirro, ed aromi; e ſi ſerviranno con ſapor di pomidoro.

Arroſto alla moda. Arroſtite le coſce del Capretto, come ſi è detto, ſi mettano nel piatto con ragù ſopra di grani di agreſta, paſſati con butirro, e legati con gialli di uova.

Arroſto alla Tedeſca. Il Capretto di latte ſi può pelare con acqua calda ſenza ſcorticarlo, e da una buca, che gli ſi farà nel fianco, ſi caveranno le interiora, le quali ben polite, ſi taglieranno in pezzetti, e meſcolati con preſciutto trito, menta, e graſſo, ſi paſſeranno in caſſarola con un ſenſo di aglio, ed aromi. Quando queſto ragù ſarà ben ſtagionato, ſe n' empierà il detto Capretto per la buca, la quale ſi cucirà, e s' involterà in rete di Vitello, facendolo intiero arroſtire allo ſpiedo. Così ſarà ottimo a mangiarſi caldo, o freddo con ſugo di limone.

Entrèes di Teſta diſſoſſata. Le Teſte de' Capretti ſi poſſono diſſoſſare, e riempiere con ottima farſa di Vitello, animelle, erbette trite, preſciutto, tartufi in fette, prugnoli, gialli di uova, e ſpezie. Ripiene, ſi faran cuocere in iſtufa, coverte di fette di lardo, e fette di carne, erbe aromatiche, e ſpezie. Si ſerviranno con ſalſa di ſcalogne.

Entrèes alla ſalſa di butirro. Diſſoſſate le Teſte de' Capretti, ſi poſſon riempiere con altra farſa, compoſta di parmegiano grattato, erbe aromatiche trite, paſſerina, pignoli, uova sbattute, e ſpezie; e così poi ſi metteranno a cuocere in brodo chiaro. Si ſerviranno con Colì di gambari.

Fritto alla Parmegiana Le Teſte de' Capretti ſi taglino in due parti, e ſi faccian cuocere in acqua con ſale, ed erbe. Quando ſaran cotti, ſi faran freddare, cavandone le oſſa con diligenza; dopo s' infarinino una ad una le parti, s' indorino in uova, e ſi paſſino nel pane, e parmegiano grattato. In ottimo ſtrutto ſi friggano, ſervendole con ſalvia, o roſmarino fritto intorno.

Fritt' alla ſalſa di Cedro. Si poſſono le Teſte de' Capretti friggere con la ſemplice doratura di uova, e poi ſervirle ſtagionate in ſalſa di cedro, e ſugo di limone.

Si ſervono anche le teſte de' Capretti addobbate, le quali diſſoſ-

ſare

sate si riempieranno di prefciutto tagliato a filetti, petti di pollanca a filetti, capparini, pignoli, pistacchi, e spezie, legando il tutto con uova sbattute; dopo cucite bene le Teste, si metteranno a bollire in acqua, con vino bianco, alloro, coriandri, pepe lungo, stecchi di cannella, e sale. Si serviranno fredde con sapor di pistacchi, o con erba intorno. *Addobbate.*

Delle Interiora de' Capretti se ne fanno delle Saporiglie, con tagliarle in pezzetti, e passarle con grasso di prefciutto trito, sale, pepe lungo, erbette aromatiche trite, e quando saran cotte, si legheranno con ottimo Colì di prefciutto. *Saporiglia delle interiora del Capretto.*

Si può far altra Saporiglia con le Interiora de' Capretti; dopo che son tagliate, e passate con grasso ed erbe, si faran cuocere con brodo bianco, sale, e pepe, e dopo le si farà un legamento con gialli di uova, e sugo di agresta. *Altra Saporiglia.*

Sono ancor di grato gusto le Animelle de' Capretti, e se ne fanno le vivande più delicate; ma perchè ancor queste sono simili a' Lattaroli del Vitello, perciò fo ammeno a descrivere tutte le maniere di prepararle, e condirle, potendole servire in quelle istesse conditure. Queste son ottime dentro a qualunque pieno, ed in qualunque vivanda, che si può far di grasso. *Animelle di Capretto come condirle.*

Se ne fanno ancora degli arrosti alla imperiale; con farle bianchire in acqua, poi passarle con butirro, erbette trite, prefciutto trito, sale, pepe. Dopo, così sugose, si mettano nella rete dello stesso Capretto involtate ad uso di fegatelli, si faccian finir di cuocere allo spiedo, o su la graticola, servendole con crostini di pane fritt' intorno. *Animelle di Capretto arrostite alla Imperiale.*

Sono ancora piacevoli le dette animelle, quando bianchite, e passate come sopra, s' infilzeranno ne' stecchetti, e si friggeranno in istrutto, o si faranno arrostire alla graticola. *Stecchetti di Animelle.*

Il Fegato del Capretto tagliato in pezzi, e bianchito in latte, poi involto in rete di Capretto, o Vitello, si fa finir di cuocere allo spiedo, servendolo con salsa Reale sotto. *Fegato di Capretto al latte.*

Senza che io descriva tutte le maniere di condire il Fegato del Capretto, si potrà servire, chi ha piacere di mangiarlo, con quelle accenate preparazioni del Fegato del Vitello. *Fegato di Capretto come condirlo.*

Dello Agnello.

SEbbene lo Agnello sia di poco uso nelle mense de' Grandi, pure volendolo servire, la sua stagione è nella Primavera, e per cuocerlo, sono ottimi li condimenti, che si danno al Capretto. La cosa, che più viene stimata dello Agnello, sono i Granelli, li quali in qualunque modo, che si facciano, sempre son piacevoli. Questi son' ottimi a farli in arrosto, in umido, in Pasticci, in Torta, ed in tutte le altre maniere, come si fanno i lattaroli del Vitello.

CAPITOLO IV.

Del Castrato.

IL Castrato è un Animale, del quale si posson fare Vivande di buon gusto e nudrimento, in particolare nel mese di Marzo, Aprile, e Maggio, essendo allora la sua stagione. Le vivande, che s' imbandiscono nelle Mense, saranno quelle stesse del Vitello, con la differenza solo, che il Castrato ha bisogno di più cottura, e di altro condimento, per essere più duro, e di gusto diverso. Ne accennerò alcune più particolari.

Rò di Castrato per Entrèes. Si prenda tutta la groppa di un Castrato tenero, e s'infilzi tutta di presciutto a filetti, conditi di spezie; dopo s' involti bene con fette di lardo, e carta unta di strutto, e si farà cuocere allo spiedo. Quando sarà cotta, o si panerà per farle una crosta intorno; o pure si servirà con ragù di prugnoli sotto.

Castrato per Entrèes alla Moda. Si prenda una Colatta di Castrato, si riempia di stecchi di cannella, di chiodi di carofani, lardelli, e presciutto aromatizzati, e si mett' a cuocere alle braci con butirro, ed erbe, bagnandola, quando occorre, con buon brodo. Quando sarà cotta, si cavi dalla cassarola, e si unga tutta di butirro, facendole una crosta con pane grattato; indi si faccia prender colore al forno; e si serva con petrosemolo fritto intorno.

Per Entrèes Carbonata. La Coscia di Castrato tagliat' a fette, si passerà con butirro, cipollette, ed aromi, bagnandole con ottimo sugo di carne; e cotte, si legheranno con salsa di capparini.

Alla Corradina. La Coscia con Filetto di Crastato si bucherà in più parti, e si riempieranno i buchi di una farsa di acciughe, e maggiorana, mettendola per poco a marinare con sugo di limone, sale, pepe, ed olio. Dopo si metterà a cuocere allo spiedo, bagnandola con olio e sugo di limone; cotta, si servirà con salvia fritta intorno.

Petto di Castrato alla Pampateur. Il Petto del Castrato ripieno di un pastume fatto col suo grasso, erbe aromatiche, capparini, e tartufi, tutto trito e legato con parmegiano, ed uova, si farà cuocere in brodo chiaro; e cotto, si coprirà con una salsa di gialli di uova, parmegiano, e butirro, facendola assodare per poco al forno.

Alla pastetta. Cotto, che sarà, il petto del Castrato in ottimo brodo, condito di erbe, ed aromi, si farà freddare. Dopo si metta dentro della pastetta, fatta con fior di farina, lievito, vino bianco, acqua, e pepe bianco, e si frigga in istrutto; e con frittelle intorno di fior di rosmarino, o di salvia, si servirà.

Do-

Culatta di Caſtrato alla Santè Menò.

Dopo che una Culatta di Caſtrato ſarà cotta in buon brodo chiaro con preſciutto, erbe, ed aromi, ſi farà freddare, indi ſi panerà, e ſi farà grigliare, per poi ſervirla calda con ſalſa ramolata, fatta di acciughe, e petroſemolo, paſſate con olio, e con un ſenſo di aglio.

Al vino per Entremèes.

Si può cuocere ancora la Culatta di Caſtrato, ſteccata tutta di preſciutto, cannella, e garofani, bollita in acqua, vino bianco, alloro, limone, coriandri, pepe, e ſale; quando ſarà cotta, ſi ſervirà fredda con ſalſa di petroſemolo, maggiorana, e acciughe, tutto peſto, e ſciolto con ſugo di limone, aceto, ed olio.

Coſtolette imboracciate per Entrèes.

Le Coſtolette del Caſtrato tagliate una ad una, ſi riduchino in forma di pera. Dopo ſi paſſino con butirro, con ſpezie ed erbe tritolate, indi ſi panino, e ſi friggano in butirro, tenendole calde, per ſervirle con una ſalſa ſotto di tartufi, ligati con ottimo Collì di preſciutto.

Petto di Caſtrato alla ſalſa di butirro.

Dopo che il Petto del Caſtrato ſarà ripieno di ſalſa di Vitello, uova, erbe, aromi, e parmegiano grattato, ſi farà cuocere in brodo con erbe, ed aromi, e ſi ſervirà con ſalſa di butirro, e ſugo di limone.

Petto di Caſtrato per Entremets.

Quando il Petto del Caſtrato ſarà come ſopra farſito e cotto, ſi farà freddare per tagliarlo a fette, le quali infarinate, e fritte, ſi ſerviranno con ſalſa ſopra alla Reale.

Lingue di Caſtrati a papigliotte per Hors d'œuvres.

Nette che ſaranno le Lingue de' Caſtrati, ſi faran cuocere in brodo; dopo ſi metteranno a marinare dentro di una caſſarola con ſugo di limone, olio, erbette trite, un ſenſo di aglio, ſale, e pepe. Dopo ſtate per ore in queſto addobbo, ſi cavino, ſi aſciughino con un panno, e s' involtino una ad una con barde di lardo, e carta bianca, e si faran ricuocere alla graticola, per ſubito ſervirle con ſalvia fritta.

Lingue di Caſtrato a cannelloni per Hors d'œuvres.

Cotte che ſaranno le Lingue de'Caſtrati, o degli Agnelli, ſi taglino a filetti groſſi, e ſi paſſino con butirro, erbe trite, e ſpezie. Si faccia una farſa di uova dure condita di parmegiano, gialli di uova crudi, e ſpezie, e con queſta s' involtino i filetti ſuddetti uno ad uno in forma di cannelloni, li quali rotolati nella mollica di pane grattato, ſi friggano in iſtrutto, ſervendoli caldi con petroſemolo fritto.

Alla cuciniera per Entrèes.

Dopo cotte le Lingue de' Caſtrati in una buona breſa, ſi faran freddare, e poi s' infarinino, ſi dorino con uova sbatture, e ſi friggono in iſtrutto; per ſervirle ſi metteranno in una ſalſa di giulebbe, agreſta, e ſpezie.

Filetto broſciato alla Bergamel.

Un Filetto di Caſtrato ben graſſo, e ben unto di butirro, ed involto in carta, ſi farà cuocere arroſto, e quanto ſarà cotto, e ſi ha da ſervire, gli ſi farà una ſalſa di butirro, gialli di uova, e latte, la quale ſi farà addenſare a lento fuoco, e ſi ſervirà ſopra il Filetto ſuddetto.

CAPITOLO V.

Del Porco.

Descrizione del Porco.

BEnchè il Porco sia Animale immondo, ha però la sua carne saporitissima, ed è più gustosa di qualsivoglia altra carne; anzi par, che senza di essa, tutte le altre abbiano dello insipito, e perciò se ne fa uso molto, non solo nelle Cucine de' Grandi, ma ancora di mediocre condizione; e quando questa mancasse, mancherebbe la esca più dilettevole de' nostri palati. E siccome innumerabili sono i diversi sapori della carne porcina, così infiniti sono le maniere di cuocerla, e condirla. Io però sapendo la cognizione grande, che se ne ha di questo Animale, proccurerò di parlar solo delle vivande più gustose, che si posson fare. La stagione del Porco è nello Inverno, e tanto più riesce di gusto, quanto che fa più freddo.

Del Porchetto di latte.

Porco di Latte all'Apiciana.

CElio Apicio insegna, che il Porco di latte si faccia cotto in istufa con oglio, foglie di alloro, e spezie, e nel servirlo vi si ponghi sopra un sapore, che da quel Marco Apicio goloso si è detto Apiciano, il quale sapore si farà con coriandri, menta, e salvia, tutto ben pesto, e dopo sciolto con vino bianco e mele. Si farà riscaldare, e si servirà.

Porco di Latte Arrostito.

Il Porchetto di latte è ottimo a cuocersi arrostito, il quale quando si raggirerà nel fuoco, si ungerà con olio, e acqua; e prima di servirlo gli si farà una crosta con pane grattato, e polvere di semi di finocchi.

Porco di Latte ripieno:

Si può ancora il Porchetto mettersi allo spiedo, ripieno delle sue interiora, prima tagliate a pezzetti, e passati con grasso, presciutto trito, erbette aromatiche trite, e spezie; e così farlo cuocere, ungendolo sempre con olio, ed acqua, e condirlo di sale. Si serve con una crosta fatta di pane, e parmegiano grattato.

Ripieno di Maccheroni.

Ripieno il Porchetto con maccheroni, prima cotti, e ben conciati di formaggio, pepe, cervellate trite, presciutto, e con ottimo sugo bagnati. Si farà cuocere allo spiedo, o pure al forno, e nel servirlo si coprirà con ottimo Colì di presciutto.

Ripieno di Capitoni.

Si mangia il Porchetto di latte ripieno di pezzi di capitone, prima passati con olio, e un senso di aglio, erbette aromatiche trite, semi di finocchi, alloro, sale, e pepe; e ripieno che sarà, metterlo

terlo allo ſpiedo, ungendolo ſecondo il ſolito con olio, ed acqua; e quando ſarà cotto, ſi ſervirà con una ſalſa all' olio di acciughe, e piſtacchi.

Il Porchetto di Latte ſi può ſpaccare per la ſchiena, e cavarne non ſolo le interiora, ma ancora le oſſa, riempendolo con un paſtume fatto con carne di Vitello, preſciutto trito, parmegiano grattato, e fette di tartufi, ed il tutto con uova legato. Cucito bene il Porchetto, ſi farà cuocere in iſtufa, con fette di lardo, un ſenſo di aglio, aromi, e foglie di alloro. Si ſervirà, dopo cotto, con Colì di gialli di uova. *Farſito alla Corradina.*

E' ottimo ancora il Porchetto a formarne una fricaſſea, tagliandolo in pezzi, e queſti paſſandoli con graſſo, erbe, ed aromi, e con brodo chiaro bagnato, e cotto. Per ſervir la fricaſſea, ſi legherà con gialli di uova, e ſugo di limone. *In Fricaſſea.*

Cuoceſi ancora il Porchetto al forno, ripieno delle interiora tagliati a pezzi, e paſſati in olio, con ſpinaci triti, acetoſa, cipolline, olive, capparini, acciughe, e col condimento di ſpezie; ſi ſervirà con ſapor di olive all' olio, e funghi ben triti. *Ripieno all' olio.*

A pezzi tagliato il Porchetto, e paſſato con graſſo ed aromi, quando ſarà cotto, ſi ſervirà con ſapor di mela cotogna, ſtemperato collo ſteſſo ſuo ſugo, ove ſiavi della cannella in polvere, e de' piſtacchi triti. *Al ſapor di cotogna.*

Del Porco Grande.

ACciocchè rieſca il Porco di guſto al palato, non biſogna che ſia più di due anni, e dev' eſser maſchio, allevato nella campagna ne' luoghi montuoſi, e poi ingraſsato in caſa, giuſta il trattato fattone del governo degli Animali Domeſtici.

La Teſta del Porco tutta intiera, ſteccata di cannella, e garofani, ſi farà cuocere in vino bianco, con ſalvia, pepe lungo, ſale, roſmarino, timo, e limon verde; e cotta, ſi ſervirà fredda, con verdura intorno, e qualche lavoro ſopra. *Teſta di Porco in addobbo per Entremets.*

Diſsoſsata la Teſta del Porco, e ripiena con ottima farſa di Vitello, ed un ragù di animelle, funghi, e tartufi, ſi farà cuocere in iſtufa, con buon ſugo, e poi ſi ſerva con ſapor di tartufi, e targone. *In iſtufa per Entreès.*

Se ne fa della Teſta di Porco la Galantina, la quale per farsi, biſogna ſpaccar la teſta per lungo, pulirla bene, e metterl' a cuocere co' piedi del Porco in acqua, con ſale, foglie di alloro, e limon verde; quando ſarà cotta, ed il brodo riſtetto, ſi caverà, e ſi taglierà a ſtriſcioni, li quali bagnati con lo ſteſso brodo, ſi condiranno con cannella in polvere, noce moſcata, pepe lungo, e garofani. Si accomodano dopo per lungo ſopra di una ſalvietta, componendo un bel *In Galantina per Entremets.*

rialto, con frittatine di varj colori, e co' piedi (già cotti) tagliati a filetti, pignoli, e pistacchi; e così involto il tutto nella salvietta si stringerà, e si legherà, acciò si formi un corpo solo di tante cose composte: si metterà dopo al freddo, per farla indurire. Per servirla, bisogna levarla dalla salvietta, vestirla tutta di butirro bianco, e guarnirla di radiche di varj colori, o fiori, e sopra di una salvietta imbandirla.

In Copp' alla parmegiana. Bollita la Testa di Porco, come si è detto, calda com'è, si taglierà a bocconi, li quali conditi di spezie, e di parmegiano grattato, si metteranno in un grosso budello di Bue, mischiati con pistacchi, e con pignoli, e si legherà bene stretto per conservarlo a tempo. Questo sarà un piatto da servirlo ad uso di mondiola, cioè a fette sopra verdure.

Per Entremets alla crema di pistacchi. Dissossata la Testa di Porco, e fatta bollire in acqua, con vino bianco, alloro, coriandri, pepe lungo, sale, e limone, si farà freddare per tagliarl' a fette, le quali si serviranno con crema di pistacchi sopra, o con sapor di bottariche.

Grugno di Porco lesso. Il Grugno, e le Orecchie del Porco possonsi servire lessi caldi, o tagliati a filetti, o sopra potaggio di cavoli, o pure con salsa sopra.

Orecchie di Porco in insalata. Lessate le Orecchie, ed il Grugno di Porco, si faranno freddare, per poi tagliarle a fettoline, e condirle con aceto, olio, pepe, coriandro pesto, petrosemolo trito, e menta; e si serviranno in insalata.

Scannatura di Porco lessa. La Scannatura del Porco cuocasi lessa, ben condita di erbe, e servasi con salsa di senape sopra.

Alli Sellari. Cotta in buon brodo la Scannatura di Porco, condita di sale, e maggiorana, si può servire tutta coverta di sellari, e con salsa sopra, fatta con butirro, gialli di uova, e parmegiano.

In istufa alla salsa di vino E' ottima la Scannatura del Porco a cuocersi in istufa, servita con salsa di aglio, presciutto, pepe lungo, e vino bianco, ben legata con Colì di presciutto.

Lingua di Porco come si cuoce. La Lingua si cuoce, e si condisce come quella del Vitello, ma quando è salata, si può mangiare lessa in acqua con erbe, e servita sopra potaggi; o pure cotta in vino bianco, e imbandita con verdura intorno, o con salsa all'olio.

Fegato di Porco come si cuoce. Il Fegato del Porco si condisce come quello del Vitello, ma è buono anche a farne delle altre Vivande.

In Tomacelle per Entremets. Bisogna farlo cuocere in brodo chiaro, e poi cavarlo per farlo freddare; dopo con la grattugia si sminuzza, indi si pesta, e si mescola con parmegiano grattato, passerina, fior di latte, cedro candito trito, un poco di zucchero, e spezie. Di ogni cosa bene incorporata, se ne facciano montoncini, li quali s'involtino in rete dello stesso Porco tinta in zaffarano. Dopo si cuocano al forno, e si servano caldi con crostini d'intorno.

Arrostito. Bisogna tagliare il fegato a pezzi, ed involtarli in pane grattato

tato e parmegiano, ove ſiavi ancora il ſenſo di aglio, della polvere di ſemi di finocchi, pepe, e petroſemolo trito; involtati bene con queſta compoſizione, s'invilupperanno in rete dello ſteſſo Animale, s'infilzeranno allo ſpiedo coronati di alloro, e ſi faran cuocere, per ſervirli con ſugo di limone.

Le Coſtolette di Porco ſono piacevoli quando ſi cuocono ſu la graticola, polverizzate di ſale, e ſemi di finocchio, e ſi ſervono ſopra croſte di pane. *Coſtolette di Porco arroſtite.*

Si fanno ancora in umido ben nette dalle pellicole, e cotte con buon brodo chiaro, ed erbe, e si ſervono con ſapor ſotto di acetoſa, e ſugo di carne. *All' acetoſa.*

Schiacciate bene le Coſtolette di Porco, e ripiene con una farſa di Vitello ben battuta, condita di erbe, tartufi, e ſpezie, s' involteranno in forma di braciole con lo ſteſſo lor' oſſo da fuori, e ſi faran cuocere in caſſarola, bagnandole con ſugo di carne; e quando ſaran cotte, si ſervino con Colì di preſciutto, e targone trito. *Per Entrèes.*

Tagliate le Coſtolette di Porco, ed addobbate con ſale, pepe, alloro, ed agro di limone, glie ſi farà dare mezza cottura in una tortiera con butirro, e calde come ſono, ſi buttano nel pane grattato, ove ſiavi del petroſemolo trito; involtate in quello, ſi finiranno di cuocere ſu la graticola adagiatamente, e ſi ſervano con ſugo di limone. *Panate alla Griglia.*

Cotte le Coſtolette della ſteſsa maniera detta, ſi potranno ſervire con un raguncino di funghi, tartufi, ed erbe trite, ben condito di ſpezie, e con un ſenſo di aglio. *Per Entrèes.*

Al Filetto di Porco la miglior cottura, che ſe gli può dare farà di arroſtito allo ſpiedo; e per farlo, biſogna che ſia ben frollo, ed addobbato con ſugo di limone, aglio, alloro, coriandri, finocchio, ſale, e pepe bianco; dopo che ſarà ſtato per qualche tempo così, ſi farà cuocere; e cotto, ſi ſervirà caldo. *Filetto in Arroſto.*

Netto dalle oſsa, e dalle pellicole, e micciato di lardelli, ſi farà ſtagionare in iſtufa, ed in buon ſugo cuocere; e biſogna ſervirlo dopo con ſcalogne, e tartufi. *Al ſapor di Scalogne per Entrèes.*

La Panzetta della Porca, quando è lattante e freſca, ſi farà cuocere in acqua, ed erbe, e ſi ſervirà coverta di ſellari, o con ſpinaci alla crema. *Panzetta di Porca alli Sellari.*

Quando la Panzetta della Porca è ſecca, allora è ottima, e rieſce di grande ſtima nelle menſe; e per cuocerla, biſogna un giorno prima diſſalſarla con acqua freſca, e poi farla bollire, condita di erbe aromatiche; e ſervirla, quando ſarà cotta, con Purè di ceci. *Leſſa all'erbette.*

Si cuoce ancora la Panzetta ſuddetta prima in acqua, dopo in latte con ſtecchi di cannella, e ſervirla con Crema ſopra di piſtacchi per Entremets: *Al latte per Entremets.*

Diſſalſata la Panzetta della Porca, ſi farà cuocere con vino bian-

Al vino per Entremets. bianco, alloro, coriandri, cannella, e ginepri; e cotta che sarà, si farà freddare, e si servirà sopra una salvietta lavorata di butirro, e radiche di varj colori, o pure si servirà coverta di gelatina.

Alli potaggi. Cotta la Panzetta di Porca, come sopra, in acqua con erbe, si servirà calda con Purè di piselli, o fredda con salsa di pistacchi all' olio.

Per Entremets alla Corradina. Dopo che la Panzetta è stata bollita in acqua, e quasi cotta, si caverà dalla marmitta, e si taglierà a fette, le quali si metteranno a finir di cuocere in aceto con giulebbe, condito di cannella; e così cotta, si servirà fredda.

In Frittat' alla Panna. Fatta cuocere in acqua la Panzetta di Porca, si farà freddare per tagliarl' a fettoline, le quali unite con parmegiano grattato, fior di latte, ed uova sbattute, se ne farà una frittata.

Coscia di Porco. Con la Carne della coscia del Porco se ne fanno tutte quelle Vivande, che si son descritte della coscia del Vitello. Quando la coscia è salata e secca, allora si chiama Presciutto; il quale dissalsato con acqua fresca per giorni, si pulirà dal rancidume, e si metterà in una marmitt' a bollire a mezza cottura con acqua, indi con vino bianco, involto di fieno, foglie di alloro, ginepri, limon verde, cannella, e garofani. Quando sarà cotto, si farà freddare nella stessa marmitta; dopo si pulirà, e si servirà o sopra verdura semplicemente con geli attorno, o di gelo coverto, o con lavori a capriccio.

Presciutto al Vino.

Alla Neve. Dopo che il Presciutto è stato cotto come si è detto, si pulirà dalla cotica, ed osso, si accomoderà in un piatto, e gli si farà un ghiaccio con chiara di uova e zucchero, facendolo rappigliare per poco al forno, e si servirà.

Allo Giulebbe. Quando il Presciutto sarà dissalsato, e netto dalla cotica, ed osso, gli si darà una giusta cottura in acqua e vino bianco con stecchi di cannella, e garofani; dopo si metterà in una cassarola con zucchero chiarificato, e sugo di limone, facendolo candire a guisa di cedro, e come tale, si servirà sopra carta bianca.

Alla Corradina. Cotto il Presciutto in vino come si è detto, si metterà in una cassarola con salsa composta di aceto, giulebbe, foglie di alloro, menta, salvia, sugo di limone con corteccia, e spezie in polvere; si farà bollire con questa salsa, e si servirà per Entremets.

Presciutto in Cassa. Dissalsato, che sarà un Presciutto, si farà bollire per poco in acqua, dopo si laverà, ed indi si tornerà a bollire con acqua, vino bianco, e con essa i piedi di Vitello, di porco, e con altre carni capaci di far gelo. Si condirà di ogni sorta di aromi schiacciati, e si farà tutto cuocere. Si leverà tutto, ma il brodo si passerà, si sgrasserà, e chiarito si farà congelare. Ciò fatto, si mette il Presciutto entro una cassa di butirro, o di grasso di Vitello, e sugna, condita di sugo di limone, alta di bordo, e con lo già congelato brodo, ridotto a pezzi, si coprirà; e così sopra salvietta e verdura, lavo-

lavorata, ed ornata la caſſa di fiorami, si ſervirà.

Alla Purè per Entrèes.

Il Preſciutto bollito in acqua con una cipolla ſteccata di cannella e garofani, ed un bocchetto di erbe, si ſervirà con Purè di piſelli, e cipolline paſsate in butirro.

Sangue di Porco in Frittata.

E' ottimo il ſangue di Porco a far vivande, il quale ancor caldo paſsato per ſetaccio si meſcola con panna di latte, parmegiano grattato, ricotta, menta, uova sbattute, paſserina, e ſpezie; e ſe ne farà, con butirro, una frittata da ſervirla calda.

In Migliaccio.

Meſcolato il ſangue di Porco con parmegiano grattato, cervella di Porco trite, midolla di Manzo trite, ricotta, zucchero, cedro candito, e ſpezie; ſe ne farà un Migliaccio cotto nel forno, dentro caſsetti di paſta entro di una tortiera.

In Sanguinaccio.

Col ſangue di Porco si fa il ſanguinaccio, meſcolando con panna di latte, cioccolata grattata, graſso e cervella di Porco trite, corteccie di aranci trite, e ſpezie. Si metterà in un budello dello ſteſso, laſciandolo per mettà vuoto, acciò nel cuocerlo non crepi, e si metta a cuocere in caſsarola con acqua freſca, condendolo di ſale, e foglie di alloro. Cotto, che ſarà, si farà freddare nella ſteſs' acqua. Quando si vorrà ſervire, si riſcalderà ſu la graticola con carta ſotto, unta di ſtrutto, o pure nella padella. Si fanno ancora de' Budin, siccome si vedrà nel ſuo trattato.

Piedi di Porco al Butirro.

Si fanno varie vivande de' Piedi di Porco, i quali leſs' in acqua con ſale, ed alloro, e cotti, che ſaranno, si ſerviranno con ſapor di butirro, ed acetoſa.

All' Imperiale.

Leſſati li Piedi come ſopra, e liberi dalle oſſa, ſi friggono, e ſi ſervono o con ſalvia fritta, o con ſalſa di cedro.

Alla Santè Menò.

Puliti li Piedi, ſi ſpaccano per metà, e ſi mettano in una marmitta, ordinati con fette di lardo, preſciutto, foglie di alloro, anaſi, coriandri, cannella, e garofani, bagnati con ſpirito di vino, e coverti di vino bianco. Si chiuda la marmitta, impaſtandol' ancora, acciò non iſvapori, e mettaſi a bollire adagiatamente. Cotti, ſi cavino, e ſi facciano freddare, per poi mollicarli, e farli abbruſtolire ſopra la graticola con carta ſotto, o pure friggerli, e ſervirli per Entremets.

In Surs per Entremets.

I Piedi di Porco, uniti con le Orecchie dello ſteſſo animale ſi faranno cuocere in acqua con foglie di alloro, cortecce di limon verde, ed aromi ſchiacciati. Dopo ſi faranno freddare, ſe ne cavino le oſſa, e ſi taglino a filetti. Si facci una ſalſa con aceto, giulebbe a diſcrezione, ſtecchi di cannella, garofani, cortecce di limone, pepe lungo in polvere, e foglie di alloro; ſi farà bollire, e quando avrà preſo guſto, ſi paſserà per ſetaccio in altra caſsarola, dentro la quale ſi metteranno i piedi, e le orecchie, e ſi faranno nuovamente bollire ſintanto, che la ſalſa ſiasi incorporata, ed addenſata. Biſogn' avere una ſcatola di legno, dentro la quale ſi metterà la composizione deſcritta, tramezzata di lardelli a filetti, poſti per lungo della

ſca-

ſcattola; ſi farà freddare, e ſi coprirà con carta, e coverchio di legno. Queſta vivanda si può conſervare per circa ſei mesi; e quando s'avrà a ſervire, si farà in fette.

In Gelatina

Con queſto compoſto si fa la Gelatina, aggiungendoci, dopo paſsata la ſalſa, de' pignoli, piſtacchi, e del cedro candito trito; che verſata nel piatto, e freddata, si ſervirà.

In varie maniere.

I Piedi di Porco si ſervono in umido, paſsati con olio, erbette, ed aglio. Si fan bolliti in vino. Si mangiano leſſi con ſalſa alla Spagnola, ed in varie altre maniere.

Polmone di Porco in Saporiglia alla Napoletana.

Si prenda il Polmone di Porco, si tagli a dadi, e si metta in una caſsarola con graſso di porco a ſoffriggere con aromi, un ſenſo di aglio, peparoli roſſi in polvere, cipollette trite, e petroſemolo; si bagnerà con brodo di carne, e per maggiormente darli ſapore, vi si metterà un mazzetto di erbe, cioè roſmarino, ſalvia, ruta, alloro, maggiorata, e targone. Si farà cuocere, e quando si avrà da ſervire, ſe ne toglieranno l' erbe, e s' imbandirà ſopra croſte di pane bruſtolito.

In Saporiglia alla Parmegiana

Tagliato il Polmone di Porco come ſopra, si farà ſoffriggere con butirro, erbette trite, aglio e ſpezie; si bagnerà con brodo chiaro, e si farà cuocere. Prima di ſervirlo, si legherà con parmegiano, e gialli di uova.

Alla Corradina.

Dopo che il Polmone di Porco ſarà ſoffritto, e cotto della maniera anzidetta, si tritulerà con graſso di Vitello, panna di latte, e gialli di uova, meſcolando tutto ben bene. Così fatto, ſe ne faranno bocconcini, li quali involti uno ad uno nella rete dello ſteſso animale, si metteranno ſopra una tortiera, e si faranno aſsodare al forno, ſervendoli caldi ſopra fette di pane fritto, e con ſalvia.

CAPITOLO VI.

Di Varj Cervellati, o Salcicce.

Cervellato per Potaggi.

SI prendano quattro libre di lardo di Porco freſco, ſi tagli a dadi, e ſi lavi più volte in acqua di cedro, dopo ſi aſciughi con panno, e ſi trituli ben fino con altra libra di midolla di Manzo; e quando ſarà fatto, ſi metterà in un vaſe di creta con odore di acqua di cedro, e ſi condirà con oncia una di cannella, altra di garofani, una noce moſcata, mezz' oncia di pepe, una di ſandolo roſſo, due di ſale, ed un poco di ambra, tutto polverato. Meſcolato ogni coſa, ſi laſcierà fermentare per un giorno nel vaſo ben chiuſo. Si abbiano le budella di Agnello ben lavate con acqua di cedro, e s' empino

pino con la composizione detta, facendole alla lunghezza, che si vuole. Questo Cervellato si conserva per quando si vuole, e si cuoce co' Pottaggi di erbe, specialmente nella Està quando lo stomaco per il soverchio calore è rilasciato.

Altro alla Milanese. Per due libre di panzetta di Porco ben tritulata fuor della cotica, e due di midolla di manzo, e cervella di Porco vi si mettono once due e mezza tra cannella, noce moscata, e garofani, libra mezza di cacio Parmegiano grattato, once quattro acqua garofanata, con varie gocciole di oglio di garofani, ed once due di sale. Tutto mescolato, se n' empino le budella, prima tinte in acqua di zafferano, e si conservano ad uso.

Altro alla Napoletana. Libre due di carne magra di coscia di Porco, e libra una di lardo ben tritulato, si condiscono con oncia mezza di pepe, sale oncia una e mezza, cannella, garofani, e noce moscata once due; si mescolerà ogni cosa, si bagnerà con once due di acqua di fior di aranci, e se n' empiranno le budella. Questo Cervellato si cuoce in umido, in arrosto, e ne' Potaggi, ed in tutte le altre maniere, che si vuole.

Altro alla Lombarda detto Corichino. Si prendano due libre di cotiche fresche di Porco, si tritulano come gli altri Cervellati, e si condiscono con oncia una di sale, once due di pepe, cannella, e garofani, ed oncia mezza di coriandro; si mescola ogni cosa, si bagna con acqua di cedro, e se n'empino le budella al solito. Volendo servire questo Cervellato, si farà bollire in acqua, o vino bianco.

Salsiccioni di Bologna. Si tritulano quattro libre di carne magra di Porco, con altrettante di Vitello, e poi si mescolino con una di lardo a pezzetti tagliato, e si condischino con once due di pepe, quattro di sale, due di zenzaro, e due di cannella, garofani, e noce moscata. Si mescolerà tutto con una carafa di vino bianco, ed una libra di sangue dello stesso animale, e se n' empino le budella, con farci la separazione, legandole alla lunghezza, che si vuole. Asciugate, che saranno all' aria appesi, col fumo di ginepri si disseccaranno entro una stanza, e si conserveranno. Per mantenerli, di tanto in tanto si ungono di olio.

Salcicce di fegato. Il fegato di porco pulito della sua pellicola, e da' nervi, si picca ben fino con il terzo di fresco lardo dello stesso animale, e si condisce con un senso di aglio, di corteccia di arancio, di portogallo, di coriandri, e delle solite spezie. Si mescola tutto ben bene, si bagna con un poco di sangue dello stesso animale, e se ne formano le salcicce dentro le budella, come alle altre. In mancanza del fegato di porco può servire quello di Vitello, ed anche il suo grasso, che riusciranno anche gustose.

Salcicce di Cinghiale. La carne della coscia di un Cinghiale giovane, e grasso, si snerva ben bene, e si picca con il quarto di fresco lardo di Porco, ed altra quarta parte di midolla di Manzo. Si condisce dopo con polvere

vere di semi di finocchi, con un senso di aglio, con sale e pepe, e con quantità di tartufi triti. E mescolato tutto, se ne formano le Salcicce con le budella di porco.

Salcicce di Vitello. Snervata la quantità, che si vuole, di carne magra di Vitello, si picca con la terza parte di grasso dello stesso. Ciò fatto, si condisce con sale, pepe, noce moscata, e con la quarta parte di densa, e soda panna di latte. Si mescola tutto bene, e con le budella di agnello se ne formano le salcicce.

Salcicce di Beccacce. La carne de' petti, e delle cosce delle Beccacce, netta da nervi, si trituri ben fina con la quarta parte di fresco grasso di Porco, framischiandoci un senso di aglio, e si condischi con la giusta dose di sale, e di pepe, e con l'odore, ed il gusto di noce moscata ben fina pesta, o grattugiata. Mescolato tutto, se n' empino le piccole e fine budella di Agnello, lavate prima in acqua di cedro. Se ne fa, con rete, la divisione alla lunghezza di circa un dito. Queste Salcicce si servono fresche, cuocendole in arrosto, o pure passate con grasso, e con poco vino generoso.

Salcicce di Cervella. Pulite dalla pellicola le cervella di Bue, o di Agnello, si triturano con la quarta parte di grasso di Vitello, si condiscono di sale a proporzione, di pepe, e di molto petrosemolo trito. Si abbiano dopo le budella di Agnello, pulite, e lavate con acqua di limone, entro de' quali ci si disponga il composto già detto, ed in tanti lunghi porzioni diviso. Ciò fatto, se ne farà l' uso, cuocendole alla graticola con carta sotto unta di grasso, o pure in ottimo sugo, o brodo di carne.

Salcicce di Tonno. Si abbia della panzetta di Tonno, o quella di Cefalo e Capitone, pulita dalla pelle e spine, e si trituri ben fina con un senso di aglio; indi si condischi di sale, di pepe, e di coriandro in polvere, e di noce moscata. Si mescoli tutto, e nel ciò fare, ci si aggiunga una giusta dose di eccellente olio, con poco vino generoso. Così se n' empino le budella di Agnello, con la divisione a piacere, e dopo fresche come sono, se ne fa uso, cuocendole in grasso su la graticola, o pure in ottimo sugo di pesce, o Colì di gamberi.

TRAT-

TRATTATO III.

Degli Animali quadrupedi Salvatici.

I Quadrupedi animali ſalvatici, perchè rieſchino frangibili, e guſtoſi al dente, ed al palato dell' uomo, biſogna far premura di averli graſſi sì, ma più giovani. In eſſi la graſſezza val poco, ma di molto la gioventù; poichè un ſalvatico quadrupede ſebben ſia graſſo, e non giovane, è ſempre da eſcluderſi, perchè pel ſuo lungo vivere nell' aperta campagna ha fatta la carne sì compatta, e fibroſa, ed inſieme ſcevera di umore, che non è poſſibile ſenza incomodo frangerla, e triturarla. Ma allo appoſto, quando è giovane, l' ha tenera, onde con facile riuſcita può ſoddisfare il guſto di chi la mangia, non oſtante, che non ſia di molto graſſo avvalorata.

CAPITOLO I.

Del Cinghiale.

NEl rigore dello Inverno ſi può mangiare il Cinghiale. La carne di queſto animale è quaſi ſimile a quella del Porco, ma ha biſogno di diverſo condimento, perchè ha del ſalvatico, ed è più magra.

Cinghialotto Arroſto. Il Cinghialotto netto, e ripieno delle ſue interiora, paſſate con butirro, e condite di un ſenſo di aglio, timo, targone, ſpezie, e coriandri, ſi farà cuocere in arroſto, ingraſſato con olio, e ſi ſervirà con ſalſa di olive, ed acciughe all' olio.

In iſtuf' alle Scalogne. Si può cuocere un Cinghialotto in iſtufa con fette di lardo, preſciutto, alloro, aglio, targone, e ſpezie; e ſtagionato, che

G

ſarà

ſarà, si bagnerà con vino di Borgogna. Si ſervirà con ſalſa di ſcalogne paſſate con lo ſteſſo ſugo.

In vino per Entremets. Si cuoce ancora un Cinghialotto in vino bianco con foglie di alloro, coriandri, cortecce di limon verde, pepe ſchiacciato, e ſale. Si ſervirà freddo con ſalſa di acciughe all' olio.

Teſta di Cinghiale alla ſcarlata in freddo. La teſta intiera di un giovane Cinghiale ſi pulirà e ſi diſſoſſerà intiera in modo da non far rompere la pelle. Fatto ciò, ſi ſtrupiccerà con ſalnitro sì da dentro, che da fuori, e per circa ore ventiquattro ſi laſcerà così in un vaſo. Dopo tal tempo ſi laverà, e ſi metterà in altro vaſo con giuſta quantità di ſal comune, aromi in polvere, ginepri, coriandri, foglie di alloro, e ſpicchi di agli, laſciandola così per circa otto giorni, ed in luogo ventilato, e freſco. Si laverà dopo, e ſi metterà a cuocere con acqua e vino bianco, e con eſſa ſi uniranno piedi, orecchie, muſſi, e panzetta di porco. Si condiranno con ogni ſorta di aromi ſchiacciati, e con erbe come ſopra. Si avrà l' avvertenza di toglier le carni a miſura, che ſi andranno cuocendo, e tenerle ſempre calde. Cotto, che ſarà tutto, ſi laſcerà la teſta intiera, ed invece delle ſue oſſa eſtratte, ſi riempierà, nella ſua natural forma con delle carni ſuddette, le quali ſi debbono tagliare a filetti groſſi, e con ordine ſi tramezzeranno con groſſi lardoni, preſciutto a filetti, frittate di varj colori, e con piſtacchi, pignoli, e ſpezie tutto condito. Ciò fatto, ſi leghi la ſteſſa, e ſecondo la ſua forma, calda com' è, s' involge in una ſalvietta, e ſi mette ſotto ad un peſo atto a far unire, ed attaccare inſieme tutte le parti componenti una tal vivanda, la quale dopo ventiquattr' ore ſi leverà, ſi ſvolgerà dalla ſalvietta, ſi guarnirà a piacere, con farli anche i zanni di butirro, e gli occhi con tartufi; e ſopra biancheria, e verdura ſi ſervirà queſta guſtoſa pezza fredda.

In Agro-dolce. Dopo che la Teſta del Cinghiale ſarà cotta, come ſi è detto, ſi può ſervire fredda (fuor del ripieno) con ſals' agro-dolce, fatta con aceto, giulebbe, e polvere di moſtaccioli.

In Iſtuf' alle Acciughe. Quando la Teſta del Cinghial' è diſſoſſata, anche ſi può cuocere in iſtufa con olio, aglio, alloro, roſmarino, e ſpezie, ed indi bagnata con vino generoſo; e ſi ſerva con ſalſa di ſcalogne, ed acciughe.

Alla ſalſa di Cedro. La Coſcia del Cinghiale netta da'nervi, e dalle oſſa, ſi ſteccherà di cannella, e garofani, foglie di ſalvia e roſmarino, ſi polverizzerà di pepe e ſale, e ſi farà cuocere in vino bianco, involta prima in fette di lardo, e panno. Cotta, si ſervirà fredda con ſalſa di cedro, e ſugo di limone, o pur di piſtacchi all' olio.

In Braciole per Entrèes. Ridotta la Coſcia del Cinghiale in fette, le quali ſchiacciate bene, vi si mette ſopra una farſa, compoſta di lardo, capparini, acciughe, e ſpezie; s' involteranno bene ſtrette, e si faran cuocere in caſſarola unta di olio; bagnandole con vino generoſo; e cotte, biſogna ſervirle con ſalſa di targone.

La

La Cofcia del Cinghiale fteccata di lardelli e prefciutto, si farà cuocere in iftufa con fpezie, falvia, e rofmarino; e cotta, bifogna fervirla con falfa di prefciutto, e falvia. *In Entrèes alla Salvia.*

Cotta in vino la Cofcia del Cinghiale, e condita di fpezie, alloro, e coriandri, si fervirà con falfa ramolata. *Alla Ramolata.*

Il Filetto del Cinghiale marinato con limone, aceto, pepe, femi di finocchi, coriandri, rofmarino, aglio, ed alloro, si farà cuocere allo fpiedo, ingraffato di butirro; e si fervirà con fua falfa fatta con lo fteffo marinato. *In Arrofto.*

Si può cuocere il Filetto fuddetto alla brace in una caffarola con olio; e fervirlo con falfa di capparini. *Alle Braci*

Le Cofte del Cinghiale si poffono cuocere, e condire in tutte le fuddette maniere, o pure fu la graticola, fervite con falfa di aceto, zucchero, pepe, e coriandro. *Cofte di Cinghiale.*

CAPITOLO II.

Del Cervo.

LA ftagione per mangiare il Cervo principia dallo Autunno, e dura per tutto lo Inverno. Bifogna, che sia giovane, e graffo; altrimente non è buono.

I Filetti, e le Cofce del Cervo fteccate di rofmarino, e di lardelli aromatizzati, ingraffate di butirro, condite di fale, ed involte in fette di lardo, si faran cuocere allo fpiedo, e si ferviranno con falfa di aceto, targone, e fpezie. *Cervo arrofto.*

Piccat' i Filetti, e le Cofce del Cervo di fini lardelli, si faranno marinare con olio, fugo di limone, fale, pepe, coriandri, e rofmarino; e dopo un pezzo, che fono ftati in marinato, si metteranno a cuocere allo fpiedo, ungendole fempre con butirro, e con lo fteſso fuo marinato; e si ferviranno caldi. *Arrofto al marinato.*

Le Cofce del Cervo nette dalle pellicole, e dalle offa, s' infilzeranno di lardelli, prefciutto, garofani, cannella, rofmarino, e si faran cuocere in iftufa con butirro, olio, e vino. Si ferviranno con la fteffa loro falfa sgrafsata, ed addenfata. *Cofce di Cervo per Entrèes.*

Bucate le Cofce del Cervo, e ripiene di capparini, acciughe, e lardelli, si faranno cuocere con butirro in iftufa, condite di fpezie. Cotte, si pofson fervire con falfa di capparini, o di acetofa pafsata con butirro. *Alle Acciughe per Entrèes.*

Qualunque parte del Corpo del Cervo, cotta in acqua, e vino bianco, con foglie di alloro, aromi in ifteechi, e limon verde, si può *In Sivè per Entremets.*

può servire in Sivè; cioè con la salsa di aceto, zucchero, limon verde, alloro, aromi, e polvere di mostaccioli, che si farà bollire, si passerà per setaccio, e si servirà sopra del Cervo, o col Cervo si farà per poco bollire, ed indi si guarnirà di pistacchi a filetti.

CAPITOLO III.

De' Conigli.

I Conigli sono molto meglio a mangiarsi d' Inverno, che in altro tempo dell' Anno. Quando si hanno a servire, bisogn' ammazzarsi due giorni prima, acciò frollino, e venghino teneri.

Conigli per Entrèes alli Tartufi. Si cuocono in istufa con grasso, timo, alloro, vino generoso, e spezie, e si servono con salsa di tartufi al butirro.

In Fricassea Se ne fa una ottima fricassea de' Conigli, tagliati a pezzi, bianchiti e passati con butirro, erbette, e spezie, bagnati di brodo, e fatti cuocere; e debbon servirsi con Colì di presciutto, e targone dentro, o con gialli di uova, e limone.

All' olio per Entrèes. Si mettono i Conigli in una cassarola alle braci con olio, aglio, rosmarino, e spezie, bagnandoli con vino; e cotti, si serviranno con salsa di acciughe, e capparini.

Arrostiti alla salsa di Salvia. Conficcat' i Conigli con lardelli, rosmarino, e presciutto, e conditi di sale, si mettano a cuocere allo spiedo, involti nelle fette di lardo, e carta; e cotti, si servino con salsa di salvia bollita in aceto, con zucchero, e spezie.

In Salmi. Alle Cosce de' Conigli le si darà mezza cottura allo spiedo, poi si faran finir di cuocere in cassarola con butirro, e si condiranno con tartufi, funghi, capparini, acciughe, e timo; bagnandole anche con vino generoso. Prima di servirle, si legherà la salsa con poco fior di farina, e si farà incorporare.

Arrostiti alla Corradina Si possono arrostire i Conigli, ripieni con filetti di carne di Porco, prima passati con butirro, sale, pepe, semi di finocchi, alloro, aglio, tartufi, e cipolline. Si faranno cuocere ingrassati di butirro, ed involti in rete di Porco. Cotti, che saranno gli si farà una crosta con pane e parmegiano grattato, o pure si serviranno coverti di fette di tartufi per Entrèes.

Al Vino per Entremets. Ridott' i Conigli in pezzi, e cotti in vino con foglie di alloro, coriandri, ed aromi in istecchi, e cavatene le ossa, si serviranno con salsa di cedro, sciolta con sugo di limone, o pure in Sivè, come si è detto del Cinghiale.

CA-

CAPITOLO IV.

Della Lepre.

LA ſtagione per mangiare la Lepre è del meſe di Novembre per tutto Gennajo. Rieſce di guſto la Carne di queſto Animale quando viene ammazzato da' cani nelle foreſte.

Lepre arroſto alla ſalſa di tartufi.
Netta la Lepre dalla pelle, e dalle interiora, ſi laverà con vino, s' infilzerà di lardelli aromatizzati, s' ingraſſerà di butirro, e ſi farà cuocere allo ſpiedo; ſervendola con ſalſa di tartufi all' olio.

Arroſtita alla Reale.
Piccata la Lepre di fini lardelli, e fatta ſtare in addobbo con vino ed aromi, ſi cuocerà dopo in arroſto, e sì ſervirà con ſalſa di aranci.

Alla Moda per Entrèes.
Le Coſce della Lepre cotte alle braci in caſſarola con butirro, aglio, ſpezie, e vino generoſo, ſi ſerviranno con ſalſa di bottariche all' olio, o con Colì di gambari.

Per Entremets dolce.
Cotte le Coſcie della Lepre in vino con aromi, e corteccia di limon verde, ſi ſerviranno fredde con ſalſa compoſta di cedro candito, e piſtacchi, tutto peſto, e ſciolto con ſugo di limone, e zucchero chiarificato.

Per Entrèes alle Scalogne.
Steccate le Coſce della Lepre con preſciutto a filetti, ſi faranno cuocere in iſtufa con butirro, e ſpezie, e cotte poi con ſalſa di ſcalogne e preſciutto, ſi ſervono.

Alla Moreſca.
Cotte le Coſce della Lepre in caſſarola ſu le braci con butirro, ſpezie, e vino; ſi ſerviranno con ſalſa fatta del ſuo fegato prima fritto, dopo peſto con capparini, tartufi, e timo, e ſciolta con il ſugo, dove ſon cotte le Coſce, con le quali ſi faranno a lento fuoco incorporare.

Alli Ginepri.
Dopo che le Coſce della Lepre ſaranno quaſi cotte allo ſpiedo, ſi faranno finir di cuocere dentro la ſalſa di funghi, con acciughe, e targone, e Ginepri.

Alle Olive.
Cotte le Coſce della Lepre in iſtufa, ſi poſſono ſervire per Entrèes con ſalſa dello ſteſſo ſuo fegato, paſſato con olio, e condita di olive, capparini, origano, e ſpezie, bagnata con ſugo di carne, e con aceto di targone.

CAPITOLO V.

De' Ghiri

SOno i Ghiri Animali quadrupedi, che nella Està, e nello Autunno si nudrono di uva, di fichi, e di altre frutta, ed in tutto lo Inverno dormono nel concavo degli alberi. Nel vedersi tali Animali, fa schivo la loro figura, ma mangiandosi, sono di un gusto delicatissimo, superiore a qualunque altro Animale. La loro stagione è nello Autunno. Presi, ed ammazzati, si puliscono dal loro pelo con acqua calda, attuffandol' in essa, o con rotolarli su le braci. Si aprono dopo per la pancia, e se ne cavano le interiora. Ciò fatto, par di vedere una piccola Porchetta.

Ghiri al forno. Pulit' i Ghiri nel già detto modo, si ungono con grasso, si sbruzzano di sale, pepe, e di petrosemolo trito, s' involtano nella carta, e si lascian cuocere al forno. Cotti, si servono caldi fuor della carta con crostini di pane fritto.

Ghiri arrostiti. Puliti, che saranno i Ghiri, si dispongano allo spiedo, s' ingrassano, si sbruzzano di sale, ed a fuoco di riverbero si mettono a cuocere. Prima di togliersi dal fuoco si ungono di butirro, e gialli di uova stemperat' insieme, e si polverizzano con pane e parmegiano grattato. Gli si fa far crosta in faccia allo stesso fuoco, e così poi si servono.

Ghiri fritti. Si riduchino in quart' i Ghiri, si addobbino con sugo di limone, e spezie, e si servino fritti, con petrosemolo ancor fritto intorno.

Ghir' in fricassea. Ridott' in quart' i Ghiri, si passano con butirro e scalogne, e soffritti, che saranno, si bagnano con brodo, ed in esso si fan cuocere. Cotti, si legano con gialli di uova, e sugo di limone, e si servono.

Ghiri alla rete. Ingrassati bene i Ghiri, si passano nel pane e parmegiano grattato, ove siavi anche del petrosemolo trito, e del seme di finocchio pesto; ed involti nella rete di capretto, si faran cuocere allo spiedo. Cotti, si servono con salvia fritta intorno.

TRAT

TRATTATO IV.

Degli Animali Volatili Domestici.

Senza che sieno sottoposte ad una lunga, e studiata manovra le vivande degli animali volatili domestici, è da far sì, che giorni prima di ammazzarsi, si faccia nudrire in gabbia, ed in luogo caldo; in contrario l'arte, ed i condimenti han da supplire al mancante della natura. Gli si darà un cibo di orzo, o di miglio, cotto nel brodo, o nell'acqua melata, ed anche della semola, e della farina di riso impastata con latte. Si ammazzeranno dopo, e si vedranno grassi, e bianchi, ch'è quello, che devesi ricercare per soddisfare un delicato palato. In questo modo se ne farà con facilità la preparazione, poichè hanno il buono, ed il bello per natura.

CAPITOLO I.

De' Capponi.

Fra' domestici Volatili Animali vengono da tutti lodat' i Capponi, in particolare quelli nudriti in gabbia. Sono in tutto l' Anno buoni, ma migliori nello Inverno.

Capponi lessi al petrosemolo. Per lo più i Capponi si fanno cuocere lessi, ben conditi di sale ed erbe; e serviti semplicemente caldi con petrosemolo.

Agli Spinaci. Pulit' i Capponi, e posti a bollire in acqua con istecchi di cannella, e sellari; quando saran cotti, si serviranno con gli spinaci alla Crema, cioè bianchiti, tritulati, e passati con butirro, e dopo bagnati di latte, e panna di esso.

Il Cappone ben grosso si dissosserà, e si riempierà con farsa di

Al ſapor di Butirro. parmegiano, erbette, preſciutto trito, uova, e ſpezie, facendolo bollire in brodo; e cotto, ſervirlo con ſalſa di butirro.

Al ſapor di Acetoſa. Diſſoſſato il Cappone, e farſito con carne di Vitello, condita di erbe, preſciutto, tartufi, funghi, e ſpezie, ma tutto prima paſſato, ſi cuocerà in iſtufa con fette di lardo, preſciutto, un ſenſo di aglio, ed erbe; e si ſervirà con ſalſa di acetoſa ſotto.

Alla Ramolata per Entremets. Bollito il Cappone con acqua, ſcalogne, pepe, e ſale, si può ſervire con Ramolata ſopra, fatta di acciughe, petroſemolo, capparini, e pignoli, tutto ben peſto, e ſciolto con ſugo di limone, ed olio, o pur con ſalſa di bottariche.

In Fricaſſea Bianca. Del Cappone ridotto in pezzi, ſe ne può fare una ottima fricaſſea, facendosi bianchire in brodo; si paſſeranno dopo con butirro, erbette, un ſenſo di aglio, e ſpezie; indi si bagneranno con brodo chiaro; e cotti, si legheranno con ſalſa di gialli di uova, condita con poco ſugo di limone.

In Iſtufa. Il Cappone ſi può cuocere intiero in iſtufa con fette di lardo, preſciutto, uno ſpicchio di aglio, e ſpezie, e ſervito caldo con funghi, cipollette, e Colì di preſciutto.

In Fricaſſea al Vino. Ridotto il Cappone in pezzi, si paſſerà con butirro, ſcalogne, targone, e tartufi, bagnandolo con vino di Sciampagna; e cotto, si ſervirà con Colì di Vitello.

Alla Panna Leſſo il Cappone in brodo con iſtecchi di cannella, erbe aromatiche, e ſale, si ſervirà coverto di panna di latte.

In arroſto alle Scalogne Quando il Cappone è ben frollo, s' involgerà in fette di lardo, o rete di Porco, e si farà cuocere allo ſpiedo; ſervendolo con le ſcalogne cotte in butirro, o ſenza.

In arroſto Piccato. Si fa ancor cuocere allo ſpiedo il Cappone tutto piccato di lardelli, ed unto di butirro, e poi ſervito con croſtini d' intorno.

In arroſto al Capitone. Ben frollo il Cappone, e marinato con olio, ſugo di limone, e ſpezie, si riempierà con carne di Capitone, e frutta di mare, addobbate prima con ſpezie, ſemi di finocchio, ſugo di limone, ed alloro. Si metterà allo ſpiedo, e si farà cuocere, per ſervirlo con ſalſa di capparini.

Farſito alla Moda. Diſſoſſato il Cappone, si può ancor riempiere con farſa di Vitello, e midolla di Manzo, tutto legato con gialli di uova, e condito di ſpezie, e panna di latte; s' inviluppera in rete di Porco, e ſi farà cuocere al forno, o allo ſpiedo.

Petti di Cappon' in Crocchetti. Snervati bene i Petti di Cappone, e peſti ben fini con graſſo di Vitello, poco pane bagnato in brodo, e parmegiano grattato, si condiſce con gialli di uova crudi con panna di latte, e con l' odore di noce moſcata. A diſcrezione ci si meſcolerà della chiara di uova montata, ed indi a bocconi si laſcia cadere il compoſto in brodo chiaro bollente. Dato un bollo, ſi cavano da eſſo; e con Purè, o brodo alla ſpica si ſervono.

Peſt' i Petti di Cappone crudi con graſſo di Vitello, e poco pane

Petti di Cappon' in Crocchetti.

ne bagnato nel latte, condito il tutto con gialli di uova crudi, e ſpezie, ſe ne farà un paſtume, dal quale ſe ne formeranno Crocchetti alla lunghezza di un dito, facendoli friggere, o pure panarli, e farli cuocere ſu la graticola con carta ſotto ingraſſata.

In Coppiette

Con la ſuddetta compoſizione ſe ne poſſono fare delle Coppiette, o Gnocchi, cott' in brodo, o pure in latte e poi ſerviti con buon Colì di preſciutto, o con latte alla crema.

In Braciole.

De' Petti di Cappone ſe ne fanno Braciole, farſite con graſſo di Vitello, erbette, e tartufi. S'involtano, e ſi faran cuocere in caſſarola con fette di preſciutto; e cotti, siano ſerviti con buon ſugo condito di targone trito.

In arroſto alla ſalſa di Latte.

Della ſteſſa maniera fatte le Braciole, ſi possono involtare nelle fette di lardo, e farle cuocere allo ſpiedo, servendole dopo con ſalſa di latte, o con ſalſa di giallo di ragoſta.

In Fricondò.

Piccat' i Petti di Cappone di fini lardelli, ſi faranno ſtare in acqua freſca per un pezzo; poi ſi metteranno a bollire con brodo, fette di preſciutto, aromi, e radiche di petroſemolo. Cotti, ſi ſerviranno con acetoſa ſotto, legata con Colì di Vitello.

In Gnocchi alla Parmegiana.

Peſt' i Petti di Cappone con lardo, midolla di Manzo, tartufi, graſſo di Vitello, gialli di uova duri, mollica di pane bagnata in latte, e parmegiano. Si legherà con uova sbattute, ſi formerà un paſtume, e ſi ridurrà in bocconi lunghi un mezzo dito, i quali ſi faran cuocere in brodo, e ſi ſerviranno incaciati di parmegiano, e buon ſugo di carne.

Coſce di Capponi Farſite

Le Coſce de' Capponi ſi poſſono diſſoſſare, e riempiere di ſalſa di Vitello, farle cuocere in buon ſugo, e ſervirle con ſalſa di tartufi, condita di erbette.

Cappone in arroſto alla Corradina.

Un Cappone ſi riempie di Uccelletti, paſſati prima in butirro con foglie di ſalvia, graſſo di Vitello, ſcalogne, e timo, ed inviluppato in rete di Porco ſi farà cuocere allo ſpiedo; e sia ſervito con ſalvia fritta.

In Gelo.

Leſſo un Cappone in acqua, aceto, foglie di alloro, aromi, e corteccia di limon verde, ſi ſervirà ſopra verdura con gelatina di piedi di Porco, o con ramolata.

In Galantina per Entremets.

Diſſoſsato intiero un Cappone, ſi riempierà di carne di Vitello, preſciutto, frittatine di varj colori, piſtacchi, e lardo, tutto tagliato a filetti, ed addobbato con ſugo di limone, aceto di targone, e ſpezie. S involterà in fette di lardo, ed in panno bianco, e ſi farà cuocere in brodo di piedi di Agnello con alloro, coriandri, ed arom' intieri. Cotto, ſi ſervirà con geli, e verdura intorno.

Fegati di Cappon' in Fritture.

Co' Fegati di Capponi ſi fanno varie fritture, ſerviti con ſalvia fritta; o pure alla parmegiana, involtandoli nel pane, e parmegiano grattato, e ſi friggono nel butirro.

Alle Braci.

Si cuocono i Fegati di Capponi ſu le braci, buttandoceli ſopra, e ſubito rivoltandoli; e siano ſerviti con ſalſa di butirro.

In Arroſto. Si ſervono in arroſto i Fegati di Capponi, paſſandoli prima nel butirro, pane, e parmegiano grattato, ed involti nella rete di Porco, ſi mettono allo ſpiedo coronati di alloro.

In Salcicce. I Fegati di Capponi ſi paſſano con butirro, poi ſi tritulano con graſſo di Vitello, midolla di Manzo, cedro candito trito, piſtacchi, pignuoli, e ſpezie; ſi legherà il tutto con gialli di uova, e panna di latte. Se n' empieranno le budella di Agnello ad uſo di Salcicce, e ſi faranno cuocere alla graticola, ſerviti con croſtini d'intorno.

In Suppreſe. La ſteſſa compoſizione ridotta in bocconcini, e involti uno ad uno in rete di Porco, prima tinta in zafferano, ſi faranno cuocere al forno, ſerviti caldi con croſtini.

In Frittelle al Portogallo. Dello ſteſſo paſtume ben legato con uova ſe ne poſſono fare delle frittelle, infarinate prima, poi paſſate in uova, ed in parmegiano grattato; friggendole in iſtrutto, e ſerviti caldi con ſalſa di portogallo candito, peſto, e ſciolto con ſugo di limone, e giulebbe.

In Intingolo De' Fegati di Capponi ſe ne fanno varj intingoli, con funghi, tartufi, ed erbe, paſſati con butirro, e ſerviti con Coli di Vitello, o pur legati con gialli di uova.

CAPITOLO II.

Delle Pollanche, e delle Galline.

LE Pollanche di latte bene ingraſſate ſon' ottime a mangiarſi più, che non ſono gli altri Polli. Di queſte ſe ne fa uſo molto nelle menſe de' Nobili. Senza ch' io ne facci una minuta deſcrizione del come cuocerle, e condirle, dico in uno, che delle Pollanche ſi poſſon fare tutte quelle Vivande, che ſono ſtate deſcritte, parlando del Cappone.

Le Pollanche per uſo di un maggior delicato, e particolar cibo, ſi poſſono caſtrare, ſiccome ſi fa a' Galletti. Se le fa al baſſo ventre un taglio a traverſo, e per là, con una veloce induſtrioſa maniera, ſe le toglie una certa pellicola, ch' è propiamente la madrice, la quale trovaſi tra l' inteſtino golo, e li reni. Tolta queſta, ſi cuce, giuſta la maniera de' Galletti, e ſi mette al governo giornaliero di grano, ec.. Segno, che queſte Pollanche capponate ſianſi già ingraſtate, è, che debbonſi ammazzare, e appunto quando van girando intorno al covo in atto di voler far le uova; ſicchè oſſervato in loro un tal movimento, ammazzar aſſolutamente ſi debbono, altrimenti ſi ammalano, e ſe ne muojono.

Delle Galline. La miglior Gallin' a mangiare, è la nera, con creſta doppia, e diritta, e che abbia il becco roſſo. La ſua ſtagione è nello Inverno, ed in parte della Primavera.

Leſſa. La vera cottura della Gallina è leſsa in acqua con fette di preſciutto, ſale, ed erbe, cioè ſellari, cipolle, e petroſemolo; ſi ſervirà con verdura intorno.

Leſſa al Butirro. Farſita la Gallina con uova, parmegiano grattato, erbette, preſciutto trito, paſserina, e ſpezie; ſi cuocerà ancor leſsa in acqua con erbe, e dopo ſervita con ſapor di butirro, ſugo di limone, e gialli di uova.

Farſita per Entremets. Diſsoſsata la Gallina, e farſita della ſteſsa maniera, ſi farà cuocere in acqua, con generoſo vino bianco, ſtecchi di cannella, ed alloro; e poi ſi ſervirà fredda con verdura intorno.

Al Colì di Gambari. Ripiena la Gallina con farſa di Vitello, midolla di Manzo, gialli di uova, e ſpezie; quando ſarà tutto ben peſto, ed accomodata la Gallina, ſi metterà a cuocere in acqua con fette di preſciutto, e ſi ſervirà con finocchietti paſſati in un Colì di gamberi.

In Latte alla Crema. Si può cuocere la Gallina in acqua con gli ſtecchi di cannella, coriandri, e foglie di ſalvia, ed indi ſervita fredda, coverta di crema di gialli di uova, e latte.

Alla ſalſa all' olio. Leſsa in acqua con ſale, alloro, corteccia di limon verde, e pepe, si ſervirà fredda con ſalſa di piſtacchi, ed acciughe all' olio, o pure con ſalſa di menta, e ſugo di limone.

Senza più dilungarmi, dico, che anche la Gallina ſi può cuocere, e ſervire in tutte le maniere già dette pel Cappone.

CAPITOLO III.

De' Pollaſtri, o Galletti.

LA vera ſtagione de Pollaſtri è nella Eſtate, e ſono queſti di piacere, perchè teneri, e delicati.

Pollaſtri leſſi all' agreſta. I Pollaſtri ſono di piacere a mangiarsi cott' in brodo con agreſta, ſale, e ſellari; e ſerviti con tralci di vite paſsati in butirro, e legati con gialli di uova.

Cott' in latte. Si poſsono i Pollaſtri dopo bolliti in brodo, ancor bollire in latte, ſerviti caldi con i ſpinaci alla crema.

Addobbati alla Contadina. I Pollaſtri diviſi per metà, o pure in quarti, si metteranno in addobbo, con ſale, pepe, aceto, ſugo di limone, aglio ſchiacchiato, e menta. Quando ſono ſtati così per un pezzo, s' ingraſſano con butirro, e ſi fanno cuocere ſu la graticola, ſervendoli con lo stesso loro addobbo, fatto prima riscaldare.

Fritti alla Loronese. Divis' i Pollastri come sopra, si mettono in una tortiera, con butirro, presemolo, cipollette trite, sale, e pepe, facendoli stagionare sopr' al fuoco, rivoltandoli varie volte, e caldi, come si trovano, si passano nel pane grattato per friggerli, e servirli caldi con sugo di limone.

Fritti all' Agrestata. Tagliat' in quart' i Pollastri, ed addobbati come sopra, s' infarinino, e si friggano per servirli con salsa di agresta.

In Fricassea al bianco. Si fanno de' Pollastri delle Fricassee bianche, passate con butirro, un senso di aglio, ed erbette, e bagnati con brodo chiaro; cotti, si legano con gialli di uova, e sugo di limone.

Fricassea al bruno. E' ottima ancor la Fricassea al bruno, tagliando i Pollastr' in quarti, passati con grasso di Porco, presciutto, funghi, tartufi, erbette, e spezie, e poi bagnati con sugo di carne. Cotta la fricassea, bisogna servirla con Colì dello stesso loro brodo.

In istuf' al Colì di Pomidoro. Si cuocono i Pollastr' in istufa con fette di lardo, presciutto, foglie di alloro, aglio, e spezie, bagnandoli con vino generoso, e si servano con Colì di pomidoro.

Farsiti per Entrèes. Si dissossano i Pollastri crudi, e si riempiono di farsa di Vitello, ed un ragù di animelle, tartufi, prugnoli, agresta, e targone; e poi cotti in istufa, si servono con Colì di Vitello, e sapor di targone.

In Arrosto. Sono ottim' i Pollastri arrostiti, bagnati di butirro, e serviti con crosta di pane, e parmegiano; o pure piccati di lardelli, e serviti con agresta sotto.

Alla Cuciniera. Quando i Pollastri son cott'in arrosto, si tagliano a quarti, e si passino con lardo rifatto, un senso di aglio, e pepe; serviti con salsa di capparini, agresta, ed aceto di targone.

Alla Portoghese. Si cuocono alla Portoghese in cassarola con olio, aglio, alloro, e spezie, si servono con cipolline, passate con presciutto, agresta, acciughe, e loro sugo.

Alle Acciughe. Tagliat' in quart' i Pollastri, si passino con lardo, un senso di aglio, ed aromi, bagnandoli con vino di Sciampagna. Cotti, si legheranno con salsa di acciughe, passat' in butirro con capparini.

Alla Corradina. Si spaccano i Pollastri, e per la schiena se ne cavino le interiora, e si riempieno di fette di presciutto, agresta, grasso di Vitello, e loro fegati: tutto condito di sale e pepe; ed involt' in fette di lardo, si faran cuocere in cassarola con fuoco sotto, e sopra; e cotti, bisogna servirli con salsa di tartufi al butirro.

Alla Beccaccina. Si farà dare a' Pollastri mezza cottura allo spiedo, poi si tagliano a quarti, e si assaporano dentro di una salsa fatta con vino generoso, acciughe, loro fegati fritti, e pesti, capparini, aglio, corteccia di limone, e spezie, facendoli in essa salsa finir di cuocere, e servirli con la medesima.

Tagliat' in quart' i Pollastri si faran cuocere in acqua, vino no bianco, foglie di alloro, rosmarino, e pepe. Cotti, gli si farà una salsa con aceto, giulebbe, polvere di mostaccioli, portogallo candito pesto, pistacchi, e spezie. Incorporati di questa salsa, si serviranno freddi. *In Sivè per Entremets.*

Si riempieno i Pollastri di presciutto trito, e condito di cipolle, funghi, erbette, loro fegato, sale, pepe, ed un senso di aglio; tutto ben triturato, e passato con grasso. Ripieni, che saranno, bisogna cucirli, acciò il pieno non si perda, e bisogna ancora piccare il petto di fini lardelli, e così metterli allo spiedo per farli cuocere, e poi servirli con salvia fritta intorno. *Alla Memoranza.*

CAPITOLO IV.

De' Pulcini, o sia de' piccoli Galletti.

LA stagione de' Pulcini è nel mese di Giugno, ed Agosto, de' quali se ne posson fare varie gustose Vivande. Questi netti, che saranno, si faran cuocere in cassarola con butirro alle braci, e servirli dopo con sapor di tartufi all'erbette. *Pulcini alle Braci.*

Passat' i Pulcini con butirro, erbette, e spezie, e bagnati con brodo, se ne farà una fricassea, legata con gialli di uova, ed agresta. *In Fricasseà*

Ripien' i Pulcini di rognonata di Vitello, condita di sale, pepe, gialli di uova crudi, ed agresta, si faranno stagionare con butirro in cassarola; dopo involt' in pane e parmegiano grattato, si friggano, e si servino con salvia fritta. *Alla Corradina.*

Involt' i Pulcini in rete di Vitello, ingrassati prima di butirro, e conditi di sale, si faran cuocere allo spiedo; e cotti, bisogna servirli con scalogne passate in butirro. *Arrostiti alle Scalogne.*

Passat' i Pulcini con butirro, cipolline trite, ed erbette, s'infarinano, e si friggono; e con salsa di cedro candito, pesto con pistacchi, e sciolto in aceto, si servono. *Fritti alla salsa di Cedro.*

I Pulcini tagliati a quarti, e bianchit' in brodo, si tuffino dopo in pastetta, condita di foglie di salvia, e si friggono in forma di frittelle per servirle calde. *Allapastetta*

Ripien' i Pulcini di fettoline di presciutto, ed un ragù di animelle, e tartufi in fette, si metteranno a cuocere in sugo di carne; e cotti, siano serviti con Colì di Pomidoro. *Al Colì di Pomidoro.*

CAPITOLO V.

De' Tacchini, o sia de' Galli d' India.

DE' Tacchini meglio sono le femine, perchè di carnagione più tenera, e più bianca. La loro stagione principia da Ottobre per tutto lo Inverno. Da' Napoletani son chiamati Galli d' India.

Tacchina lessa. La Tacchina si cuoce lessa con un pezzo di pancia di Porca salata, e poi si serve con Salgrao intorno.

In Gelo per Entremets. Si fa lessare la Tacchina con piedi di Vitello in acqua, vino, foglie di alloro, ginepri, sale, e pepe; e poi servirla fredda con lo stesso suo gelo, prima chiarificato.

All' Arlecchina. Della stessa maniera cotta la Tacchina, si può servire sopra verdura, coverta di butirro, e lavorata di frittatine a varj colori, o con radiche, e fiori a capriccio.

Farsit' al Butirro. Dissossata la Tacchina, si riempie di farsa composta dello stesso suo fegato, parmegiano grattato, grasso di Vitello, petrosemolo, ed acetosa. Si cuocerà in brodo, e si servirà con salsa di butirro, gialli di uova, e sugo di limone.

Farsit' alli finocchi. Quando sarà dissossata la Tacchina, si riempierà di farsa di Vitello, fette di presciutto, tartufi, e funghi, tutto condito di erbette, e spezie. Si farà cuocere in cassarola con fette di lardo, e cipolle, e si servirà con finocchi salvatici, cotti a piccoli pezzi con Coll di presciutto.

Alla Contadina. Si riempie la Tacchina di gnocchi cott' in brodo, e conditi di parmegiano, cervellato di Porco, presciutto, sugo di carne, e spezie; dopo involta in fette di lardo, si farà cuocere allo spiedo, o nel forno, e si serve calda.

In Fricassea. La Tacchina si fa in fricassea bianca, ed oscura, siccome si è detto del Cappone, che sarà anche buona.

In arrosto alla Corradina. Infilzata la Tacchina di lardelli a filetti, e ripiena di riso cotto in brodo, con panna di latte, e fette di tartufi; s' inviluppera in rete di Vitello, e si farà cuocere allo spiedo, o nel forno; e calda, si servirà.

In arrosto all' Apiciana. Si riempie la Tacchina di salcicce di Porco, rognonata di Vitello, presciutto, e capparini. Dopo s' inviluppa nelle fette di lardo, e carta, e si fa arrostire, o cuocere al forno. Cotta, si serve con cedrinoli in aceto, tagliati a filetti.

Alla Beccacina. Si fa cuocere la Tacchina allo spiedo a mezza cottura; dopo si taglia in pezzi, e si passano in cassarola con butirro, acciughe, capparini, corteccia di limone, un senso di aglio, e spezie, bagnandoli

doli con vino generoso, e sugo di carne; e cotti, si servono abbeverati dalla stessa salsa.

Bisogna dissossare la Tacchina, cavarne la pelle, e metterla stesa sopra una salvietta con fette di lardo sotto; dopo vi si mette della farsa di Vitello, e la carne di essa tagliat' a filetti, tramezzata di lardo, presciutto, e frittatine di varj colori a filetti, prima addobbati con sugo di limone, aceto di targone, e spezie; vi si aggiungano ancora pistacchi, e pignoli. Accomodato, che sarà il tutto, si stringerà dentro la pelle, e salvietta con una corda, e si metterà a bollire in acqua con piedi di Vitello, un pezzo di carne di Manzo, presciutto, limon verde, alloro, e pepe schiacciato. Cotta, che sarà, se ne caverà la salvietta, si pulirà, e si servirà fredda con qualche lavoro a piacere, o con geli, o pur semplice, fettandola ad uso di mondiola. *In Galantina.*

De' petti di Tacchina se ne fanno Fricondò, piccati di fini lardelli, cott' in acqua con erbe, presciutto, cipollette, stecchi di cannella, e garofani, e serviti con sapor di acetosa sotto. *Petti di Tacchina in Fricondò.*

Bianchit' i Petti di Tacchina, e poi tagliati a filetti, si faranno finir di cuocere in latte, e si servono con panna di esso, gialli di uova, e foglie di cerfoglio. *Al latte.*

I Petti di Tacchina, puliti de' nervetti, e pesti ben fini con grasso di Vitello, ed una mollica di pane bagnata in brodo, e con parmegiano grattato, si legherà con gialli di uova, le chiare ben montate, e panna di latte. Questo composto si butterà a bocconi nel brodo bollente, condito prima di spezie, ed erbe aromatiche, e dopo due bolli, si caveranno, e si serviranno con Purè alla bergamela, o con brodo chiaro detto alla spica. *Chinef.*

Le Cosce di Tacchina si dissossano, e si riempieno di farsa di Vitello, dopo si faranno cuocere con sugo di carne, e si servono con Colì di presciutto, condito di targone trito. *Cosce di Tacchina Farsite.*

Si riempieno ancora le Cosce suddette con salpicon di animelle, e si servono con tartufi al butirro. *Al Salpicon.*

De' Petti, e Cosce di Tacchina se ne fanno altre vivande simili a quelle de' Capponi; siccome ancora del fegato, al quale gli si può dare lo stesso condimento.

CA-

CAPITOLO VI.

De' Piccioni.

SOno i Piccioni di gran preggio nelle Mense, poichè riescono grati al gusto, e salutiferi al corpo. Sono buon'in tutto l'Anno, ma migliori nell' Inverno, ch' è la loro stagione.

Piccion' in Brodo. I Piccioni bollit' in brodo con sellari, basilico, ed una cipolla steccata di cannella, e garofani, si servono sopra croste di pane, bagnate in brodo.

In Fricassea alla panna. Tagliati a quart' i Piccioni, passati con butirro, spezie, e basilico trito, si bagnano con brodo, e si leghano con panna di latte nel servirli.

Al Colì di Gambari per Entrèes. Si riempiono i Piccioni con fettoline di presciutto, targone, e grasso di Vitello, e si fan cuocere in istufa con butirro, salvia, e spezie. Cotti, si servono con Colì di Gambari.

Ripieni alla Moda. Dissossat' i Piccioni, si riempiono di un ragù di animale di Agnello, legato con gialli di uova, si fan cuocere in brodo condito di butirro, corteccia di limone, e cannella; e quando sono all' ordine, si servono con salsa di butirro, e panna di latte.

Farsiti alla Tedesca. Quando son dissossat' i Piccioni, si potranno riempiere con farsa di Vitello, condita di acciughe, capparini, tartufi, e targone; si faran cuocere con butirro in cassarola alle braci, e si servono con salsa di tartufi alle acciughe.

Alla Salsa di Cedro. Tagliati a quart' i Piccioni, e bianchit' in brodo, s' infarinino, e si friggano; e siano serviti con salsa di cedro

Alla Moresca. Parimente i Piccioni tagliati a quarti si passano con butirro, petrosemolo, basilico, e spezie; indi nel parmegiano, e pane grattato, s'involtano, e si fanno friggere. Si servono con salsa di fegatelli di Polli pesti, e sciolti con sugo di carne.

In Bisca. Si fanno i Piccioni in Bisca, passandol' in cassarola con lardo, aglio, erbette, spezie, presciutto trito, tartufi, e funghi, e con brodo di carne si bagnano. Cotti, si legano con Colì di Gambari, serviti sopra croste di pane.

Alla pastetta. Spaccati per metà i Piccioni, si marinano con sugo di limone, sale, pepe, petrosemolo, cippolla trita, e spezie; dopo si farà una pastetta con fior di farina, uova, vino bianco, e spezie, con la quale si vestono i Piccioni, si friggono, e si servino caldi.

Arrostiti alla Corradina. Si riempieno i Piccioni con grasso di Vitello, cervellato di Porco, menta, timo, e loro fegato; dopo s'inviluppano in fette di lardo, e si faran cuocere allo spiedo. Prima di servirli, gli si toglierà il lar-

lardo, gli si farà una crosta con pane, e parmegiano grattato, e s' inbandiscono con petrosemolo fritto.

Dissossat' i Piccioni, si riempiano con farsa di parmegiano, gialli di uova, panna di latte, butirro, pistacchi triti, passerini, e spezie. Si faran cuocere in cassarola con butirro, e brodo chiaro. Cotti, si fanno freddare, e si friggono; e fritti, si servino con latte alla crema di pistacchi sotto. *Farsiti alla Crema di pistacchi.*

Ripien' i Piccioni con fettoline di presciutto, tartufi, menta, capparini, e spezie; si faran cuocere in vino bianco, e si servino con salsa di pignoli all' olio. *Al Vino per Entremets.*

Si piccano i Piccioni di fini lardelli, e presciutto, si riempiano con farsa di grasso di Vitello, loro fegato, e menta, e si fan cuocere allo spiedo; servendoli con salsa di mela granate. *Alla Ottobrina.*

CAPITOLO VII.

Del Pavone, o Pavoncella.

IL Pavone per uso di cibo bisogna, che sia giovane, e ben frollato. Più stimata è la Pavoncella, onde di questa parlerò, come condirla, e cuocerla; potendosi servire dello stesso condimento nella cottura del Pavone.

La Pavoncella minutamente piccata di lardelli si mett' a cuocere allo spiedo, e si serve con salsa Reale. *Pavoncell' arrostita.*

Pulita la Pavoncella, s' inviluppera nelle fette di lardo, e s' involterà in panno per farla cuocere dentro una marmitta con acqua e vino; condendola di aromi schiacciati, ginepri, foglie di alloro, e limon verde. Cotta, che sarà, si servirà fredda con salsa di pistacchi all' olio. *Al Vino per Entremets.*

Inviluppata la Pavoncella nelle fette di lardo, e coverta di carta unta di butirro, si farà cuocere al forno sopra una tortiera, servendola con salsa di ginepri sotto. *Alli Ginepri per Entrèes.*

Si cuoce la Pavoncella in istufa, steccata di aromi, presciutto, lardo, e condita di maggiorana; e nel servirla, si coprirà con salsa di scalogne. *Alle Scalogne per Entrèes.*

Si spacca la Pavoncella per la schiena, se ne cavino le interiora, e si riempie di filetti di Pescespada, tramezzati di grasso di Vitello, presciutto, e spezie. Dopo s' ingrassa di butirro, s' involta in carta anche ingrassata, e si mette a cuocere allo spiedo; servendola, quando sarà fatta, con salsa di limone. *Alla Corradina.*

Si dissossa la Pavoncella, si riempie di farsa di Vitello condita di *Farsit' alle Braci.*

di ſpezie ed erbe, e si mette a cuocere in caſsarola ſu le braci; si bagna con vino generoſo, e si ſerve con ſalſa di tartufi.

CAPITOLO VIII.

Della Oca

Oca alle Cipolline. LA Oca è ancor piacevole a mangiarsi nello Autunno, e nello Inverno. Ecco varie maniere di cucinarla, e condirla. Dopo che la Oca ſarà pulita si metterà a cuocere in una marmitta con preſciutto, ed erbe aromatiche; e cotta, si ſervirà con cipolline, e boragine trite, paſſate in butirro.

Farſit' agli Spinaci. Si riempie la Oca con farſa di parmegiano, uova, acetoſa, petroſemolo, e ſpezie; e poi cotta in brodo di Manzo, si ſerve cogli ſpinaci alla panna.

In iſtuf' al Colì di lente. Steccata la Oca con cannella, garofani, e preſciutto, si farà cuocere in iſtufa con buon ſugo di carne, ed erbette. Si ſervirà, quando ſarà cotta, con Colì di lente.

Farſit' al Preſciutto. Si diſsoſsa la Oca, e si riempie di farſa di Vitello, condita di acciughe, preſciutto, e capparini. Dopo si mette a cuocere con fette di lardo in caſsarol' alle braci, per ſervirla dopo con ſalſa di preſciutto.

Arroſtit' alli Marroni. Si riempie la Oca di graſso di Vitello, poche foglie di maggiorana, e cervellato di porco, si picca tutto il petto di lardelli, e si fa cuocere allo ſpiedo. Cotta, si ſerve con ſalſa di marroni cott' in vino.

In vino alle Bottariche. La Oca si fa cuocere in vino, con foglie di alloro, ginepri, e ſpezie ſchiacciate; e quando ſarà cotta, e freddata, si ſervirà con ſalſa di Bottariche all' olio, e ſugo di limone.

Alla Contadina. Si cuoce la Oca in caſsarola con graſso, ſpicchi di aglio, alloro, e ſpezie, e si bagna con vino generoſo. Si ſerve dopo con ſalſa dello ſteſso ſugo ben condita, e legata.

Alla Ruſtica Si riempie la Oca di riſo cotto con ſugo, e brodo di carne, e meſcolato con preſciutto, parmegiano, cervellato di Porco, e midolla di Manzo, si farà cuocere in iſtufa; e si ſervirà con lo ſteſso ſuo ſugo, o con una Purè di gialli di uova.

TRAT-

TRATTATO V.

De' Volatili Salvatici.

P*Assando al Trattato de' Volatili Salvatici, dico, che il buono, e l' ottimo della loro carne dipende dal tempo, e dalla ſtagione, che la natura ha voluto loro aſſegnare per l' uſo all' uomo. L' arte in cuocere tali animali non ha da far altro, ſe non che un vario nella preparazione, e nella conoſcenza della loro carne per potergli addattare il condimento. Ammazzati dunque i Volatili Salvatici nella loro ſtagione, ſiccome ſi dirà, riuſciranno di maggior guſto, che i volatili domeſtici; particolarmente quando vengono ammazzati con lo ſchioppo, poichè la materia ſulfurea, e nitroſa, che all' improviſo gli percuote, e gli ammazza, gli aſſoggetta ad un frollamento più attivo; e con ciò ad un ſapore, e ad una tenerezza maggiore.*

CAPITOLO I.

Del Fagiano,

LA ſtagione propria del Fagiano è nello Autunno per tutta la Primavera; ma ſpecialment' è di miglior ſapore nello Inverno, quando da' Cacciatori viene perſeguitato, ed ammazzato.

Fagiano leſſo. Il Fagiano si cuoce leſso in quelle maniere dette del Cappone, ſervendolo caldo, o freddo con ſapore, o ſenza.

Alle ſcalogne. Si mette in iſtufa il Fagiano con fette di lardo, alloro, e timo, e si fa cuocere lentamente, bagnandolo con vino generoſo, e si ſervirà con le ſcalogne paſsate in butirro.

Alla salsa di limone per Entremets. Inviluppato il Fagiano con fette di lardo, ed involto in panno bianco, si metterà a cuocere in una marmitta con acqua, vino bianco, alloro, ginepri, sale, e pepe schiacciato. Cotto poi si sgrasserà, e si servirà con salsa di limone sotto.

In arrosto al grasso di Vitello. La miglior maniera di mangiare il Fagiano è in arrosto, ripieno con rognonata di Vitello, ed inviluppato nelle fette di lardo, servendolo caldo con crostini d' intorno.

Arrostito alla Corradina Ripieno il Fagiano di carne di Capitone, tagliat' a filetti, e passata in olio con fette di tartufi, timo, ed un senso di aglio, si piccherà al di fuori con fini lardelli, e si farà cuocere allo spiedo. Cotto, si servirà con salsa di tartufi all' olio.

Arrostita alla Parmegiana. Si riempie ancora il Fagiano di cervellato di Porco, condito di presciutto, e grasso di Vitello, e si fa cuocere allo spiedo, ungendolo spesso con butirro. Prima di servirlo, si coprirà di parmegiano grattato, facendogli fare una rossacea crosta.

Farsito alla Corradina. Dissossato il Fagiano, e ripieno con farsa di Vitello, parmegiano, panna di latte, gialli di uova, e tartufi triti, si farà cuocere in cassarola con butirro, timo, e spezie. Cotto, s' imbandirà nel piatto coverto di panna di latte.

Alla Crema di pistacchi. E' ottimo il Fagiano a cuocersi bollito nel latte con istecchi di cannella, e salvia; e poi bisogna servirlo coverto di Crema di pistacchi per Entremets.

In fricassea bianca. Tagliato in pezz' il Fagiano, si passerà con grasso, erbette trite, ed un senso di aglio, si bagnerà con brodo; e cotto, si servirà con salsa di gialli di uova, e sugo di limone.

In frittura. Ridotto in quart' il Fagiano, si passerà con butirro, cipollette, erbette trite, e spezie; dopo passato in uova, e mollicato, si friggerà.

Petti di Fagiano. Co' Petti di Fagiano si fanno tutte quelle Vivande, che si son dette de' petti del Cappone.

CAPITOLO II.

Della Pernice.

LA Pernice, nobile per la sua vaghezza, e per la perspicacità de' suoi occhi, è per lo più abitatrice degli alti monti, ed è amante della fredda stagione. E' rara nelle Mense frugali, ed è propria delle nobili, e sontuose.

Pernice alla Spagnola. La Pernice bisogna, che sia giovane, e grassa, e mangiarla nello Inverno. Si metterà a cuocere in brodo di Manzo con radiche di pe-

petrosemolo, cipolle steccate di cannella, e garofani, e fette di presciutto. Si servirà con salsa alla Spagnola, fatta con vino bianco, sugo di aranci, polvere di peparoli, aglio, e foglie di alloro.

La Pernice bollita come si è detto, si può servire con Colì di ceci, ove siavi del presciutto trito, e scalogne passate prima in butirro. *Al Colì di ceci.*

Si cuoce la Pernice in istusa con fette di lardo, fette di presciutto, timo, ed aglio, si bagna con vino, e si serve con salsa di cipolline, e presciutto. *Per Entrèes alle cippolline.*

Cotta la Pernice in acqua con malvasia, e condita di alloro, e spezie schiacciate; si servirà con gelatina di piedi di Vitello. *Al gelo.*

La Pernice cotta in acqua con olio, aglio, alloro, pepe schiacciato, e sale, s' imbandirà fredda con salsa Ramolata sopra per Entremets. *Alla Ramolata.*

Ripiena la Pernice con farsa di Vitello, condito di timo, ed aglio, si cuocerà in una cassarola con presciutto, foglie di salvia, ed olio; e si serve con salsa di capparini. *Alli capparini per Entrèes.*

Per arrostire la Pernice bisogna, che sia ben frollata, con il petto piccato tutto di lardelli, e nel cuocerla, bisogna bagnarla sempre con butirro, o grasso di Porco. *In arrosto.*

Della Pernice è ottimo il Petto, del quale se ne posson fare varie Vivande simili a quelle del Cappone.

CAPITOLO III.

Delle Starne.

LA stagione delle Starne principia da Dicembre per tutto Marzo; ed è cibo delicato, e nobile.

Le Starne si cuocono allo spiedo inviluppate nelle barde di lardo, o pure piccate di lardelli. *Starne in arrosto.*

Dissosate le Starne, e ripiene di farsa composta di petti di Capponi, midolla di Manzo, erbette, e spezie, si faran cuocere in buon brodo chiaro; e quando son cotte, e si hanno da servire, si copriranno con Colì di petti di Capponi. *Al Colì di Cappone.*

Le Starne dissosate si possono riempiere di fettoline di presciutto, grasso di Vitello, e foglie di menta; tutto condito di spezie, e sugo di limone. Si faran cuocere con butirro in una cassarol' alle braci; e si serviranno con Colì di Presciutto. *Farsite al presciutto.*

Tagliate le Starne in quarti, si passano in cassarola con butirro, aglio, e timo, e si fan cuocere con brod' oscuro; e per servirle. *In fricassea alla moda.*

le, ſi legheranno con ſalſa di tartufi peſti, e ſciolti con Colì di preſciutto.

Alla ſalſa di acciughe. Addobbate le Starne con ſugo di limone, aceto, aglio ſchiacchiato, timo, alloro, e ſpezie, ſi faranno con queſto addobbo, e con graſſo cuocere, è ſi ſerviranno con ſalſa di acciughe.

CAPITOLO IV.

Delle Beccacce.

LE Beccacce ſono di grato guſto, particolarmente quelle, che ſi ammazzano nelle montagne nella ſtagione più fredda. Il migliore di queſte ſono le coſce, e le interiora.

Beccacce al vino. Tagliate le Beccacce in quarti, e paſſate con graſſo, un ſpicchio di aglio, alloro, e ſpezie; ſi bagneranno con vino di Borgogna, e ſugo di carne per farle cuocere. Cotte, ſi ſerviranno con la ſteſſa loro ſalſa.

In ſalmi. Diaſi alle Beccacce mezza cottura allo ſpiedo, poi ſi tagliano in quarti, e paſſate in caſſarola con olio, aglio, acciughe, tartufi, e funghi triti, e condite di foglie di ſalvia, alloro, e ſpezie, ſi faranno con queſto intingolo, e con Colì di preſciutto finir di cuocere; e tolte poi le foglie ſi ſerviranno.

All' oritana. Cotte intiere le Beccacce in iſtufa con olio, alloro, aglio, finocchi ſalvatici, e ſpezie; ſi puliranno di tutto lo impuro, e ſi ſervino con Colì di lente, condito di acciughe trite.

In arroſto alla moda. Marinate le Beccacce con ſugo di limone, ſale, pepe, timo, aglio, e petroſemolo, s' ingraſſano dopo di butirro, ſi paſsano nel pane grattato; ed involte in rete di Porco, ſi faran cuocere in arroſto, per poi ſervirle fuor della rete.

All' acciugata. Si cuocono le Beccacce su le braci in una caſsarola con butirro, aglio, alloro, e vino generoſo; e cotte, ſi ſervino con ſalſa di acciughe paſsate in olio con aglio, e ſugo di limone.

Farſite alli tartufi. Diſsoſsate le Beccacce, e ripiene delle loro interiora, funghi triti, tartufi in fette, graſso di Vitello, acciughe, e capparini, ſi faranno cuocere con poco brodo, e ſi ſerviranno con ſalſa di tartufi bagnata con lo ſteſſo loro ſugo.

Interiora di Beccacce. Le Interiora delle Beccacce piccate con acciughe, capparini, preſciutto, e tartufi, ſi paſsano con butirro, un ſenſo di aglio, e timo, e ſi ſervino ſopra croſte di pane.

CA-

CAPITOLO V.

Del Mallardo, e dell' Anetra.

IL Mallardo, e l'Anetra ſono dello ſteſso guſto, e ſi condiſcono della medeſima maniera. La loro ſtagione è da Dicembre per tutto Gennajo.

Mallardo alla Erbolata

Si cuoce il Mallardo leſso con erbe odorifere, un pezzo di preſciutto, una cipolla ſteccata di cannella; e ſi ſerve con erbe paſſate con graſso di preſciutto, e bagnate con brodo.

In pottaggio

Il Mallardo ſi cuoce in pottaggio con brodo di Manzo, e lente, fette di preſciutto, cervellato di Porco, finocchi ſalvatici, e ſpicchi di aglio; e cotto, ſi ſerve con la ſteſsa lente ſopra croſte di pane bruſtolito.

Farſito al Colì di ceci.

Diſsoſsato il Mallardo, e ripieno di un paſtume compoſto di parmegiano grattato, graſso di Vitello, preſciutto trito, erbe aromatiche, gialli di uova, paſserina, piſtacchi, e ſpezie, ſi farà cuocere in brodo di Manzo; e ſi ſervirà con Colì di ceci, o pure con Colì di preſciutto.

Ripieno alla Purè di lente

Si potrà anche riempiere il Mallardo con ſalpiconi di animelle, funghi, tartufi, ed erbe, tutto paſsato con butirro, ed un ſenſo di aglio, e ſi farà cuocere in iſtufa con fette di lardo, preſciutto, e qualche foglia di alloro. Cotto, s'imbandirà con Purè di lente, ove ſiavi del cerfoglio trito.

Arroſtito all' olio.

Il Mallardo frollo, ed addobbato con olio, ſugo di limone, ed un ſenſo di aglio, ſi metterà allo ſpiedo, facendolo cuocere, bagnato ſempre con olio, e ſugo di limone; e ſi ſervirà con un ſapor di capparini.

Arroſtito alla Galantina

Piccato il Mallardo con fini lardelli, e ripieno di cervellato di Porco, fette di preſciutto, e foglie di ſalvia, si metterà allo ſpiedo per farlo cuocere, bagnandolo ſpeſso con butirro; e cotto poi si ſervirà con ſalſa di limone.

In addobbo.

Si cuoce il Mallardo in vino bianco, ed aceto di targone, condito di foglie di alloro, limone, ed aromi in iſtecchi. Cotto, e freddato, si ſerve con ſalſa di menta, e petroſemolo all' olio.

In fricaſſea

Il Mallardo tagliato in quarti, e paſsato in caſsarola con butirro, preſciutto trito, funghi, tartufi, un ſenſo di aglio, e timo, si bagnerà con vino generoſo, e si farà cuocere. Si ſervirà con Colì di preſciutto.

In Sivè.

Si ſerve anche il Mallardo in Sivè, facendolo bollire in acqua e vino, condito di aromi in iſtecchi. Si ſervirà freddo coverto con

ſal-

ſalſa di aceto, e giulebbe, ed addenſato con polvere di moſtaccioli.

CAPITOLO VI.

Delle Quaglie.

LE Quaglie per eſser buone biſogna farle ingraſsare in camera; ma prima caſtrarle a guiſa di Capponi, levando loro due granelli, che hanno ſu la coda. Queſte hanno due ſtagioni. La prima è nel meſe di Aprile, e la ſeconda nel meſe di Settembre.

In biſca. Le Quaglie dopo pulite dalle interiora, si paſsano in caſsarola con graſso, ſoffritto con cipolline trite, fette di preſciutto, funghi, tartufi, ed erbe, bagnandole con ſugo di carne per farle cuocere. Nel ſervirle, s' imbandiranno con croſte di pane ſotto, e con la loro medesima ſalſa.

Alla panna. Le Quaglie diviſe per mettà ſi faranno cuocere in ottimo brodo unitamente con erbe, fette di tartufi, e ſpezie. Cotte, le si farà un legamento con gialli di uova, e panna di latte.

Farſiti all' acetoſa. Diſſoſſate le Quaglie, ſi riempieno con farſa di petti di Cappone, peſta con midolla di Manzo, acetoſa, parmegiano, e ſpezie, e legata con gialli di uova. Si metteranno a cuocere in brodo, e ſi ſerviranno con ſalſa di acetoſa paſſata con butirro.

All' Agreſtata. Le Quaglie ſi riempieno di fette di preſciutto, graſſo di Vitello, agreſta, e timo; ſi faranno cuocere in caſſarola con fette di lardo, preſciutto, ed aglio, e bagnate con buon brodo. Nel ſervirle, ſi copriranno di agreſta paſſata con lo ſteſſo loro ſugo.

In arroſto alla Parmegiana. Addobbate le Quaglie con butirro liquefatto, ſugo di limone, ſale, e pepe, ſi metteranno a cuocere allo ſpiedo, bagnandole ſpeſſo con butirro. Quando ſono preſso alla cottura, le si farà una croſta con pane, e parmegiano grattato, e con ſalvia fritta intorno s' imbandiſcono.

Altro alla Contadina. Le Quaglie addobbate come ſi è detto, ſi metteranno a cuocere allo ſpiedo involte nelle foglie di fico, o zucca; e quando ſaranno cotte, biſogna ſervirle con ſapor di olive all' olio.

Farſite all' olio. Diſsoſsate le Quaglie ſi riempieno di un ragù di funghi, tartufi, olive, capparini, e ſcalogne, paſſate prima in olio, ed erbe, e ſi ſerviranno con ſalſa di tartufi, e ſugo di limone.

In frittura. Diviſe le Quaglie per mettà, ſi paſſino con graſſo, cipollette trite, petroſemolo e ſpezie; dopo ſi panino, e ſi friggono, per ſervirle con ſalvia fritta.

Cot-

Cotte le Quaglie in brodo con fette di presciutto, ed erbe, si serviranno coverte da una Purè di rape. *Alle rape.*

CAPITOLO VII.

Delle Tortore.

LE Tortore sono Uccelli della spezie de' Colombi, sono di piacere nelle Mense, quando sono ben grasse. La loro stagione è nel mese di Luglio per tutt' Ottobre.

Tortore al Colì di pomidoro. Si faranno cuocere in brodo di Manzo, condite di cipolle, ed erbe; e nel servirle, si copriranno con Colì di pomidoro.

Alli finocchi, e presciutto. Cotte le Tortore in istufa con fette di presciutto, erbe, e spezie, si serviranno con finocchi salvatici, cott' in brodo, e legati con Colì di presciutto, o Purè di lente.

All' olio. Le Tortore cotte in cassarola con olio, aglio, ed alloro, e bagnate con vino, si serviranno con salsa di tartufi passat' in olio con aglio, ed acciughe.

In arrosto. Quando le Tortore sono grasse si possono arrostire, involte nelle fette di lardo, servendole con salsa di capparini.

In freddo agli aranci. Si lessano le Tortore con vino bianco, acqua, agresta, alloro, ed arom' in istecchi; e si servino fredde con salsa di aranci canditi, e pesti, e sciolti con sugo di limone.

All' agresta. Cotte, che saranno le Tortore in brodo, si serviranno con salsa di butirro, gialli di uova, ed agresta.

CAPITOLO VIII.

De' Tordi.

LA Carne di questi Uccelli è di ottimo sapore; anzi si stima tra' Volatili la migliore. La loro stagione principia nel mese di Ottobre, e dura fino a Gennajo.

Tordi arrostiti. La Vivanda più gustosa, che si può fare de' Tordi, sarà in arrosto in varj modi; cioè involt' in rete di Porco, o bardati con fette di lardo, o pur con presciutto intorno, e foglie di alloro, o in fine addobbati con olio, e sugo di limone. Si fanno ancor arrostiti al-

alla Parmegiana, cioè ingrassati bene di butirro, fatti cuocere, ed indi fattaci una crosta di parmegiano, e pan grattato, siano così serviti.

Imboracciati Bianchit' i Tord' in brodo, gli si taglieranno le ale, e piedi, dopo s'infarinano, si dorano in uova, ed involtati nel pane, e parmegiano grattato, si faranno friggere, per servirli con salvia fritta intorno.

Alla Villana. Si cuocono in istufa i Tordi con buon sugo di carne, un senso di aglio, foglie di alloro, salvia, e timo; e siano serviti con salsa di presciutto, e scalogne trite, o pure di acciughe.

Alla Firentina. Cott' i Tord' in brodo di Manzo, con aglio, ed alloro, si servino con Colì di fagioli bianchi, ove siano degli spinaci triti, con targone, passat' in butirro.

Si cuocono i Tord' in vino con alloro, cannella, e garofan' intieri, e dopo si servino freddi con salsa di uva passa, e malvasia.

CAPITOLO IX.

De' Beccafichi, e degli Ortolani.

I Beccafichi sono Volatili nobili, e gustosi; si pascono volentieri di fichi, per cui si dicono Beccafichi, e molto ingrassano nella loro stagione. Sono Uccelli, che debbonsi mangiare subito ammazzati, poichè son facili a marcirsi.

Beccafichi alla salvia. Pulit' i Beccafichi dalle sole piume, si mettono allo spiedo tramezzati con crostini di pane, presciutto, e foglie di salvia, e conditi di sale. Cotti, si servono con lo stesso loro tramezzo.

Alla Campagnola. Condit' i Beccafichi di sale, pepe, foglie di salvia, e petrosemolo trito, s'involtano nelle foglie di fico, e si fan cuocere tra le ceneri calde; e quando si conoscerà, che son cotti, si cavino dalle foglie, e si servino sopra croste di pane fritto.

Alla moda. Si mettono i Beccafichi allo spiedo a cuocere, e spesso si ungano con gialli di uova stemperati con butirro. Quando sono al punto della cottura, s'incrostino con parmegiano, e pane grattato; e così servansi, ma caldi, e presto.

Alla Camera Vuotate grosse cipolle, e messevi dentro i Beccafichi, conditi di sale, pepe, presciutto trito, e petrosemolo trito, si faranno cuocere dentro di una cassarola con fuoco sotto, e sopra; e cotti, si servino sopra croste di pane.

Alle uova. I Beccafichi bene aromatizzati, erbolati, e polverati di parmegiano grattato, si metteranno ne' gusci delle uova, e si faran cuocere al forno, o pure tra le ceneri calde. Quando saran cotti, si servino ne' ne' guſci medeſimi, come ſe foſſero uova; ma ciò ſi farà con arte.

Allo sfoglio. Condit' i Beccafichi di ſpezie, e paſſat' in una caſſarol' ad aſſodare ſul fuoco, ſi metteranno poi a finir di cuocere dentro i pezzi di paſta sfogliata, che uno ad uno in eſſa s' involtano, ſi friggono, o pure al forno si cuocono, ſervendoli caldi.

Alla Marinareſca. I Beccafichi ſi fanno cuocere allo ſpiedo, involt' in fettoline di pancia di Peſceſpada conditi di ſpezie. Cotti, ſi ſervono con ſugo di limone, e croſtini.

Alla Corradina. Paſſat' i Beccafichi per poco con butirro, e conditi di ſpezie, ſi paſſano indi ne' gialli di uova, e nel parmegiano grattato, e ſi friggono. Fritti, ſi ſervono coverti di panna di latte.

Alla Veſte. Si dia mezza cottur' a' Beccafich' in una caſſarola con preſciutto, erbette, e ſpezie, e s' involtino dopo uno ad uno in farſa di riſo, condita di parmegiano, ed uova; e bagnat' in uova, ed indi paſſati nel pane grattato ſi friggono, per ſubito ſervirli caldi con petroſemolo fritto.

In frittura. I Beccafich' infarinati, e fritt' in graſſo di Porco, ſi ſervino caldi con ſalvia fritta intorno.

Degli Ortolani. Gli Ortolani ſono più groſſi de' Beccafichi, ma di graſſezza ſimili. Di queſti Uccelli ſe ne trovano gran quantità nella Toſcana, nella Lombardia, e nella Sicilia. I migliori ſono quell' ingrati nella ſtanza con miglio cotto in latte, che così rieſcono buon' in tutto l' Anno; ma la loro propria ſtagione è da Settembre per tutto lo Inverno. Sono rari, e ſtimatiſſimi da' Signori, e perciò si mandano in lontane Città dentro le ſcattole di farina, netti dalle loro piume. Quando ſi voglion mangiare, ſi cuocono, e condiſcono, come ſi è detto de' Beccafichi, poichè la loro carne varia ſolo in una maggior ſodezza.

CAPITOLO X.

Delle Lodole.

SIccome gli altri Volatili, per eſſer buoni, debbono eſser graſſi; queſti però perchè ſiano di piacevole guſto, debbono eſser mediocri, altrimenti ſaranno diſguſtevoli. La loro ſtagione principia da Ottobre per tutto Febbrajo.

Lodole arroſtite. Il miglior modo di cucinar le Lodole, è in arroſto con foglie di ſalvia, e fette di preſciutto.

All' olio. Sono ancor piacevoli le Lodole quando ſi cuocono in caſsarola ſu le braci con olio, aglio, ſalvia, erbette, e preſciutto trito, bagnagnate con vino, e servite con la stessa loro salsa.

Al sugo di melagranate. Cotte le Lodole in istufa con presciutto, salvia, ed alloro, bagnate con sugo di carne, quando sono per servirsi, si condiscono con salsa di mela granate.

Alli tartufi. Passate le Lodole in cassarola, e cotte con olio, aglio, erbette trite, e bagnate con vino bianco, s' imbandiranno con salsa di tartufi, ed acciughe, come un salmì.

Si possono servire le Lodole in tutte quelle maniere, che si è detto degli altri Volatili salvatici, ma non riescono di troppo gusto.

CAPITOLO XI.

De' Colombacci, e delle Palombelle.

VI sono ancora tra' Volatili salvatici li Colombacci, ma non sono però di cibo delicato, anzi troppo rustico, e villano; e soltanto in Villa se ne può far uso, in mancanza di altri Volatili.

Le Palombelle sono della stessa qualità de' Colombacci; ma la stagione di queste principia dal mese di Ottobre, e dura per parte dello Inverno, e quelli nello Inverno solo.

Quando i Colombacci si vogliono servire, si possono condire in tutti que' modi anzidetti degli altri Volatili alvatici.

TRAT.

TRATTATO VI.

Degli Animali Acquatici.

SEbbene gli Animali Acquatici ſon pieni di materia muccillaginoſa, la quale gli tira, e gli aſſoggetti alla pronta putrefazione: e la lor carne è molle, ed è sfibbrata, onde all' urto lieve del gergoglio di bollente acqua, o di braci ardenti, ſi trincia, ſi frange, e ſi rilaſcia; pure per mantenerli, e per cuocerli, ed ind' imbandirl' intieri nelle menſe, vale molto l' azione in eſſi del nitro, e del ſugo acido de' vegetabili. Si è ſperimentato, che la loro carne l' uno la fiſſa, e l' altro la reſtringe, ed in maniera, che tutti e due la mantengono incorrottibile, e la rendono fibroſa; e ſoda, ch' è quella proprietà, che deve avere il peſce, oltre a quella della freſchezza, per mangiarſi con piacere.

CAPITOLO I.

Dello Storione.

LO Storione è di grande ſtima nelle menſe de' Grandi, poichè fra gli Acquatici tiene il primo luogo. La ſua peſcagione comincia dal meſe di Aprile, e dura per tutta la Eſtà. E' Peſce di mare, ma ſi nutre di acque dolci. Quello, che ſi peſca ne' fiumi, rieſce molto meglio, che quello di Mare. Di queſto Animale ſi ſtima molto la teſta, la pancia, e le uova, delle quali ſi fa il Caviale.

Storione alla Ramolata.

Lo Storione ſi cuoce intiero, ed in pezzi. La prima cottura ſarà leſſo in acqua condito di olio, erbette, limon verde, ſale, e poche

che gocce di aceto ; e poi si serve con verdura , o pure con salsa ramolata .

Al grasso per Entrèes. Si taglia lo Storione in una, o più fette, s infilza di lardelli, e si cuoce in brodo, condito di erbe, sale, e limon verde. Nel servirlo, gli si farà una salsa di acetosa con Colì di Vitello .

Alla santèmenò. Si riduce lo Storione in fette , e si fa cuocere lentamente in cassarola con vino bianco, butirro, foglie di alloro, e spezie. Cotto, si caverà , e si servirà con salsa di butirro, e sugo di limone.

In Fricondò Tagliato lo Storione in fette, si piccano di fini larderlli , s' infarinano, e si friggono in istrutto; dopo si mettano ad assaporare in una cassarola con Colì di Vitello , ove siavi del targone trito , e così colla stessa salsa bisogna servirle.

In Haricò. Dopo che lo Storione sarà cotto in brodo di Manzo , e condito di erbe , di alloro , e cipolle , si servirà con cipolline passate in butirro, bagnate con Colì di presciutto, e sugo di limone.

In ragù all' olio. Si fa soffriggere in olio, petrosemolo, timo, cippolline, funghi triti , e tartufi, e quando sarà tutto stagionato, si bagnerà con latte di mandorle abbrustolite, nel quale si farà cuocere lo Storione; e cotto, si servirà con la sua stessa salsa.

Al Colì di pomidoro. Si cuoce lo Storione in una cassarola su le braci con butirro, vino bianco, alloro, timo, cipolle , e spezie; e nel servirlo si coprirà con Colì di pomidoro.

In arrosto. Quando lo Storione si ha da fare arrostito, bisogna marinarlo con olio, limone, aceto, erbette, sale , e pepe, facendolo così stare per un pezzo; dopo si farà cuocere, e si servirà con olio, e sugo di limone.

Arrostito alla Corradina Lo Storione ingrassato con butirro , polverato di sale, pepe, e condito di petrosemolo, timo, s' involgerà nella rete di Vitello, e si farà cuocere allo spiedo. Prima di servirlo, se ne toglierà la rete, gli si farà una crosta con pane grattato, e s' imbandirà.

In braciole farsite. Tagliato lo Storione in fette sottili e larghe , s' ingrassano di butirro, e si riempieno di farsa composta di altra carne di Storione, condita di capparini, acciughe, erbette, e spezie; si faran cuocere alle braci con butirro , bagnate di brodo , e si serviranno con salsa di tartufi, e sugo di limone.

In coppiette per Entrèes. Pesta la carne dello Storione con acciughe, butirro, erbette trite, mollica di pane bagnata in brodo, e condita di passerina, pignoli, e spezie, si legherà con gialli di uova, e se ne formeranno Coppiette in forma rotonda, le qual' infarinate, si friggono per incrostarli, e poi in Colì di Gambari si fanno finir di cuocere, e si serviranno.

In crocchetti Pesta la Carne di Storione con pistacchi , bottariche , e butirro, e condita di sale, e pepe , si legherà con uova, e si ridurrà in tanti pezzi lunghi un mezzo dito , i quali panati , e fritti , o pure arrostiti allo spiedo, si serviranno con salvia intorno.

Fegati, o latti. Il Fegato , ed i Latti dello Storione si cuocono fritt' in olio, e si servono con salsa, o senza.

CA-

CAPITOLO II.

Della Ombrina.

LA Ombrina nasce, e vive nel mare presso gli scogli erbosi, ed è buon' a mangiarsi tutto l' anno, ma meglio nella Primavera. Questo Pesce è ancor nobile, ed è più tenero, e più bianco dello Storione, onde ha bisogno di meno cottura.

La Ombrina si lessa in acqua con vino, olio, ed erbette, e poi si serve con salsa di acetosa. *Ombrin' alla salsa.*

Cotta la Ombrina con latte di mandorle, butirro, e spezie; si serve con tartufi passat' in butirro. *Al Latte, e Tartufi.*

Bollita la Ombrina in vino bianco con alloro, e spezie, si serve con salsa del suo fegato (prima cotto in acqua con olio) pesto con acciughe, e pignoli, e sciolto con aceto di targone, ed olio. *Alla Moresca.*

E' ottim'a cuocersi la Ombrina in brodo con sellari, ed alloro; e quando si ha da servire, si coprirà con un Colì di presciutto, e senso di targone. *Per Entrèes al Colì di presciutto.*

La Ombrina cotta in acqua, aceto, alloro, coriandri, sale, e pepe; si servirà fredda con gelo sopra, fatto di piedi di Agnello, o pure di Tinca, e Capitone. *Al Gelo.*

La Ombrina scorticata, e tagliat' a filetti grossi, si passeranno con butirro, erbette trite, e spezie, bagnandola con sugo di carne; e cotti, si serviranno con salsa di acetosa sotto, e con Colì di Vitello. *In Fricondò.*

Marinata la Ombrina con olio, sugo di limone, e sale, si cuocerà in arrosto, e si servirà con sapor di bottariche all' olio. *Al sapor di Bottariche.*

Tagliata la Ombrin' a filetti, e marinata con olio, si servirà calda, o fredda con sals' agro-dolce. *All' Apiciana.*

Pesta la carne della Ombrina con un pezzo di butirro, erbette trite, e poco pane bagnato in latte, si legherà con gialli di uova, e condita di cedro candito, pistacchi, e passerina, se ne formerà un pastume in forma di pane, il quale ridotto in bella forma, e figura, si coprirà di butirro, si farà cuocere al forno, e si servirà coverto con panna di latte. *In Gattò.*

CA-

CAPITOLO III.

Del Peſce Spada, e del Tonno.

LA peſcagione del Peſce Spada comincia dalla Primavera, e dura per tutto Agoſto. Subito preſo, ſi deve decapitare, perchè è facile la teſt' a corromperſi. La pancia di queſto Peſce è ſtimatiſſima, e ſe ne fanno guſtoſe vivande, ſiccome di quella del Tonno, del quale la peſca è nel meſe di Maggio, Settembre, e Ottobre, e ſi condiſce come il Peſce Spada.

In Fricondò — La pancia del Peſce Spada piccata tutta di fini lardelli, ſi fa cuocere in brodo di Manzo con fette di preſciutto, una cipolla ſteccata di aromi, ed un bocchetto di erbe aromatiche; e ſerveſi dopo con Colì di Gambari al graſſo.

Alla Pitagorica. — Piccata la detta pancia con erbe, e cotta in brodo, condita di butirro, alloro, e cipolle; ſi ſervirà con un ragù di erbe paſſate in butirro, o con graſſo di preſciutto.

In Granatine. — Tagliata la pancia del Peſce in bocconi groſſi, queſti s' infilzeranno tutti di capparini, tartufi a filetti, ed acciughe, e ſi faran cuocere in brodo di peſce; cotti, ſi ſervono con Colì di Pomidoro.

Alla moda. — Steccata la pancia del Peſce con preſciutto a filetti, e lardoni aromatizzati, ed erbolati, ſi metterà a cuocere in caſſarola con butirro, cipolle, e petroſemolo, bagnandola con vino generoſo. Quando ſi ha da ſervire, ſi coprirà con Colì di preſciutto.

All' Agoſtina. — Si mette in caſſarola la pancia del Peſce con acqua, aceto, ſale, limone, cipolle, timo, alloro, e ſpezie, e ſi fa lentamente cuocere. Si ſerve con ſalſa di agreſta peſta con acciughe.

Alla Purè di Piſelli. — Steccata la pancia del Peſce con tarantello a filetti, ſi metterà in caſſarola per farla cuocere con acqua, olio, e ſugo di limone, condita di aromi, ed erbe. Cotta, ſi ſervirà con Purè di piſelli all' olio, o di ſpinaci.

Farſito. — Il Corpo del Peſce, cavatone la ſpina, ſi riempierà con ſalſa compoſta di carne di Capitone, acciughe, capparini, un ſenſo di aglio, e petroſemolo, e ſi farà cuocere in iſtufa con olio, vino, ed erbe. Nel ſervirlo, s' imbandirà con un ragù di funghi, e tartufi, paſſat' in olio, o con graſſo di animale.

Arroſto. — Si cuoce in arroſto la pancia del Peſce, e ſi ſerve con ſalſa di agreſta all' olio, o pure con ſapor di aceto roſato, ed olio.

Di tutte le ſuddette maniere ſi può ſervire anche la pancia, ed il corpo del Tonno.

CA-

CAPITOLO IV.

Del Dentale, e della Cernia.

IL miglior Dental' è quello, che si pesca dal principio dello Inverno per fino alla Primavera. Di questo Pesce se ne posson fare varie vivande simili a quelle dello Storione; ma quando si servono fredde sono migliori, perchè hanno dello umore assai gommoso.

Dentale in Gelo. Il Dentale si farà cuocere in brodo di piedi di Agnello, condito di spezie in istecchi, alloro, timo, limone, e zaffarano. Cotto, che sarà, si caverà, e si servirà freddo coverto dello stesso brodo, prima passato, chiarificato, e congelato.

In Galantina. Tagliata la carne del Dentale a filetti, si condirà di spezie in polvere, erbette trite, sugo di limone, ed olio; dopo si accomoda per lungo sopra una salvietta, tramezzandola di acciughe a filetti, tarantello, bottariche, tartufi, e capperini a filetti; si stringerà nella detta salvietta in figura lunga, e si metterà a cuocere in brodo di Tinca, condita di erbe, e spezie. Quando si conoscerà, che sia cotta, si caverà, e si farà nella stessa salvietta freddare; si leverà dopo, e si servirà sopra verdura con lavori a capriccio.

In Sivè. Cotto il Dentale in acqua, vino bianco, limone, spezie, ed alloro; si servirà in Sivè con salsa di cedro, limone, pistacchi, aceto rosato, giulebbe, e polvere di mostaccioli.

Della Cernia. La Cernia si pasce dell'erbe vicino agli scogli, e si pesca da Maggio per tutt' Ottobre. La sua carn' è dura, per cui si può cuocere in quella maniera, che si vuole.

Alla salsa. La Testa della Cernia si cuoce in acqua con aceto, limone, petrosemolo, e cipolle; e si serve con salsa ramolata sopra, o pure con salsa di butirro.

In Ragù alla Certosina. Si cuoce la Cernia in ragù all' olio con cipolle, erbette, e spezie, bagnandola con vino, e brodo di pesce. Nel servirla si coprirà con salsa di funghi, o di bottariche peste, e sciolte col sugo di pesce.

Al Marinato Ridotta la Cernia in fette sottili, si faranno marinare con sugo di limone, sale, pepe, petrosemolo, e cipolla trita, e dopo un pezzo s' infarinano, e si friggono in olio. Fritte, si servono con salsa composta di acciughe, che si soffriggono in olio con fette di limone, alloro, e spezie.

Al sapor di finocchio. Arrostita, che sarà la Cernia come gli altri pesci, si servirà con sapor di finocchio, e sugo di limone all' olio.

Si fa cuocere la Cernia in una cassarola con butirro, vino, alloro

Alla Polacca loro, petrosemolo, cipolle, e spezie; e si servirà con salsa di butirro, e sugo di limone.

CAPITOLO V.

Della Spigola, e della Orata.

LA Spigola è stimatissima nelle mense, e si pesca dal principio di Gennajo per tutto Marzo.

Lessa la Spigola con acqua, e vino, condita di limone, petrosemolo, cipolla, ed olio; quando si ha da servire o calda, o fredda come si vuole, si coprirà con salsa di giallo di Ragosta, o di Caviale sciolto con olio, e sugo di limone.

Caponata. Si può far bollire la Spigola con brodo di Polli condita di erbe; e quando sarà cotta, si servirà con Colì di petti di Cappone.

All'Acetosa Bollita la Spigola con acqua, sale, erbette, e butirro; si servirà con salsa di acetosa passata in butirro.

Per li Golosi. Si spaccherà la Spigola per la schiena, se ne caverà la spina, e parte della carne, la quale si trita con rognonata di Vitello, presciutto, erbette, tartufi, e spezie. Con questo composto si riempierà la Spigola, e si accomoderà in un vase proprio, ove si farà cuocere con brodo condito di aromi, ed erbe. Cotta, si servirà con Colì di Vitello.

Della Spigola si possono fare altre vivande, come si è detto degli altri pesci, ma meglio è lessa.

Della Orata. La Orata si pesca nel mese di Ottobre per tutto Febbrajo, e si può preparare nelle varie maniere già dette degli altri Pesci, ma la vera sua cottura è in arrosto, servita con salsa all'olio, composta con menta, petrosemolo, e sugo di limone; o pure con capparini triti con acciughe, e poi sciolti con aceto, ed olio.

CAPITOLO VI.

Delle Linguattole.

LE Linguattole ſono molto di ſtima, e la loro peſcagione ſi fa nello Inverno, e nella Primavera.

Le Linguattole ſi friggono in olio, e ſi ſervono con ſugo di limone, ſale, pepe, e petroſemolo fritto. *Linguattole alla ſemplice*

Alle Linguattole ſe ne cavi la ſpina, e ſi riempieno con farſa di carne di Vitello, condita di midolla di Manzo, erbette, ſpezie, e gialli di uova; dopo s'ingraſſano con butirro, ſi panano, e ſi fanno pian piano cuocere ſopra la graticola con carta ſotto unta di butirro; e quando ſaran cotte, si ſervino con ſalſa di butirro, e ſugo di limone. *Alla Santèmenò.*

Le Linguattole, dopo fritte, si taglino a filetti, e si ſervono con ragù di funghi, e tartufi; o pure con Colì di Gambari, o con ſalſa di bottariche. *A Filetti.*

Si cuocono le Linguattole con acqua, vino, ſale, limone, ed erbe, e si ſervono con ſalſa di tartufi paſſat' in butirro. *Alli Tartufi*

Le Linguattole si tagliano a filetti, s'infarinano, si tuffano nelle uova, e ſi mollicano con pane, e parmegiano grattato; dopo si friggono, e si ſervono con ſalvia. *Alla Parmegiana.*

Cotte le Linguattole leſſe in vino con foglie di alloro, e ſpezie, si taglino a filetti, e si accomodano nel piatto tramezzate di acciughe a filetti, e coverte con ſalſa di piſtacchi peſti con acciughe, e ſciolti con olio, e ſugo di limone. *Alla ſalſa di Piſtacchi.*

Si friggono le Linguattole in olio, e poi gli ſi fa una ſalſa con aceto, corteccia di limone, aglio, alloro, ſalvia, e zucchero; ſi farà bollire, e per addenſarla ſi metterà della polvere di moſtaccioli. Fatta, ſi verſerà ſopra le Linguattole, guarnendole, nel ſervirle, con pignoli, e piſtacchi. *In Sivè.*

CAPITOLO VII.

Delle Triglie.

LE Triglie migliori sono quelle, che si pescono ne' scogli da Maggio per tutt' Ottobre.

Triglie arrostite. La miglior maniera di mangiar le Triglie, quando son grosse, è di arrostita, marinandole prima con olio, sugo di limone, erbette, e sale; e bisogna servirle con lo stesso marinato sotto.

Alla Ramolata. Squamate le Triglie, ed accomodate nel piatto, sicoprono con salsa ramolata, cioè petrosemolo, capparini, acciughe, e maggiorana, tutto ben triturato, o condito di olio, sugo di limone, sale, e pepe. Si faran cuocere con fuoco sotto, e sopra, e caldi servansi.

In bianco. Le Triglie fresche bene squamate s' involtano un' ad una nella carta, e si mettano a cuocere in acqua con molto sugo di limone, alloro, petrosemolo, e sale; e quando si hanno a servire, si scartino, e si coprino con salsa di pignoli all' olio, o pure con semplice sugo di limone, ed olio.

Imboracciate Dopo squamate le Triglie, si accomodano sopra un foglio di carta, condite di pan grattato, petrosemolo trito, un senso di aglio, origano, sale, e pepe, tutto mescolato; e con olio, e sugo di limone bagnate, si faran cuocere al forno, e si servono calde.

In Frittura. Fritte le Triglie, si servono con sugo di limone, sale, e pepe; o pure con salsa di agresta.

CAPITOLO VIII.

Dello Scorfano, del Pesce Cappone, e del Luvaro.

LA carne di questi Pesci è bianca, e dura; la pescagione de' primi si fa nello Autunno, e nella Primavera, ed i migliori sono quelli, che vanno al rosso. Il Luvaro si pesca nello Inverno.

Scorfano all' acetosa. Si cuoce lesso lo Scorfano col solito condimento degli altri, e si serve con salsa di acetosa passata con olio, e cipollette; o pure si serve freddo con salsa di agresta.

Al saporetto Buono ancor è lo Scorfano in ragù all' olio con cipollette trite, petrosemolo, e tartufi, bagnato con brodo, e servito con sapore di man-

mandorle all' amberlina, peste con bottariche, e sciolte con lo stesso brodo del pesce, e sugo di limone.

Dopo che lo Scorfano è cotto in acqua con sale, erbe, e cipolle, si serve con salsa di pomidoro passata con butirro. *Alla salsa di Pomidoro.*

Si fa bollire lo Scorfano in brodo di Manzo, e si serve con Colì di presciutto, con tartufi triti dentro. *Al Grasso.*

Cotto lo Scorfano in acqua con olio, ed erbe, si serve con un ragù di funghi, tartufi, piselli, cipolle, ed erbe aromatiche; o pure con un Colì di Gambari sopra. *In Potaggio.*

Lesso lo Scorfano in acqua, butirro, erbe, e sale, si servirà con Colì di ceci, con scalogne passate in butirro. *Al Colì di ceci.*

Quel che si è detto dello Scorfano, vagli anche per lo pesce Cappone, e per lo Luvaro.

CAPITOLO IX.

Del Luccio, del Merluzzo, e del Cefalo.

IL Luccio è buono tutto l'anno; ma è meglio nello Autunno per tutto Marzo; ed è buono a mangiarsi lesso come gli altri Pesci, servito con olio, e sugo di limone. *Luccio lesso.*

Tagliato il Luccio a fette, se ne fanno braciole ripiene di acciughe trite, con tartufi, erbette, capparini, sale, e pepe. Si fan cuocere allo spiedo, ungendole con olio, e sugo di limone. *In braciole farsite.*

Tagliato a grosse fette il Luccio, si metterà in una cassarola con butirro, alloro, vino, coriandri, erbette, e spezie; e si farà cuocere a lento fuoco, servendolo con la stessa sua salsa. *In gorboglione.*

Tagliato il Luccio a filetti, si metterà a marinare con olio, sugo di limone, erbette trite, capparini triti, e spezie; e dopo si attuff' in pastetta composta di fior di farina, lievito, vino, e spezie, e si frigga in olio, servendolo caldo. *Alla Pastetta.*

La pesca del Merluzzo si fa nella Està, e nella Primavera. Questo è un Pesce di poco nudrimento, e di niente gusto; ma volendolo servire, si può cuocere lesso, in ragù, e fritto. *Del Merluzzo.*

Il Cefalo è buono quello di Mare, pescato nel mese di Aprile, e di Ottobre nelle acque chiare. Quando si vuol servire, gli si può dare lo stesso condimento, che si dà alla Spigola, che riuscirà anche di piacere. *Del Cefalo.*

CAPITOLO X.

Delle Acciughe, o Alici, della Raggia, e delle Aguglie.

LE Acciughe (chiamate in Napoli Alici) bisogna mangiarle subito pescate, che per la loro delicatezza sono facili a corrompersi. Le migliori sono quelle, che si pescano nella Primavera in mare arenoso. Queste salate, servono per condimento di molte vivande, siccome si è veduto, e si vedrà

Acciughe fritte. Alle Acciughe toltane la testa, si friggono in olio, e si servono calde con sale, e sugo di limone.

Alla salsa. Dopo che saran fritte le Acciughe, si possono servire con salsa sopra, simile a quella delle Linguattole in Sivè, o pure alla Scapece.

Alla Parmegiana. Nette le Acciughe, si aprino per la schiena, e se ne cavi la spina per accomodarle sopra di un piatto unto di butirro, coprendole con pane, e parmegiano grattato, petrosemolo trito, ed origano; vi si mett' ancora del butirro liquefatto, e del sugo di limone. Si faran cuocere al forno, e si servono calde.

Al corto brodo. Si passano con butirro in una casarola, cipollette trite, petrosemolo, aglio, funghi, tartufi, ed origano, tutto triturato, e condito di spezie; si bagnano con vino bianco, e vi si mettano le acciughe per farle cuocere; servendole calde.

Farsite. Cavata dalle Acciughe la spina, si fan ripiene di acciughe salate peste, e si fan cuocere in un piatto con erbette trite, butirro, e sugo di limone, e si servono calde.

Alla semplicità. Le Acciughe si mangiano in arrosto, o su la graticola, o pure sopra carboni accesi, serviti caldi.

Della Raggia. La Raggia si pesca nella Primavera, e nello Autunno, e si mangia fritta calda, ed in scapece fredda; si serve in ragù a' funghi, e lessa con ramolata; nè di altra maniera può riuscir di piacere.

Delle Aguglie. Le Aguglie, quando son grosse, si mangiano in arrosto con sapor di semi di finocchi; e piccole si mangiano in frittura. Si pescano nello Autunno per tutta la Primavera.

CA-

CAPITOLO XI.

Della Trota, e del Carpione.

LA Trota si pesca nello Autunno, ed è Pesce di Fiume.

Squamata la Trota, si fa cuocere in brodo, e si serve con acetosa trita, passata con butirro. *Trot' all' acetosa.*

Si bolle la Trota in vino bianco, condita di foglie di alloro, petrosemolo, sale, pepe schiacciato, e timo, e si serve con salsa di ginepri all' olio. *Alli Ginepri*

Si fa arrostita la Trota, e si serve con ragù di prugnoli al vino, o pure con salsa di finocchio all' olio. *In arrosto.*

La Trota si picca di fini lardelli a guisa di fricondò, e si mette a cuocere in cassarola con fette di lardo, presciutto, cipolla steccata di cannella, e garofani, un mazzetto di erbe, e brodo di Manzo. Nel servirla, si condirà con Colì di presciutto. *Al grasso in fricondò.*

Marinata una Trota con olio, sugo di limone, sale, pepe, alloro, cipolla trita, petrosemolo, ed origano; si passerà nel pane grattato, e si farà arrostire a lento fuoco su la graticola; servendola con salvia fritta. *Carbonata.*

Si può far cuocere la Trota con butirro, acqua, sale, ed alloro, e si servirà con salsa di pomidoro. *Al Colì di pomidoro.*

Il Carpion' è un Pesce più grosso della Trota, ma consimile di fattezza, e vien stimato assai. La sua pescagion' è nella Està, ed anche nello Inverno, ch' è meglio. Quando si avrà da servire, gli si darà lo stesso condimento della Trota. *Del Carpione.*

CAPITOLO XI.

Della Tinca, delle Anguille, e della Lampreda.

LA Tinca miglior' è quella, che si pesca nella Primavera per tutto l' Autunno ne' Fiumi, o ne' Laghi chiari.

Si cuoce la Tinca lessa come gli altri pesci, ma meglio è bollirla in vino con foglie di alloro, ginepri, e sale; e poi servita con sapor di pistacchi all' olio. *Tinc' al sapor di pistacchi.*

Ottima è la Tinc' a cuocersi in ragù con olio, cipolline, petro-

All' olio, e Purè di piselli. trosemolo, un senso di aglio, e spezie, bagnata con brodo di altro pesce, e servita con funghi triti, e Purè di piselli.

In Fricassea. Tagliata la Tinc' a filetti, si passa con butirro, si condisce di petrosemolo, un senso di aglio, spinaci triti, e spezie, bagnandola dopo con latte di mandorle.

Farsit' al Colì di Gambari. Si spacca per la schiena la Tinca, se ne cavano con diligenza le spine, e si riempie con farsa di carne di altra Tinca condita, e pesta con acciughe, capparini, pistacchi, erbette, e spezie. Dopo si metterà a cuocere in cassarola con grosso pezzo di butirro, bagnata con vino. Cotta, si servirà con Colì di Gambari.

In Salcicce. La carne della Tinca unita con quella delle Anguille si triturerà ben fina, e si condirà di spezie, coriandri, anasi, e vino generoso. Dopo se ne formano le Salcicce, empiendone le budella di Agnello alla lunghezza, che si vorrà; queste si faran cuocere in butirro, e vino, o pure siano arrostite con foglie di alloro.

In Gelo. Della carne di Tinca se ne fanno geli, siccome si vedrà a suo luogo.

Delle Anguille. Le Anguille, che si pescano nelle acque correnti, e chiare, sono delicatissime, e la loro stagion' è nella Primavera, e nello Inverno. Quando son grosse, si chiamano Capitoni.

Al Bianco. Le Anguille lesse con acqua, olio, limone, alloro, e sale, s'imbandiscono con salsa di pignoli all' olio.

In ragù. Si cuocono in ragù con butirro, alloro, spicchi di aglio, timo, e spezie, si bagnano con vino, e si servono con salsa di tartufi passat' in butirro, e sugo di limone.

Al butirro. Bianchite le Anguille in acqua, sale, ed alloro, se ne cava la pelle, e si servono con salsa di butirro, gialli di uova, e sugo di limone, condita di pepe.

Al torna gusto. Si passano le Anguille in cassarola con olio, aglio, acciughe, petrosemolo, ed alloro, si bagnano con brodo di pesce per farle cuocere, e si servono con salsa di mandorle all' amberlina, peste con bottariche, e sciolte con lo stesso loro brodo.

In Galantina per Entremets. Molti Capitoni scorticati, e tagliati a filetti si uniranno con carne di Tinc' anche a filetti, e si metteranno in addobbo con sale, olio, pepe, sugo di limone, e malvasia. Dopo si accomodano per lungo sopra un tovagliolo, tramezzati di acciughe, bottariche, tarantello, pignoli, e pistacchi, tutto tagliato a filetti, e condito di spezie, e semi di finocchi. Si stringerà tutto nel tovagliuolo, e si metterà nella marmitt' a cuocere con acqua, malvasia, loro spine, e pelli, alloro, e ginepri. Quando si conoscerà esser cotto, si caverà la marmitta, ed in essa si farà freddare, per poi cavarlo, toglierne il panno, e servirlo sopra verdura con guarnizione.

Alla Parmegiana. Scorticato il Capitone, e tagliato a pezzi, si farà cuocere sopra un piatto con butirro sotto, e sopra, coverto con parmegiano grattato; e si servirà con salsa di gialli di uova, e sugo di limone.

An-

Anche tagliato a pezzi, e marinato il Capitone con olio, sale, e sugo di limone, si farà cuocere in arrosto allo spiedo, tramezzato di foglie di alloro, e servito semplicemente. *In Arrosto.*

Sono le Lamprede stimatissime, in particolare quelle, che si pescano nella Primavera. *Delle Lamprede.*

Si mangiano le Lamprede in tutte quelle maniere, che si è detto delle Anguille: ma queste si possono, e son migliori a cuocersi fritte, servendole calde con salvia. *In frittura.*

Si cuocono ancor le Lamprede lesse in latte, e si servono calde con butirro, o pure fredde con panna di latte. *Al latte.*

Anche in malvasia si fan cuocere le Lamprede, con foglie di alloro, sale, pepe, e coriandri; e si servono con olio, e sugo di limone. *Per Entremets.*

CAPITOLO V.

De' Calamai, de' Cecinelli, e della Fragaglia.

I Calamai hanno un umor nero, che bisogna lavarli bene, acciò restino bianchi. Quando son piccioli, si mangiano in frittura con sale, pepe, e sugo di limone; e grossi, in varie maniere si condiscono. Si pescano nello Inverno, e nella Primavera.

Si cuocono i Calamai in acqua con olio, limone, e petrosemolo, e si servono con salsa di giallo di Ragosta, condita con sugo di limone, ed olio. *Alla salsa piacevole.*

I Calamai si riempieno con carne di Anguille, capparini, acciughe, tartufi, ed erbette, si condiscono di olio, sugo di limone, e spezie. Dopo si mettono a cuocere in cassarola con buon sugo di pesce, cipolle, e funghi; e cotti, si servono con lo stesso loro brodo, conditi di sugo di limone. *Ripieni per Entrèes.*

Si riempieno i Calamai con farsa di carne di Vitello condita di midolla di Manzo, erbette, e spezie; e si fan cuocere in brodo. Dopo si fan freddare, si dorano in uova sbattute, si passano in pane, e parmegiano grattato, e si servono fritti con petrosemolo. *Farsiti al grasso.*

Si taglino i Calamai a filetti, si passano con butirro, ed erbette, e si bagnano con brodo per farli cuocere. Prima di servirli, si legano con gialli di uova, e sugo di limone. *In Fricassea*

Tagliati a filett' i Calamai, si servono fritti.

I Cecinelli sono certi pesciolini di Mare, che non hanno nè spina, nè squama, e sono così teneri, che appena, che si mettono sul *Delli Cecinelli.*

M fuo-

fuoco, son cotti. Si pescano nello Inverno, e nella Primavera, e per lo più si mangiano fritti.

Fritti alla pastetta. Si friggono ancora vestiti di pastetta, la quale si farà con fior di farina, acqua, malvasia, e lievito, condita di sale, e pepe.

Al latte di pistacchi. Liquefatto un pezzo di butirro in una casarola, vi si metterà latte di pistacchi, cerfoglio trito, e spezie, e dopo i Cecinelli a cuocere. Cotti, si servino sopra croste di pane.

In Insalata. Bollit' i Cecinell' in acqua, sale, olio, ed aceto, si servono in insalata con olio, e sugo di limone.

Della Fragaglia. Vi è nel Mare una quantità, e varietà di Pesciolini, chiamati volgarmente Fragaglia, la quale si pesca nella Està vicino a' scogli, e si mangia con piacere in frittura, condita con salsa di agresta; o pure con salvia, o petrosemolo fritto.

CAPITOLO XIV.

Della Ragosta, e de' Gambari.

LA Ragosta è buona in tutto l'Anno, ma nel plenilunio è migliore. La sua stagion' è nella Primavera, e nello Autunno.

Ragosta lessa. La Ragosta per mangiarla di qualunque maniera si vuole, bisogna sempre lessarla in acqua con sale. Dopo, che sarà cotta, si farà freddare, si spaccherà per mettà, e si serve con il suo guscio condita di salsa di bottariche all'olio, e sugo di limone.

In Ragù. Cavata la Ragosta dal suo guscio, dopo, che sarà bollita, e freddata, si servirà in ragù con olio, erbette, funghi, tartufi, e piselli, bagnata con brodo di pesce.

Al Colì di pomidoro. Tagliat' a filetti la Ragosta, si passa in casarola con butirro, ed erbette, si condisce di spezie, e si servirà con Colì di pomidoro.

In Cappone di Galena. La Ragosta tagliat' a filetti, ed accomodata in un piatto, tramezzata di acciughe, bottariche, tarantello, olive, capparini, ed insalatine varie; si servirà coverta con salsa Ramolata, o altra salsa all' olio con biscotto sotto.

In farsa. Pesta la Carne della Ragosta con acciughe, bottariche, erbette, poco pane bagnato in brodo, e butirro, si legherà con uova, e se ne farà un pane da cuocere al forno; o pure delle Coppiette cotte in brodo, o fritte, ed altre cose simili.

In arrosto. Spaccata la Ragosta per mettà, si fa in arrosto sopra la graticola, condita di butirro, o pure olio, pane grattato, un senso di aglio, petrosemolo, e spezie.

I

I Gambari si prendono tutto l' Anno tanto nel Mare, che nelle Acque dolci. Son buoni gli uni, e gli altri, e quando son teneri di corteccia, si mangiano fritti, abbeverati prima in latte. *Delli Gambari.*

I Gambari di acque dolci, quando son bolliti, se ne cavano le code, le quali pulite, si servono con Colì di presciutto, o con salsa all' olio. Si mettono dentro i pasticci, e ragù da grasso, e da magro, nelle insalatine, ne' salpicon, e ne' ripieni. I corpi de' Gambari si pestano per farne Colì, e sughi per condimento di Vivande; e pesti, e passati nel butirro, si farà un ottimo butirro di Gambari passato per un panno lino, e poi freddato: servirà per renderlo di maggior gusto ne' suoi usi.

Scherzo di Gambari.

Bisogna stropicciare i Gambari vivi con spirito di vino, per farli divenir rossi come se fossero cotti; e questi mescolati con quelli bolliti, quando si hanno da servire, sarà un bello scherzo nel vederli caminare.

CAPITOLO XV.

Della Testuggine, e delle Rane.

VI sono due specie di Testuggini, di terra, e di mare; la stagione della prima è da Giugno per tutt' Ottobre, e della seconda da Febbrajo per tutt' Ottobre. Le migliori sono quelle di terra, ma il condimento dev' essere lo stesso.

Dopo che la Testuggin' è stata cavata dal suo guscio, si mette a bollire in acqua con olio, sale, una cipolla steccata di cannella, garofani, ed erbe. Cotta, si servirà con salsa di limone, ed olio. *Testuggine lessa.*

Tagliata la Testuggine a piccoli pezzi, si farà soffriggere con olio, cipollette, petrosemolo, ed un senso di aglio; si bagnarà con brodo, e si servirà con salsa del suo fegato, cotto in brodo, e sciolto con sugo di limone. *In Saporiglia.*

Se ne può fare della Testuggine un ragù all' erbe; passandola con olio, cipolle, carcioffi, sellari, funghi, ed erbette trite. *All' Erbe.*

Delle uova, e del fegato della Testuggine se ne posson fare frittelline passate nelle uova, e pane grattato; o pure tritulate con erbe, se ne fa frittata. *Delle Interiora.*

Del sangue se ne fanno Sanguinacci, o Budin, come si è detto di quelli del Porco.

Delle Rane

Le Rane si pescono in tutto l'Anno ne' fiumi, e ne' laghi. Nella Lombardia sono grossissime, e si mangiano da tutte le persone con desiderio, e piacere. Se ne posson fare delle variate vivande sì fritte, che in umido, simili a quelle de' Pesci, che riescono gustose, come anche delle zuppe, siccome si dirà.

CAPITOLO XVI.

Delle Frutta di Mare, e de' Salsumi.

Dell'ostriche

TRa le frutta di mare più piacevoli sono le Ostriche, le quali si mangiano crude appena uscite dall'acqua.

In arrosto.

Aperte dal guscio, si condiscono con pane grattato, petrosemolo, aglio, origano, sale, pepe, sugo di limone, ed olio, e si fan cuocere su le braci, servendole calde.

In frittura.

Cavate le Ostriche da' gusci, ed infarinate, si servono fritte con petrosemolo, o pure nella pastetta, come i Cecinelli.

Alla Moda.

Quando le Ostriche son fuori del guscio, si accomodano sopra la carta con butirro, petrosemolo trito, pane, e parmegiano grattato, si fan cuocere al forno, e si servono con salsa di butirro e gialli di uova.

Insalata.

Si cuocono le Ostriche in vino, e si servono con salsa di bottariche all'olio, o pure ramolata.

Al grasso.

Le Ostriche si passano con butirro, grasso di Vitello, ed erbette, e si legano con Colì di presciutto.

Alla salsa Reale.

Le Ostriche fritte, e condite con salsa reale, sono piacevoli, e si mantengono tutto l'Anno, da servirle fredde ne' tondini; o pure covrirle con salsa di pignoli, che anch' è piacevole.

Delle Padelle.

Le Padelle si possono servire per condimento di varie vivande in umido, e ne' Pasticci caldi.

Cannolicchi.

I Cannolicchi si condiscono come le Ostriche, e si servono come le Padelle per condimento.

Ricci.

I Ricci nel plenilunio sono più migliori. Questi non han bisogno di cottura, ma si mangiano crudi sopra croste di pane, conditi con olio, sugo di limone, e pepe, o pure semplici. Si servono ancora per ornamento di vivande fredde da magro, e per salse nelle vivande da grasso.

Altre frutta.

Produce il mare delle altre frutta, come Cozze nere, Telline, Chiocciole, Vongole, Dattili, ec. le quali son' ottime per brodo, e per condimento di ragù, e pasticci.

Vi sono varj Pesci salati, come Merluzzo, ossia Baccalà, Salmone

mone, Capitone, Tonno, Pesce Spada, Acciughe, Scombro, Linguattole marinate, Saracche, Arringhe, ed altri, li quali posson servire in mancanza de' freschi Pesci per farne quelle vivande, che di essi se n'è detto; avvertendo solo di levarne bene il sale con acqua fresca, facendoli in essa bene ammollire, e cambiarla spesso, particolarmente per lo Baccalà, il quale prima di metterlo in acqua fresca, bisogna con spazzola stropicciarlo, e lavarlo bene. Sono stimatissime le trippe, e le lingue del Merluzzo.

Questo pesce si pesca ne' mari oltramontani dal principio di Febbrajo per tutto Aprile, e viene a noi trasportato in due maniere salato, cioè a fresco in barilotti, ed a secco; ed è questo più atto a conservarsi, prendendo meglio il sale.

Le Arringhe si pescano due volte l'anno, cioè in Luglio, ed in Agosto; e dopo in Settembre, Ottobre, e Novembre. Questo Pesce muore nel momento stesso, che dall'acqua si estrae.

Lo Sgombro ha la sua stagione nel Mese di Aprile, Maggio, e Giugno, ma è di poco valore.

Le Sarracche si pescano da Giugno sino a Settembre. Fresche le Saracche son gustose, ma salate, perdono il preggio; cagione della cattiva preparazione.

Dal primo di Gennajo a tutto Settembre nel mare si pesca il Salmone; ma comechè va guizzando anche ne' Fiumi, in questi poi si pesca da Maggio a tutto Agosto. Noi lo abbiamo salato, ed è ottimo; ma eccellente si dice fresco.

Condimenti più proprj pe' Salsumi.

Dissalsati, che saranno, Merluzzo, Salmone, Tonno, Pescespada, o Scombro, Saracche, Arringhe, si faranno bollire per poco in acqua con erbe aromatiche, ed olio, e poi si posson servire quando con giallo di Ragosta stemprato con olio, e sugo di limone; o con tartufi pesti, e sciolti con olio, e malvasia; o con sapor di finocchi, ed acciughe; tutto pesto, e sciolto con sugo di pesce, o con salsa di Bottariche con aceto, ed olio liquefatte; o con Purè di piselli; o con ragù di funghi, o con crema di latte di mandorle, o di pignoli; con salsa di butirro, o al marinato; o in fine con salpicon di scalogne, ed altr' erbette, che tanto calde, che fredde, riusciranno di piacere, oltre le altre vivande comuni a tutti.

TRAT-

TRATTATO VII.

De' Pasticci, e delle Torte.

I Pasticci, e le Torte sono vivande composte di più ingredienti delicati, e gustosi, che dimostrano nelle mense la golosità, il lusso, e la opulenza. La manovra di sì composte vivande ricerca una più accurata attenzione, che non le altre già descritte, particolarmente nella unione de' generi, che han da comporre il Pasticcio, o la Torta in modo, che l' uno unisca in sapore con l' altro, e che tutti abbiano da formare una sensazione piacevole; ma nello stesso tempo per grati, e per cosa, affinche l' uno non occupi il sapore dell' altro. Quì è il massimo di questa manovra per piacere, e per soddisfare.

CAPITOLO I.

Degli Animali Quadrupedi, e de' Volatili.

PArlando in questo Trattato de' Pasticci, e delle Torte degli Animali, espongo sul principio la maniera di lavorare le paste per essi, che son quelle, che danno il nome.

Varie Paste. Le paste, colle quali si formano i Pasticci, e le Torte, sono di tre sorti, cioè *Mezza Frolla*, ossia *Brisè*, *Sfogliata*, e *Soda*; le due prime servono per Pasticci, e Torte d' Entrèes, e la seconda per Pasticci d' Entrèes, e d' Entremets.

Mezza Frolla. La *mezza Frolla* si forma con tre libre di fior di farina, sei gialli di uova, una libra di sugna, ed un poco di sale (alcuni amanti del dolce ci mettono una mezza libra di zucchero) ed anche delle mandorle dolci peste ben fine, e tant' acqua, che resti di giusta morbidezza.

La

La *Sfogliata pasta* per maggior eccellenza, si farà sempre col butirro, poichè per mezzo di esso forma una certa crosta frangibile, la quale, quand'è sotto a denti, sviluppa molto gusto, e sapore. Viene composta da due libre di fior di farina, un giallo di uovo, una oncia di butirro, mezza oncia di sale, e tanta quantità di acqua, che maneggiandola, resti morbida. Questa Pasta bisogna dimenarla molto, e poi farla riposare circa una mezza ora. Poi si stenderà alla grossezza di un ducato, e sopr' alla mettà di detta pasta si dispongghino due libre di butirro ridotto in pezzetti, ma prima maneggiato, ed asciugato con panno lino per farli perdere la serosità, ch'è d'impedimento a stendere la pasta. Si copri questa mettà di pasta coll' altra mettà, serrandola bene d'intorno, affinchè non vada il butirro fuori nel maneggiarla. Così disposta la pasta, si stenda quanto si puole, e stesa, si ripieghi per le due parti opposte, per le quali è stata stesa, e che rimanghi quasi involta; poi nuovamente per la sua lunghezza si stenda. E ripiegandola di nuovo, si tornerà a stendere; facendo per tre, o quattro volte lo stesso, si lascerà finalmente alla grossezza di un mezzo dito. Con questa pasta si fanno le Torte non solo degli Animali, ma ancora altre cose, siccome si dirà a suo luogo. Quando si ha d'adoperare, bisogna tagliarla con coltello riscaldato, acciò gli sfogli con più facilità si disuniscano, e si sfoglino. *Sfogliata.*

La *Soda* si compone prendendo quattro libre di fior di farina, una libra di sugna, otto gialli di uova, due oncie di sale, e tanta quantità di acqua, dimodochè impastata, rimanghi soda. Con questa pasta si formano i Pasticci dett' in Cassa, ben lavorati di Bassirilievi, Fiorami, ed Imprese de' Signori, o altri lavori a capriccio. *Soda.*

I gradi di fuoco per cuocere le paste sono varj; per la Soda si deve riscaldare il forno a quel grado praticato per il pane: avvertendo di far cuocere la roba di dentro senza che resti bruciata la pasta; e per la Mezza Frolla, e Sfogliata dev' essere un grado minore. Sempre bisogna riscaldar bene il forno, e poi farlo sfumare, e far perder la voracità, ed addattare insieme il grado di caldo secondo le variate paste. *Gradi di fuoco.*

Dissossata, che sarà la Testa del Vitello, si riempierà con farsa di carne dello stesso con animelle, suo cervello, tartufi, e funghi; dopo si metterà a cuocere in istufa con fette di lardo, presciutto, erbe, e spezie, bagnandola con vino di Sciampagna, e brodo. Quando sarà quasi cotta, si farà la cassa di pasta, ed in essa si metterà la Testa con farsa sotto, e con un ragù di tartufi sopra, legati con Coli di presciutto. Si coprirà con fette di lardo, e pasta, e si farà finir di cuocere, per poi servir caldo il Pasticcio. *P. della Testa del Vitello alli Tartufi.*

Ripiena la Testa del Vitello con farsa di petti di Capponi, grasso dello stesso, erbette, presciutto trito, tutto condito di spezie, e legato con gialli di uova, si farà cuocere in brodo chiaro nudrito di presciutto, lardo, ed erbe. Cotta, si metterà in cassa di *P. della medem' alla Corradina.*

di pasta involta tutta di altra farsa di petti di Capponi, di butirro, fette di tartufi, e presciutto. Si coprirà il Pasticcio, e si farà cuocere per poi servir caldo il Pasticcio.

Tort' alla Dama delle Cervelle del Vitello. Bianchite le Cervella in brodo, e freddate, si tritureranno con midolla di Manzo, e si condiranno con fette di tartufi, presciutto trito, parmegiano, gialli di uova, panna di latte, e con cannella, e noce moscata. Mescolato tutto, se ne formerà la Torta con sfoglio, si farà cuocere, e si servirà calda.

Altr' alla Lombarda. Quando saran bianchite le Cervella, si tritureranno con foglie di spinaci anche bianchite, e si uniranno con grasso di Vitello, petti di Pollanc' arrostiti, e tagliati a filetti, butirro, gialli di uova, cannella, e pepe in polvere. E quando sarà tutto mescolato, se ne formerà la Tort' allo sfoglio, si farà cuocere per servirla calda.

P. alla Tedesca della Lingua del Vitello. Pulita, che sarà la Lingua, s'infilzerà di stecchi di presciutto, e lardelli a filetti prima aromatizzati, ed erbolati, poi posti in cassarola con fette di lardo, presciutto, ed erbe, si farà pian piano stagionare, bagnandola con vino di Sciampagna per farla cuocere. Si farà dopo una farsa di carne di Vitello, pesta con acciughe, lardo, capparini, un senso di aglio, e spezie, bagnata con aceto di targone. Con questa farsa sotto, e d'intorno alla lingua, si metterà in cassa di pasta, si coprirà di fette di lardo, e pasta, e si farà cuocere. Questo Pasticcio si servirà per Entremets.

P. della medem' alla Italiana. La Lingua del Vitello cotta, che sarà in ragù con lardo, presciutto, ed erbe, si taglierà a filetti, e si unirà con un ragù di funghi, tartufi, ed erbe, legato con Colì di Vitello. Di questo se ne formerà il Pasticcio con pasta mezza frolla. Cotto, si servirà per Entrèes.

P. alla Parmegiana di Scannatura del Vitello. Pulita la Scannatura, e quasi cotta in istufa di Manzo, si metterà poi in cassarola per condirla di butirro, presciutto trito, tartufi, sugo di limone, e noce moscata, indi si ci unisca un ragù di teste di sellari, passato con grasso, e legato con Colì di Cappone; si metta tutto in Pasticcio, si faccia cuocere, e si serva per Entrèes.

P. alla Corradina del petto di Vitello. Dissossato il Petto di Vitello, e ripieno di farsa di carne di Capitone, unita con un ragù di ostriche, tartufi, funghi, grasso di Vitello, capparini, ed erbe, si metterà in casarol' a cuocere con butirro; e cotto, si metterà nella cassa di pasta con farsa sotto di fegati di Polli, condita di acciughe, capparini, e un senso di aglio; e coverto il tutto con fette di lardo, e pesta, si farà cuocere, e si servirà per Entrèes.

T. alla nobile di Carne del Vitello. Si pesti la carne magra con grasso di Vitello, e si condischi di spezie, gialli di uova, e panna di latte; indi si riduch' in bocconi, i quali uniti con tartufi triti, si fan cuocere in un Colì di Vitello. Dopo freddati, se ne formi la Torta con pasta sfogliata, che cotta, si servirà per Entrèes.

In-

Infilzato un pezzo di coscia di piccioli lardelli, e presciutto a filetti, si metterà in una cassarola con aceto di targone, sugo di limone, un senso di aglio, timo, arom' in polvere, e spirito di vino. Stato, che vi sarà circa un giorno, si unirà con una farsa di carne dello stesso pesta con acciughe, capparini, e lardo, e si metterà in pasta con fette di lardo, e presciutto, per farlo cuocere, e servirà il Pasticcio per Entremets. *P. al Cacciatore di Carne del Vitello.*

Quando il Rognone sarà arrostito col suo grasso, si triterà, e si mescolerà con tartufi, panna di latte, gialli di uova, e spezie; dopo si metterà nella pasta sfogliata con farsa sotto di petti di Capponi, e si farà cuocere; servendo la Torta per Entrèes. *T. del Rognone del Vitello.*

Bianchiti, che saranno i Lattaroli, si metteranno in una cassarola con Coli di presciutto, tartufi, e prugnoli triti, acini di agresta, e targone; indi si metta tutto, freddato, nella pasta sfogliata, con farsa sotto di Vitello, e così si faccia cuocere la Torta per servirla calda. *T. dei Lattaroli del Vitello.*

Cotta, che sarà la Zinna, si taglierà a grossi filetti, li quali passarl con grasso, presciutto trito, funghi, e tartufi triti, erbette, e spezie, si legheranno con Coli di Vitello, e si metteranno con farza sotto nella pasta sfogliata, formandone il Pasticcio, che cotto si servirà per Entrèes. *P. della Zinna di Vacca.*

Bianchita in acqua la Zinna, si farà finir di cuocere nel latte di Vacca con istecchi di cannella, e garofani. Cotta, si passerà con butirro, ed indi si metterà in cassa di pasta con sotto, e sopra panna di latte, condita di cannella, e vainiglia. Si farà cuocere la sola pasta, e si servirà per Entremets. *P. della medema alla Corradina.*

Dissossate le cosce del Capretto, si passino con grasso, un senso di aglio, cipolle trite, timo, e spezie, e si fan cuocere. Cotte, si unischino con un ragù di prugnoli, e si mettono nella cassa di pasta con fette di presciutto, e spezie. Coverto, che sarà il Pasticcio, si farà cuocere, e si servirà per Entrèes. *P. di Capretto al Sangue.*

Si mettano in addobbo con sugo di limone, e con olio, aglio, timo, e spezie le cosce del Capretto dissossate, e si facciano in esso a lento fuoco cuocere. Dopo si mettono nella cassa di pasta con farsa sotto, e sopra del suo fegato, pesto con coriandri, capparini, ed acciughe, e si coprino di fette di lardo, e pasta. Cotto, si servirà per Pasticcio freddo. *P. dello stesso all' olio.*

Si prenda la Culatta del Castrato, si riduch' in pezzi, fuor delle ossa, e de' nervi, e si mett' a marinare per un giorno con vino di Sciampagna, spezie, timo, targone, foglie di salvia trite, e scalogne. Dopo si metta tutto in cassa di pasta tramezzato di farsa di fegato, e lardo, e con fette di presciutto. Si farà cuocere questo Pasticcio, per servirlo come si vuole, cioè o caldo, o freddo. *P. di Presciutto per Entrees.*

Si pulisca dalla cotena, e dall'osso il Presciutto, si dissalsi, e si conficchi tutto di tartufi a stecchi, indi si metta a bollire in una mar- *P. dello stesso per Entremets.*

marmitta con brodo condito di sellari , alloro, cannella , e garofani . Quando sarà quasi cotto, si caverà, e si metterà freddo nella cassa di pasta , con farsa intorno di carne di Vitello , e sopra fette di lardo . Si farà cuocere, e si servirà per Entremets.

P. di Cinghiale per Entremets. Si tagl' in pezzi la coscia del Cinghiale , ed i pezzi s' infilzino di presciutto, e lardo a filetti prim' aromatizzati; dopo si mettano a marinare per un giorno con aceto di targone, sugo di limone, spicchi di aglio, alloro, e spezie. Indi si mettano nella cassa di pasta, con farsa sotto di carne dello stesso Cinghiale, pesta con lardo, acciughe, capparini, ed aglio , condita di spezie , e bagnata con aceto di targone. Si copra con fette di lardo il Pasticcio , si farà cuocere, e si servirà per Entremets.

P. di Cervo per Entrèes Della coscia del Cervo fattene braciole, farsite di lardo, e grasso di Vitello, presciutto, tartufi, aglio, e spezie ; si faranno cuocere con butirro in una casarola , bagnandole con vino di Borgogna. Quando sono quasi cotte, si metteranno fredde nella cassa di pasta, con farsa sotto, e sopra di carne di Vitello , condita di spezie, e tramezzo un ragù di scalogne, e fette di presciutto. Si coprirà il Pasticcio, e si farà cuocere.

P. di Conigli all' olio. Le cosce de' Conigli dissossate , si mettano a marinare con olio , vino generoso , salvia trita, aglio , e spezie . Poi si mettano nella pasta con farsa del loro fegato, unita con grasso di presciutto, capparini, semi di finocchi , e spezie . Così si faran cuocere , e si servirà il Pasticcio per Entrèes.

T. degli stessi per Entremets. Tagliate a fette le cosce de' Conigli , si metteranno a cuocere con brodo chiaro , e cotte si uniranno con Crema di pistacchi, e grasso di Vitello trito , conditi di polvere di noce moscata, e così si metteranno tra la pasta sfogliata , formandone la Torta , che si farà cuocere, e si servirà calda.

P. della Lepre al Rosmarino. Le cosce della Lepre lavate in vino, ed infilzate con lardelli, cannella, e garofani, si faranno marinare con vino, olio, rosmarino, e spezie. Poi si metteranno nella cassa di pasta con acciughe , presciutto , capparini, e fette di lardo sotto, e sopra . Si coprirà il Pasticcio, si farà cuocere, e si servirà come si vuole.

P. dello stesso al Sangue. Le cosce nella Lepre si fettano , e si condiscono con spezie, timo, petrosemolo, semi di finocchi , fegatelli di Polli pesti , sangue, e grasso di Porco, butirro , e presciutto trito . Poi si metterà tutto in Pasta, per farne il Pasticcio; si coprirà , e si farà cuocere, servendolo per Entremets.

P. di Cappone alla moda Un Cappone dissossato intiero si riempie di farsa di Vitello, di un salpicon di animelle, prugnoli, tartufi, ed erbe aromatiche trite. Così fatto, si metterà per poco a stagionare sul fuoco, in una cassarola tra le fette di lardo , ed indi , freddato , si metta nella cassa di pasta, con farsa sotto, e sopra di Vitello. Si farà cuocere, e prima di servirlo si aprirà , e vi si metterà un Coll di Vitello.

Si

T. di Cappone alla Panna.

Si farà arroſtire un Cappone ben graſſo, inviluppato nelle fette di lardo; quando ſarà cotto, ſi taglierà a filetti, ſi unirà con fette di preſciutto, tartufi, panna di latte, butirro, e gialli di uova, con cannella, e ſi metterà tra la paſta ſfogliata con farſa ſotto di petti di Pollanche. Si farà cuocere, e ſi ſervirà per Entremets.

P. alla Regina dell' iſteſſo.

Si prendono i petti di Cappone, e ſi peſtono con graſſo di Vitello, gialli di uova, e panna di latte. A queſto paſtume, ridotto in piccoli pezzetti alla lunghezza, e groſſezza di un mezzo dito, gli darà una breve cottura nel brodo; dopo ſi cavano, e ſi mettono freddi nella paſta ſfogliata, conditi di ſpezie, tartufi, e prugnoli triti, graſſo di Vitello, e panna di latte. Queſto Paſticcio ſi ſervirà per Entremets.

P. di Fegati delli Capponi.

I Fegati de' Capponi bianchit' in acqua, ſi paſſano con butirro, cipollette, erbette, funghi, preſciutto, e tartufi, tutto trito, e legato con Colì di preſciutto. Dopo ſi mettono nella paſta di ſfoglio con farſa di Vitello, e ſi facci cuocere il Paſticcio, per ſervirlo caldo, e per Entrèes.

T. di Pollaſtri per Entrèes.

Fatt' in quart' i Pollaſtri, ſi paſſano con grasso, aglio, preſciutto, erbette, e ſpezie, e ſi bagnano con ſugo di carne per farli cuocere. Cotti poi, ſe ne cavano le oſſa, e ſi mettono in paſta mezza frolla con fette di tartufi, e farſa di Vitello ſotto. Formata, che ſarà la Torta, ſi farà cuocere, e ſi ſerve per Entrèes.

P. degli ſteſſi per Entrèes.

I Pollaſtri diſſoſſati si riempieno di farſa di petti di Capponi, ed un ragú di animelle, condito di erbe, e ſpezie, e si faranno per poco cuocere in iſtufa con preſciutto, ed erbe; poi si mettono nella caſſa di paſta con farſa di graſso di Vitello ſotto. Si coprirà il Paſticco, e si farà cuocere, ſervendolo caldo.

P. delli medeſimi per Entrèes.

Quando ſaranno diſsoſsat' i Pollaſtri, si riempieranno con preſciutto, e lardo a filetti, loro fegati, capparini, acciughe, ſcalogne, ed agreſta, e si metteranno in Paſticcio con farſa ſotto di fegatelli e lardo, condita di aromi, aglio, ed aceto di targone, si copriranno di fette di lardo, e preſciutto, e si faranno cuocere.

P. di Tacchina alli golosi.

Biſogna diſsoſsare la Tacchina, e riempierla di carne di Capitoni, condita di tartufi, capparini, graſſo di Vitello, timo, e ſpezie, si farà per poco cuocere in iſtufa, e dopo in caſsa di paſta inviluppata nella farſa di Vitello, e nelle fette di lardo. Cotto, che ſarà il Paſticcio, si ſervirà per Entrèes.

P. della medeſima per Entrèes.

Diſsoſsata la Tacchina, si riempie di carne di Vitello, e preſciutto a filetti, capparini, piſtacchi, targone, acciughe, e bottariche, tutto condito di ſpezie, e di malvasia. Ripiena, e poi addobbata, per lo ſpazio di cinque o ſei ore, con aceto di targone, ſugo di limone, e ſpezie, si metterà nella caſsa di paſta con farſa di lardo, e preſciutto. Si cuocerà il Paſticcio, e si ſervirà.

T. di Piccioni alla Panna.

Fatt' i Piccion' in quarti, si paſſino con butirro, basilico, e ſpezie, si bagnino con brodo chiaro, e si condiſchino con ſpezie.

Dopo si metteranno nella pasta sfogliata, con farsa di petti di Capponi, condita di grasso di Vitello, fette di tartufi, spezie, e panna di latte. Questa Torta cotta, che sarà, si servirà calda per Entrèes.

P. delli medesimi per Entrèes. Dissossat' i Piccioni, e ripieni de' loro fegati, midolla di Manzo, farsa di Vitello, basilico, e pistacchi triti, si passaranno prima con butirro, e spezie; poi si metteranno nella cassa di pasta con farsa sotto di Vitello, e sopra un salpicon d' Animelle. Coverto, che sarà il Pasticcio, si farà cuocere, e si servirà.

Degli stessi all'Ottobrina Si riempieno i Piccioni (dopo dissossati) di rognonata di Vitello, acini di mela granate, parmegiano, e gialli di uova, e si faccino assodare con grasso, in una cassarola su le braci. Dopo si mettano in Pasticcio, con farsa sotto di grasso di Vitello, piena parimenti di acini di melagranata, fettoline di presciutto, e targone trito; si coprano con fette di lardo, e pasta, e si fanno cuocere. Questo Pasticcio si servirà per Entrèes.

P. di Pavoncella per Entrèes. La Pavoncella si dissosserà, e si riempierà con rognonata di Vitello, fette di tartufi, presciutto, e targone; poi fatta stagionare in una cassarola con butirro, erbette, spezie, e spirito di vino, si metterà in cassa di pasta involta nel grasso di Vitello piccato, si condirà con fette di presciutto, tartufi, timo, e spezie. Si farà cuocere, e si servirà per Entrèes.

T. di Fagiani alle Scalogne Pulit' i Fagiani, si dividino in quarti, e si passino in cassarola, con grasso, spezie, e scalogne; dopo si metteranno in Torta tra la pasta sfogliata, con farsa sotto, e sopra di petti di Cappone, e per tramezzo scalogne cotte in butirro. Cotta, che sarà, si servirà calda, per Entrèes.

P. di Fagiani per Entrèes. Bisogna dissossare i Fagiani, e piccarli con lardelli, e presciutto a filetti, poi ripieni di fegati di Capponi, presciutto, e grasso di Vitello, metterli a marinare con olio, vino di Sciampagna, aromi, ed un senso di aglio Marinati, si metteranno nella pasta, con farsa sotto di carne di Vitello, pesta con acciughe, capparini, ed aglio, e coverti con fette di lardo. Così si faran cuocere; servendo il Pasticcio per Entrèes.

P. di Pernici al presciutto Quando le Pernici sono frolle, si dissossano, e si riempieno con fettoline di presciutto, mescolate con menta, tartufi, e grasso di Vitello; dopo si faran cuocere per poco in istufa, con grasso, vino di Borgogna, e salvia. Indi se ne formerà il Pasticcio con farsa sotto, e sopra di presciutto, e scalogne cotte nel grasso di Vitello, condite di aromi, un senso di aglio, e vino generoso, si farà cuocere, e si servirà per Entremets.

P. delle medesime alla Tedesca. Tagliate le Pernici a quarti, si addobbano con aceto, sugo di limone, aglio, timo, e spezie, e si lasciano stare per un giorno. Dopo si mettano nella cassa di pasta, con farsa sotto di lardo, condita di acciughe, timo, aglio, e spezie, e per tramezzo fette di tartufi, e presciutto; tutto coverto di fette di lardo. Così fatto si farà rà cuocere, e si ſervirà caldo, o freddo ſe ſi vuole.

Le Pernici intiere, accomodate, e fatte rinvenire ſopra di un fornello acceſo, si conficcano di fini lardelli aromatizzati, e si mettano per un giorno in addobbo. Avendo pronta la caſsa di paſta briſsè, si metterà nel fondo di eſsa una farſa di lardo, ben condita di ſpezie, ſopra la quale si metteranno le Pernici, col tramezzo di fette di preſciutto, e di tartufi intieri. Si condirà tutto di ſpezie, si coprirà con fette di carne magra di Vitello, e con barde di lardo, e dopo con la ſua paſta. La cottura di queſto Paſticcio dovrà eſsere per circa quattr' ore; e cotto si ſervirà freddo. *P. delle medeſime in freddo.*

Le Starne diſſoſſate, e ripiene di un ragù di oſtriche, e fette di tartufi, ſi mettono a cuocere in iſtufa con olio, preſciutto, aglio, e ſpezie; poi ſi accomodano ſopra la paſta sfogliata, con farſa ſotto di Vitello, e ſopra un ragù di code di gambari, e fette di tartufi. Si coprirà il Paſticcio con altro sfoglio, ſi farà cuocere, e ſi ſervirà per Entrèes. *P. di Starne alli Gambari*

Dalle Beccacce ſe ne cavano le interiora (mettendole da parte) e ſi mettono per un giorno in addobbo con vino di Sciampagna, ſugo di limone, aglio, alloro, pepe lungo, e timo. Dopo si accomodano nella caſſa di paſta, con una farſa compoſta di graſſo di Vitello, lardo, preſciutto, capparini, acciughe, le interiora, e tartufi; meſcolato, e condito di ſpezie, e vino di Borgogna, ſi farà cuocere. *P. di Beccacce in Salmì.*

Il Mallardo diſſoſſato, ſi riempie di carne di Vitello tagliat' a filetti, preſciutto, e finocchi triti, e paſsati con graſso. Si mette a cuocere in una caſsarola con lardo ſulle braci; dopo ſi paſſa nella caſſa di paſta, con farſa ſotto di graſso di Vitello, coverto di un ragù di cippolline. Si farà cuocere, e ſi ſervirà caldo il Paſticcio. *P. di Mallardo alla Moda.*

Le Quaglie ſpaccate per mettà, e cotte nel graſso con foglie di ſalvia, ſi condiſcono, dopo, con butirro, parmegiano grattato, panna di latte, e preſciutto trito, dopo ſi accomodano tra lo sfoglio, formandone la Torta, che ſi farà cuocere, e ſi ſervirà per Entrèes. *T. di Quaglie alla Salvia.*

Le Quaglie, quaſi cotte nel graſso con alloro, limone, e timo, ſi mettono in caſsa di paſta con farſa ſotto di Vitello, e un ragù di ſcalogne ſopra, paſsato con butirro, preſciutto, e ſpezie, e legato con Colì di Vitello. Così condito, e bene accomodato il Paſticcio, ſi farà cuocere per ſervirlo caldo. *T. di Quaglie alle ſcalogne*

I Beccafichi ſi paſsano con butirro, ed aromi; indi ſi mettano tra lo sfoglio con fettoline di preſciutto, e tartufi tramezzo, e con farſa di petti di pollanche, e panna di latte ſotto, e ſopra. Si cuocerà la Torta, e si ſervirà per Entrèes. *T. di Beccafichi alla Corradina.*

Le Animelle di Agnello, bianchite in brodo, e nette dalle pellicole, si condiſcono di butirro, panna di latte, gialli di uova, tartufi, e ſpezie; indi ſe ne formi la Torta con paſta sfogliata, facendola cuocere, per dopo ſervirla calda. *T. d'Animelle alla Crema*

Si prendano i granelli di Agnelli, si puliſcano, e si paſsano con bu-

P. alla Cicceide. butirro, presciutto, tartufi, e prugnoli triti; legando il tutto con Coll di Gambari. Dopo freddati, si mettano nella pasta sfogliata, formandone il Pasticcio, con farsa sotto di petti di Capponi, condita di gialli di uova, panna di latte, e grasso di Vitello, e si faccia cuocere. Questo Pasticcio si servirà per Entrèes, o Entremets.

CAPITOLO II.

Degli Acquatici.

LE Paste per comporre i Pasticci, e le Torte degli animali Acquatici possono usarsi quelle medesime descritte per gli Quadrupedi, e Volateli; ma se poi sarà in giorno di magro, la pasta soda, e la mezza frolla si faranno con olio, vino bianco, acqua tinta con zafferano, e sale; e lo sfoglio s' impasterà con semplice acqua, e sale, e si tirerà a vento in tanti fogli unti uno ad uno, con olio nel metterli alla Tortiera; o pure gelato l'olio, e ridotto come al butirro, si adoprerà alla solita maniera dello sfoglio.

Pasticcio di Storione da grasso. Dallo Storione, fatto in pezzi, e condito di butirro, fette di presciutto, grasso di Vitello, tartufi, e spezie, se ne formerà il Pasticcio; aggiungendoci una farsa di Vitello sotto, e fette di lardo sopra. Così si cuocerà, e si servirà per Entrèes.

P. dello stesso per Entremets. Si tagli lo Storione a filetti, da' quali si comporrà il Pasticcio, ma prima conditi di olio, aromi, vino di Sciampagna, aceto di targone, capparini, e bottariche trite; aggiungendoci anche una farsa di carne dello stesso, condita di acciughe, spezie, olio, ed agro di limone. Si metterà a cuocere, e si servirà freddo.

P. di Ombrin' al grasso. Pulita la Ombrina, si taglierà a filetti, e si condirà con butirro, erbette trite, e spezie; poi si accomoderà nella pasta con un ragù di funghi, erbette, e code di Gambari, tutto legato con Coll di Vitello. Coverto, che sarà il Pasticcio, si farà cuocere, e si servirà per Entrèes.

P. della stessa all'Olio. La Ombrina fettata, e condita con olio, sugo di limone, spezie, petrosemolo, acciughe, e bottariche trite; e legata con salsa di pistacchi all' olio, si metterà nella pasta con farsa sotto di carne della medesima, condita di acciughe, tartufi, e spezie, e bagnata con malvasia. Così si farà cuocere il Pasticcio, e si servirà per Entremets.

P. di Pesce Spada alla Corradina. Un pezzo di Pesce spada, netto dalla pelle, e spina, si steccherà con presciutto, e lardo a filetti, prima aromatizzati; dopo si farà addobbare con vino di Sciampagna, petrosemolo, timo, e magiorana trita, sugo di limone, e spezie, e si metterà nella cassa di pasta, con

con farsa sotto, e sopra di Vitello, avvalorata da molto butirro. Quando sarà cotto, si servirà caldo il Pasticcio.

P. della Pancia del pesce spada. La Pancia del Pesce spada, fettata, si condirà con olio, sugo di limone, e spezie; ed anche con una salsa di pistacchi, acciughe, bottariche, e corteccia di limon verde, tutto ben pesto, e sciolto con olio, sugo di limone. Poi se ne formerà il Pasticcio ben condito con farsa sotto e sopra, dello stesso Pesce. Si farà cuocere, e si servirà per Entremets.

P. di Trot' al vino. Tagliata la Trot' a filetti, e condita con erbette aromatiche, spezie, butirro, vino di Sciampagna, ed un Colì di Gambari, si metterà nella pasta, con farsa sotto di carne di Capitone, condita di spezie, e sugo di limone. Dopo si metterà a cuocere, e si servirà.

P. in Gelo di Dentale. Netto il Dentale dalla pelle, e spina, si taglierà a filetti, li quali si faranno addobbare con sugo di limone, coriandri pesti, e spezie. Si metteranno, dopo, nella cassa di pasta con pezzi di congelato brodo di piedi di Vitello. Cotto, si aprirà per metterci altro brodo degli stessi piedi, ma più addensato; e freddo si servirà.

P. di Cernia al finocchio. Si tagli a fette la Cernia, si schiaccino, e si riempieno di farsa di Vitello condita di midolla di Manzo, spezie, e semi di finocchi; s' involtino bene strette, e si mettino nella pasta, con altra farsa di Vitello sotto, e con un ragù sopra di code di Gambari, e bottariche a filetti. Fatto, si farà cuocere, e si servirà per Entrèes.

P. di Spigola per li Golosi. Squamata, che sarà la Spigola, si taglierà a pezzi, li quali puliti dalle spine, e pelle, si uniranno con un ragù di animelle, tartufi, ostriche, ed erbe. Dopo bene accomodato, si metterà tutto nella pasta, con farsa sotto, e sopra di carne, e grasso di Vitello, si coprirà con fette di lardo, e pasta, e si cuocerà; e caldo si servirà.

T. di Linguattole all' erbette. Fatte le Linguattole a filetti, si uniscono con un ragù di spinaci, cipolline, funghi triti, tartufi, sellari, petrosemolo, e maggiorana, tutto passato con olio. Si mettono nella pasta con farsa sotto di carne di Merluzzo, condita di tarantello, erbette, capparini, sugo di limone, ed olio. Dopo si farà cuocere la Torta, e si servirà calda.

P. della Pancia del Tonno. Si taglia la Pancia del Tonno a pezzi, si condisce con sale, pepe, olio, e sugo di limone. Dopo si mette nella cassa di pasta tramezzata di cippolline, e piselli, passat' in olio con acciughe, bottariche, e tarantello a filetti. Si farà cuocere, e si servirà per Entremets.

T. di Scorfano. Della carne dello Scorfano tritulata, e mescolata con fette di tartufi, prugnoli, code di Gambari, pistacchi, passerina, erbette, spezie, e butirro, se ne formerà una Torta, da servirla calda.

P. di Luvaro alla Oritana. Il Luvaro, ridotto a filetti, si metteranno a marinare con olio, aromi, e sugo di limone. Dopo si mettino nella pasta, con una salsa di bottariche, peste con tartufi, cedro candito, pignoli, e giallo di Ragosta, sciolta con olio, sugo di limone, e Colì di Gambari; ag-

aggiungendoci anche una farsa sotto di carne di Ragosta. Cotto, che sarà il Pasticcio, si servirà per Entremets.

P. di Luccio Il Luccio si mette in Pasticcio, addobbato prima con butirro, erbette, e spezie, e con farsa di Vitello, condita di sugo di limone, e spezie; cotto, si servirà caldo.

P. di Carpione al grasso Fettato il Carpione, e condito di butirro, e spezie, si metterà nella pasta con fette di carne di Vitello, e presciutto, e con farsa sotto parimenti di Vitello, e si farà cuocere.

P. di Capitone all' Olio. Ridotto il Capitone in pezzi, fuor della pelle, e marinato con olio, sugo di limone, spezie, acciughe trite, timo, e semi di finocchi, si metterà nella cassa di pasta con farsa sotto di altro Pesce, e con salsa sopra di mandorle all'amberlina, peste con tartufi, e bottariche, e sciolte con ottimo sugo di pesce.

P. di Ragosta per Entrèes. La Ragosta bollita, si taglierà a pezzi, e si condirà con un ragù di funghi, erbette, e frutta di mare; legato con latte di pignoli, e giallo della medesima Ragosta. Così si metterà nella cassa di pasta, e si farà cuocere, per servirlo caldo.

P. di Testugine per Entrèes. Cotta la Testugine con butirro, o pure con olio, erbette, acciughe, e spezie, si metterà nella pasta, con farsa di altra Testugine sotto, e con ragù sopra delle stesse interiora, passate con tartufi, prugnoli, ed erbette; e legato tutto con una Purè di piselli, si cuocerà, e caldo si servirà.

T. di Acciughe fresche. Spaccate le Acciughe, e cavatane la spina, si condiranno di acciughe salate, tartufi triti, erbette, bottariche, olio, latte di pignoli, e sugo di limone. Se ne formerà una Torta con farsa sotto di spinaci, passati con olio, ed aglio, e si servirà calda.

Pasticcetti di Rane. Della carne delle Rane, unita con le loro interiora, tartufi triti, erbette, olio, sugo di limone, e latte di pistacchi, se ne può far Torta, o Pasticcetti, da servirli caldi.

T. d' Ostriche. Passate le Ostriche con butirro, e condite di spezie, erbette, ed un Colì di Gambari, se ne formerà una Torta, con farsa sotto di carne di Capitone, condita di acciughe, e capparini.

Pasticci di Uova, e di Erbe. Indurite nell' acqua le Uova, si pestano, con parmegiano grattato, un pezzo di butirro, poco pane grattato, cedro candito, pistacchi, erbette, e spezie. Pesto il tutto, si legherà con uova sbattute, e si ridurrà in bocconi alla lunghezza di un mezzo dito, i quali infarinati, si friggeranno, e dopo si uniranno con un ragù di funghi, code di gambari, ed erbe, passato con butirro, e legato con panna di latte. Assaporati, che saranno in questo, e freddati, se ne formerà il Pasticcio, e si servirà caldo.

P. di Uova alla Panna. Le Uova quando sono indurite si spaccano per mettà, e se ne cavano i gialli, i quali si pestano con tartufi, pignoli, corteccia di aranci canditi, parmegiano, spezie, e panna di latte. Questo composto, legato con uova sbattute, se n'empino i loro biachi, mettendoli in una cassarola con butirro, petrosemolo trito, tartufi, e spezie;

zie ; assaporati , che saranno per poco sul fuoco , se ne form' il Pasticcio , con un tramezzo di spinaci alla crema ; servendolo caldo .

P. di Carcioffi al Vitello. Tagliat' i Carcioffi a quarti , e bianchit' in acqua con limone , si passano con butirro , erbette , e spezie , e si bagnano con Colì di presciutto . Poi si mettono tra la pasta con farsa sotto , e sopra di Vitello , e presciutto trito . Si farà cuocere , e si servirà caldo .

P. di Sellari alla moda. I Sellari tagliati alla lunghezza di un mezzo dito s' imbianchiscono nel brodo , e si passano con butirro , erbette , spezie , e panna di latte . Poi si mettono tra la pasta con farsa sotto , e sopra di gialli di Uova , condita di butirro , e spezie , e tramezzo ad essi , panna di latte , con tartufi a fette . Si farà cuocere , e si servirà caldo il Pasticcio .

P. di Lattuche. Le Lattuche ben pulite si bollono appena nel brodo . Freddate poi , ed asciugate dall' umido si riempino di una farsa di Vitello , condita di grasso , di presciutto trito , di spezie , e legata con uova . Ciò fatto si mettono le Lattuche a finir di cuocere entro ad un Colì di Manzo . Cotte , e freddate si dispongono tra la pasta mezza frolla , tramezzate di presciutto a filetti ; si farà cuocere il Pasticcio , e si servirà caldo .

T. di Spinaci. Le foglie di Spinaci si bianchiscono in brodo ; indi distese sopra un panno a due a due , ci si mette una farsa di riso , condita di butirro , panna di latte , e gialli di uova . S' involta ben stretta nelle foglie , già a due a due divise , ed in un Colì di butirro si fanno per poco a lento fuoco stagionare . Si cavano dopo , e tra la pasta di sfoglio si dispongono , con un tramezzo di densa panna di latte . Così si metterà a cuocere la Torta , e cotta si servirà calda .

P. di Cavoli fiori. Il Cavolo fiore tagliato a rametti , questi si faranno cuocere in brodo . Cotti , e freddati , s' infarinano , si dorano , e si friggono . Fritti , si passano in un Colì di presciutto , ben condito di spezie , e di targone trito ; ed assaporati bene in esso , si passano poi a formarne , con la pasta mezza frolla il Pasticcio , i quali si disporranno tramezzati di salsiccine di Porco . Cotto si servirà caldo .

TRATTATO VIII.

Delle Uova.

IL Console Lucullo, e gl' Imperadori Eliogabalo, e Vitellio principiavano i loro pranzi, e le loro cene dalle Uova; tanto era il piacere, che in sorbendo le Uova incontravano. Infatti non vi è cibo nè più pulito, ne più sano delle Uova. La cura però, che si ricerca in voler servire le Uova, é quella di trovarle di fresco nate, e, s'è possibile, di galline nere, pasciute di grano, delle quali si sono sperimentate di maggior gusto, e sostanza; in contrario se sono stantive, son disgustevoli, e dannose. Ma fresche le Uova, diceva Ateneo, sono il secondo latte de' fanciulli, la vigoria de' giovani, ed il sostegno degli occhi, e con ciò si conferma, ch'è cibo sano, ed è per tutti.

Uova sorbite

LE Uova si possono sorbire appena nate; e volendole cuocere, si girano avanti al fuoco, e quando incominciano a suda e si servono.

Sperdute alla Parmegiana.

Sono ancor piacevoli le Uova sperdute, buttandole nell' acqua bollente; e quando si vedrà, che la chiara è assodata, si levano, e si servono con parmegiano grattato, e butirro liquefatto.

Sperdute al Colì di Pomidoro.

Sperdute le Uova in acqua, come si è detto, si servono con Colì di Pomidoro, condito di butirro, erbette, e spezie.

Sperdute al ragù di erbe

Si servono le Uova, dopo sperdute in acqua, con un ragù sopra di erbe, cioè cipolla, sellari, acetosa, e targone, tutto trito, e passato con butirro, e spezie.

Sperdute al Vino.

Si fanno le Uova sperdute in vino, buttandole in esso mentre bolle; ed appena, che sono assodate, si cavano, e si servono con un ragù di tartufi, passati con butirro, e spezie.

Sperdute al Latte.

Sono piacevoli le Uova sperdute in latte, facendole cader dentro di esso mentre bolle, e cavandole poi quando il loro bianco è assodato. Si servono con salsa di panna di latte, condita di vainiglia.

Sper-

Sperdute le Uova in brodo di Manzo, si serviranno con agresta sopra, passata con butirro, e spezie, e legata con gialli di uova, e parmegiano. *Sperdute all' Agresta.*

Cotte le Uova nel brodo di Cappone, si servono sopra croste di pane bagnate in latte, e coverte con gialli di Uova, butirro, e latte, tutto prima addensato. *Uova brodettate.*

Sperdute le Uova in brodo, e cotte, s' imbandiscono con Colì di presciutto, ove siavi targone, e tartufi triti. *Al Colì di Presciutto.*

Posto a liquefare un pezzo di butirro in un piatto, vi si buttano le Uova, e quando sono poco assodate, si servono con Colì di Gambari sopra. *Alli Gambari.*

Si fanno le Uova in ragù, facendole prima indurire, poi tagliandole per mettà, si mettono in una cassarola, ove siavi un ragù di funghi, tartufi, e petrosemolo, condito di butirro, e spezie. *In Ragù.*

Dopo che le Uova sono bollite, ed indurite, si lasciano freddare, e si spaccano per levarne i gialli, li quali si pestano con acetosa (passata in butirro) parmegiano, e poco butirro, tutto legato con Uova sbattute. Di questa farsa se ne riempieno i bianchi, e si mettono in una cassarola, ove siavi del butirro liquefatto, acetosa trita, e brodo. Quando tutto è cotto, si serve. *Farsite all' Acetosa.*

Ripiene le Uova con questa farsa sopra detta, s' infarinano, si dorano, e si friggono in butirro, servendole con acini di agresta passati con butirro, e legati con gialli di Uova. *Farsite all' Agresta.*

Bollite, ed indurite le Uova, si taglino a filetti, e si mettono in una cassarola, ove siavi del brodo condito di butirro, e petrosemolo trito; e quando si avranno a servire, si legheranno con salsa di gialli di uova, e sugo di limone. *In Fricassea*

Sbattute le Uova ben bene, e fattene con butirro quantità di frittatine sottili, si lasceranno freddare, poi si taglieranno a guisa di nastri, e con butirro, e cipolline soffritte, tartufi, e funghi, si uniranno in una cassarola, bagnandole con Colì di Gambari. *Nastrate al Colì di Gambari.*

Bisogna sbattere le Uova con sugo di aranci, e condirle con sale, e pepe; si butteranno in una cassarola sopr' al fuoco con butirro dentro, dimenandole ben bene a guisa di crema; e quando si conoscerà, che sono addensate, si mettano nel piatto con croste di pane fritto sotto. *Agli Aranci.*

Indurite, che saranno le Uova in acqua, se ne caveranno i gusci, e si pesteranno con petrosemolo, ed acetosa trita (prima passata con butirro) pane grattato, parmegiano, ed un pezzo di butirro, si condiranno di spezie, passerina, cedro trito, e pistacchi a filetti; poi si legherà questa farsa con Uova sbattute, e se ne formeranno ghiocchi, li quali si faran friggere, e cuocere in brodo condito di butirro; e nel servirli, si legheranno con panna di latte. *In fars' alla Panna.*

Delle Uova pastate siccome si è detto, se ne formeranno tortelli, li quali infarinati, e fritti, si serviranno con salsa di Pomidoro *In Tortelli alla salsa di Pomidoro.*

al butirro, o pure con ſalſ' agro dolce.

Alla Bracona. Si facciano quantità di frittatine, si mettano ſpaſe ſopra un tavoliere, e si riempieno di un ragù di funghi, tartufi, ed erbe trite, tutto paſſato con butirro, e legato con gialli di Uova. Ripiene si chiuderanno bene ſtrette, e si metteranno in una caſſarola con Colì di Gambari, facendole in eſſo incorporare ſopr' al fuoco, e poi ſervirle.

Alla Corradina. Fatta una frittata ben groſſa, con cipolline ſoffritte, erbette, e graſſo di Vitello trito, si farà freddare, e si taglierà in piccoli quadretti, li quali si metteranno in una caſſarola con Colì di preſciuto; si faranno in eſſo incorporare ſu le braci, e si ſerviranno.

Al verde ſugo. Si mettono a cuocere le Uova in un piatto con butirro ſotto, condite di ſale, e pepe, e quando il bianco ſarà aſsodato, si levano dal fuoco; dopo si coprono con uno ſtretto ſugo di ſpinaci, condito di butirro, gialli di Uova, e parmegiano grattato.

Alla Giardiniera. Si facciano cuocere le Uova ſperdute in acqua, con butirro, ma che reſtino tenere, e si ſervono con un ragù ſopra di piſelli, cippolline trite, ſellari, petroſemolo, e maggiorana, tutto paſsato con butirro.

Alla Moda. Cotte le Uova in un piatto con butirro ſotto, si ſerviranno con un ragù di tartufi, e ſalſa di butirro.

Fritte alla ſemplice. Le Uova si fan fritte nel butirro, e si ſervono calde ſopra croſte di pane dorato, e fritto.

Alla ſalſa di giallo di ragoſta. Dopo fritte le Uova come si è detto, si poſson ſervire con ſalſa di giallo di ragoſta.

Alla ſalſa di Cedro. Fritte le Uova con butirro, ed aſciugate dal graſso, si ſerviranno con ſalſa di cedro, ſciolta con ſugo di limone, giulebbe, ed aceto roſato.

In Suppreſe. Indurite le Uova, e nette da' guſci, si peſteranno con parmegiano grattato, cedro, piſtacchi, e ricotta, condite di ſpezie, e legate con Uova sbattute. Se ne formeranno tanti pezzi alla lunghezza di un mezzo dito, li qual'infarinati, dorati, e fritti, si ſerviranno con ſalvia fritta intorno.

Alla Dama. Si facciano quantità di frittatine, e si riempieno di crema compoſta di panna di latte, gialli di uova, e portogallo peſto; poi s' involtano bene ſtrette, s' infarinano, si dorano, e si friggono, ſervendole con pane fritto.

Alla Portogheſe. Peſte le Uova con piſtacchi, cortecce di portogallo candite, e marzapane, si condiſcono di cannella, s' impaſtano con uova sbattute, e ſe ne formano ciambellette, le quali dopo infarinate, e dorate, si friggono, e si ſervono con ſalſa di Portogallo candito, e ſugo di limone.

In Bignè alla ſalvia. Si faccia una frittatina con uova, parmegiano, ſalvia trita, e poco zucchero, quale freddata, ſi tagli in bocconi, che veſtiti di paſtetta, compoſta di fiore, latte, ed uova, si friggeranno; e si ſerviranno con ſalvia fritta.

Le

Alla turinese. Le Uova dure si tagliano a quarti, si dorano, e si passano nel pane, e parmegiano grattato; dopo si friggono, e si servono con salsa di butirro.

Alla Campagnola. Fatte soffriggere con butirro, cipollette, petrosemolo, salvia, e menta, si legheranno con uova, e parmegiano grattato, e se ne formeranno bocconcini, li qual' infarinati, e dorati, si friggeranno, e si serviranno caldi.

Alla Inglese. Da una grossa frittata, fattone un piccatiglio, il quale unito con ricotta, passerina, pignoli, parmegiano, e cedro candito trito, si legherà con uova sbattute, e se ne formeranno bocconcini, che infarinati, e dorati, si serviranno caldi.

Farsiti alla Panna. Indurite le Uova, e spaccate per mettà, se ne cavino i gialli li quali si pestano con cedro candito, zucchero, panna di latte, pistacchi, e cannella in polvere. Poi di questo pastume, legato con uova sbattute, se n' empieranno i bianchi, e si friggeranno, servendoli con panna di latte.

In Frittelle all' Agresta. Si facci cuocere in butirro dell' agresta condita con sale, pepe, e noce moscata; poi si unisca con parmegiano grattato, limon verde rapato, ed uova sbattute, formandone un pastume quasi sodo, quale si ridurrà in bocconi, che involt' in pane, e parmegiano grattato, si friggeranno, per servirli con crostini d' intorno.

Alla Corradina. Si facciano tante cassettine di pane, le quali bene ingrassate dentro, e fuori di butirro, vi si mett' ad ognuna un giallo di uovo crudo, con panna di latte sopra, condita di cannella, e vainiglia. Dopo si facciano cuocere per poco al forno, e si servino.

Alla Regina. I gialli delle Uova crudi, involti con destrezza in fior di farina, uova sbattute, ed in pane, e parmegiano grattato, si friggono in istrutto, e si servono sopra croste di pane passate in butirro.

Frittat' alla semplice. Si sbattino bene le Uova con poco sale, e poche gocce di acqua, e si buttino alla padella, ove siavi del butirro ben riscaldato, si dimenino con mestola di legno, affinchè venghi egualmente cotta, avvertendo di lasciarla tenera, voltarla, e rivoltarla, per farle dalla una, e dall' altra parte la crosta, e servirla subito.

Alla Parmegiana. Dopo sbattute le Uova come si è detto, vi si aggiungerà del parmegiano grattato, e fior di latte, e si farà cuocere con butirro in quantità.

Col Presciutto. Tritato un grosso pezzo di presciutto con midolla di Manzo, si unirà con le Uova sbattute, un poco di parmegiano, e foglie di menta, e si farà la frittata con attenzione, acciò tutta venga cotta egualmente.

Alla Cittadina. Arrostito col suo grasso il Rognone del Vitello, si triterà, e si mescolerà con le uova sbattute, panna di latte, e parmegiano, e se ne formerà la frittata.

Alla Beccaccina. Si facci un piccatiglio di petti, ed interiora di Beccacce arrostite, presciutto, midolla di Manzo, e tartufi, e si unisca con le uova sbat-

sbattute per formarne la frittata, condita di pepe, e sale.

Alla Giardiniera. Si passano in una cassarola con butirro, cipolline, petrosemolo, indivia, menta, acetosa, sparagi, e maggiorana, condite di sale, e fredde si uniscano con Uova sbattute, e poco formaggio grattato, e se ne formi la frittata; servendola con petrosemolo fritto.

Alla Inglese. Sbattute le Uova, si mescolano con ricotta, grasso di Vitello trito, e spezie, e se ne facci la frittata, da servirla calda.

Golosa. Bianchit' i lattaroli del Vitello, e netti dalle pellicole, si tagliano a dadi, e si passano in butirro con petrosemolo, cipollette, e presciutto trito, conditi di sale, e pepe. Poi freddi si uniranno con le Uova sbattute, e se ne farà la frittata.

All' Agresta Schiaccata una quantità di agresta, e passata con butirro, presciutto trito, e spezie, si unirà con le Uova sbattute condite di parmegiano, e se ne farà la frittata; servendola con acini di agresta fritti alla pastetta.

Alla moresca. Passato in cassarola il fegato della Lepre, condito di sale, pepe, cipollina, e timo, si triturerà con midolla di Manzo, e si unirà con le Uova sbattute, e parmegiano grattato. Se ne formerà la frittata, e si servirà con salvia fritta.

Alli Sparaci I Sparaci bianchiti, e tagliat' in piccoli pezzetti, si passano con butirro, presciutto trito, e spezie; poi freddi, si uniscono con parmegiano grattato, e con le Uova sbattute, e se ne farà la frittata, servita con sparaci fritt' intorno.

Alla Marinaresca. Si prendono patelle, cannolicchi, ostriche, code di gambari, netti dalle loro scorze, e si passano con butirro, e spezie; poi si uniscono con le Uova sbattute, e se ne farà la frittata, da servirla con ostriche fritte intorno.

Alla Romana. Le fave verdi nette da' gusci, e pellicole, si passano con butirro, cipolline, erbette trite, e spezie; e quando saran quasi cotte, si uniranno con provature in fette, panna di latte, ed Uova sbattute; formandone con butirro la frittata.

Alla Rustica Bisogna passar con butirro, cipolle a filetti, presciutto in fette, e menta, condite di sale, e pepe; quando tutto è ben soffritto, e freddato, si unirà con le Uova sbattute, e con poco formaggio grattato, e se ne formerà la frittata.

Alle Rane. Bianchite le Rane in brodo di Manzo, se ne caverà la carne dalle cosce, il fegato, e loro uova, e tutto si unirà con le Uova sbattute, e spezie, formandone con butirro la frittata.

Alla Monaca. Le petronciane, nette dalla pelle, si taglino a dadi, si passano con butirro, petrosemolo, e spezie, e quando son quasi cotte, si tritano con grasso di Vitello, e si uniscono con parmegiano, ed Uova sbattute, e se ne formi la frittata.

Alla Nobile Cotta in brodo la Zinna di Vacca, e tritata con midolla di Manzo, si unirà con panna di latte, spezie, ed indi con le Uova sbattute, e se ne farà la frittata.

Net-

Nett' i pomidoro dalle pellicole, e semi, si passa la loro polpa con butirro, spezie, e maggiorana; dopo si triti con grasso di Vitello, si unisca con le Uova sbattute, e se ne facci la frittata. *Ai Pomidoro*

Tagliate a dadi le provature, ed unite con presciutto trito, grasso di Vitello, e parmegiano, si metteranno nelle Uova sbattute, se ne farà la frittata, da servirla subito cotta. *Alle provature.*

I tartufi tagliati a fette, si passano con butirro, petrosemolo, e spezie, e si uniscono con le Uova sbattute per formarne la frittata. *Tartufolata*

Bianchite le cervella di Agnello, tagliate a bocconi, e passate con butirro, e petrosemolo trito, si condiscono di spezie, e fredde si uniscano con le Uova sbattute, e parmegiano grattato, e se ne farà la frittata. *Alle Cervella d'Agnello.*

Le mela dette alappie nette dalla corteccia, e tagliate in fette, si passano con butirro, grasso di Vitello, e spezie, poi si uniscono con panna di latte, e con le Uova sbattute, e se ne formi la frittata. *Alle mela.*

Si prendono i fichi non troppo maturi netti dalla pelle, e tagliati a filetti, si condiscono con butirro liquefatto, presciutto trito, parmegiano, e spezie; dopo si uniscono con le Uova sbattute, formandone la frittata. *Ai fichi.*

Le foglie di spinaci ben trite, si passano con butirro, si condiscono con panna di latte, ricotta, indi con le Uova sbattute; e così si formerà la frittata. *Alle foglie di Spinaci.*

Si prendino quelle Uova, che si vuole, si dissuniscano i bianchi da' gialli; li bianchi si montano, ed i gialli si dimenino con panna di latte, e parmegiano; poi si uniranno gli uni, e gli altri, e se ne formerà con butirro la frittata, la quale nel cuocerla, bisogna dimenarla, acciò ugualmente venghi cotta, e gonfia. *Alla Corradina.*

Una quantità di bottoni di Galletti, si passano con butirro, grasso di Vitello trito, petrosemolo, e spezie. Poi si uniscano con panna di latte, parmegiano, e midolla di Manzo trite. Così si mettono nelle Uova sbattute, se ne fa la frittata; servendola coronata di crostini fritt' in butirro. *Alla Cieceide.*

Si fanno frittate di varj colori; con gialli soli, si fa gialla; con la chiara, si fa bianca; col sugo di bietola, si fa verde; e col sugo delle carote, si fa rossa. Possons' insieme queste varie frittate tagliare, ed unire con diligenza in un piatto, legando le commessure co' colori suddetti, mescolati con uova; si farà rappigliare al forno, e sarà una frittata variata. *Variata.*

Collo stesso metodo si possono fare altre frittate di carni, di frutta, e di erbe.

TRAT-

TRATTATO IX.

Del Latte.

CHi non sa, che il Latte è il cibo più connaturale all' uomo, e che di esso se ne può far uso in tutt' i tempi dell' anno? Dal latte si estrae la Pannara, ch' è la parte più densa, e più sostanziosa, ed anche il Butirro, ch' è quel grasso, che può condire ogni commestibile; nè v' ha vivanda, che non possa imbandirsi nelle mense, avvalorata di latte, e di butirro. Certo è, che il grasso del latt' è più analago all' uomo, e gli è meno dannoso, che non è quello, che si estrae dalla sostanza degli animali. Si ricerca però, che il latte sia munto dallo animale allo istante, che si vuol servire; incontrario sarà cattivo, perchè scorrotto, ed acido.

CAPITOLO I:

Del Latte, del Butirro, e della Spume.

DAl latte se ne possono formare delicatissime vivande, come Spume, Creme, e Budin. Il miglior latt' è quello di Vacca, ma in mancanza di questo è buono ancora quello di Pecora. Si parlerà in primo luogo di vivande particolari, cioè del Butirro, delle Spume, e del Latte arrostito; ed in due seguenti Capitoli delle Creme, e de' Budin.

Butirro arrostito allo spiedo.

Per Arrostire un pezzo di butirro, bisogna primieramente maneggiarlo ben bene nell' acqua gelata per indurirlo, e spogliarlo da qualche sierosità. Di poi si metta in un catino di argento, o di rame, o pur di stagno con neve sotto, s'impasti con un poco di mele chiarifirificato e denſo, e ſi diſpogna in forma ovata, infilzandolo allo ſpiedo ſecondo la ſua lunghezza. A fuoco di riverbero ſi dovrà girare con deſtrezza da mano ſoda, ed eguale. Nel girarlo biſogna continuamente polverarlo di pan grattato, ben ſetacciato, e condito con polvere di cannella, e zucchero, il quale imbevendoſi della parte liquefatta, penetra dentro al butirro, e tormerà croſta. Nella qual maniera ſi ſervirà ſubito, che ſarà fatto.

Panna di latte alla ſemplice.

Il latte quando è riposato per una notte in una gran conca piana, e larga, mediante la quiete, ed umidità della notte, ſovranuota la graſſezza di eſſo latte, e fa una certa panna, che chiamaſi ancora capo di latte, e queſt' è la parte più graſſa, più ſoda, e più guſtoſa. Queſta panna di latte ſi leva con leggerezza, e ſi pone dentro i tondi, la quale, cinta, e coronata di lavori di butiro, e con croſtini di pane di ſpagna, ſi ſervirà, ed anche, ſe si vuole, con zucchero ſopra, e polvere di cannella.

Panna Montata alla Nobile.

Poſta la panna di latte in un catino di creta, o di argento, o pur di ſtagno con neve ſotto, tanto ſi batte, e ribatte con le bacchette, ſintantoche monta in una denſa ſpuma; ſi farà per poco riposare, poi ſi caverà togliendo la parte ſieroſa, che reſta nel fondo, e ſi tornerà a battere leggermente, condendola con zucchero, e cannella in polvere, o pur vainiglia, e s' imbandirà con cialdoni intorno, ſubito fatta.

Latte Mele.

Meſcolata la panna, con mele (prima chiarificato) in un catino profondo, s' agita tanto con frullo, che divenga ſpuma ſoda, la quale ſi condiſce, con coriandri, e cannella in polvere, e ſi ſerve ſopra biſcotti di pane di ſpagna.

Latte arroſtito alle ſpiedo.

La panna col latte ſi cuoce allo ſpiedo. Per farla, biſogna prendere una carafa di latte di Vacca, e due di panna di eſſo, ſei once di zucchero, dieci gialli di uova, un' oncia di cannella in polvere, ed altra di vainiglia, meſcolando ben bene il tutto. Poi ſi pigli una canna alla lunghezza di un palmo, o più, s' infilzi allo ſpiedo in maniera che reſti ſalda: ed alla detta ci si avvolti del canape non filato; e poſto lo ſpiedo a girare, a fuoco violente di riverbero, ſi vada continuamente, lungo la canna, gettando queſto compoſto pian piano, acciocchè reſti rappreſo. Dopo con diligenza ſi tolga la canna (con il latte già arroſtito dallo ſpiedo), quale ſi taglierà per lungo in due parti, cavandone la canna, ed il canape. Si tornerà a chiudere, come prima, con chiara d' uovo, e ſervirlo caldo. Volendolo ſervir freddo ſi può tagliare in fette.

CAPITOLO II.

Delle Creme.

Crema gialla semplice.

VArie ſpecie di Creme dal latte ſi poſſono formare, ſecondo i varj ingredienti; eccone la doſe che puol ſervire per regola di tutte, creſcendola però, o diminuendola ſecondo i varj guſti, e ſecondo il numero delle perſone. Per due caraſe di latte ſi prenda una libra di zucchero in giulebbe denſo, dieci gialli di uova, e due once di fior di riſo. I gialli di uova, zucchero, e fior di riſo con un poco di latte ſi dimenino ben bene in una caſſarola, che formino un compoſto, il quale maggiormente poi ſi ſciolga col rimanente del latte; queſta compoſizione ſi paſſerà per ſetaccio in altra caſſarola, nella quale vi ſi metteranno groſſi ſtecchi di cannella, e corteccia di limone. In queſta maniera ſi metterà a cuocere lentamente, girandola ſempre con meſtola di legno verſo la medeſima parte. Quando ſarà addenſata, ſi caverà la corteccia di limone, e cannella, e ſi dimenerà (fuor del fuoco) ben forte, per farla divenir morbida, dopo ſi verſerà nel piatto, e ſi ſervirà fredda.

Alla Vergine.

La Crema vergine ſi fa con ſei chiare di uova, le quali ſi devono battere per montarle, e poi aggiungerci lo zucchero, ridotto in giulebbe, poche gocce di acqua di fiori di aranci, ed il latte. Dopo ſi metta nella caſſarola ſul fuoco, e girandola ſempre, ſi farà aſſodare. Cotta ſi verſerà nel piatto, e ſi ſervirà fredda.

Alla Cioccolata.

Dopo che il latte è ſtato meſcolato col zucchero, gialli di uova, e fiore, vi ſi aggiungeranno once quattro di cioccolata ſciolta con un poco di acqua, ed il tutto ben dimenato ſi paſſerà per ſetaccio, e ſi metterà a cuocere. Quando ſarà cotta, ſi leverà dal fuoco, si dimenerà, e ſi verſerà nel piatto, ſervendola fredda.

Alla ſalvia.

Le foglia di ſalvia verdi, ſi peſtano con corteccia di cedro candito, e ſi meſcolano con i gialli di uova, zucchero, e fiore; e tutto ſciolto con il latte, ſi paſſerà per ſetaccio, ſi farà cuocere alla giuſta cottura, e ſi ſervirà fredda.

All' Aranci.

Le cortecce di due aranci di portogallo ſi peſtano, e ſi uniſcono con lo zucchero, gialli di uova, e fiore, e con il latte ſi ſtemprano, e poi ſi paſſano per ſetaccio. Paſſato il tutto, ſi metterà a cuocere nella maniera detta; e quando ſarà la crema alla cottura, ſi verſerà nel piatto, e fredda ſi ſervirà.

Alla Vainiglia.

Mezz' oncia di vainiglia, ſi peſti con mezz' oncia di cannella, e ſi meſcolano con lo zucchero, gialli di uova, fiore, e latte. Si paſſi per ſetaccio, ſi metta a cuocere, e ſi servi fredda.

Un

Di Popone. Un popone, netto dalla corteccia, e semi (ma che sia rosso e gustoso) si tagli a dadi, e si faccia cuocere in cassarola, condito di polvere di cannella, ed acquà di fiori di aranci. Cotto, si farà freddare, e poi si stempri col zucchero, e gialli di uova, sciogliendo il tutto con il latte. Poi si passi per un setaccio da mezza pasta, e si facci cuocere, formando la Crema.

Alla Cannella. Bisogna prendere una quantità di minutissimi stecchi di ottima cannella, e metterli ammollo nel latte, e sopra le braci, dimenandolo sempre, acciò possa estrarre il senso. Poi, freddato, si unirà col zucchero, gialli di uova, e fior di riso, si passerà per setaccio, e si farà cuocere; ma prima di versar la Crema nel piatto, vi si aggiungano quattro gocce di olio di cannella.

Amaricante. Quattr' once di mandorle amare, si bianchiscono, si pestino ben bene, e si dislattino con il latte, che si è preparato per la Crema; dopo si passa per setaccio, e si unisca collo zucchero, fiore, e sei chiare di uova montate, mettendola a cuocere al solito.

Alle Pesche. Le pesche ben mature, e nette dalla corteccia, si tagliano a fette, e si fan cuocere con zucchero chiarificato. Dopo si disfanno, e si uniscono con lo zucchero solito, gialli di uova, e latte, stemperando ogni cosa. Si passa per un setaccio largo, e si fa cuocere, formandone la Crema, che si servirà fredda.

Di Cafè. Si prendano quattr' once di caffè brustolito, e polverato, e si metta nel latte, in un vase sopra le braci, e si dimeni ben bene sintanto che estrae il gusto; dopo si passi per setaccio, e freddo si unisca col zucchero, gialli di uova, fior di riso, e latte, e si formerà la Crema. Cotta si servirà fredda.

Di Pistacchi. Once sei di pistacchi bianchiti, e netti dalla pelle, si pestano con once sei di cedro candito; ed il tutto ben mescolato col zucchero, gialli di uova, e fiore, si stemprerà col latte, si passerà per setaccio, e si metterà a cuocere per formarne la Crema.

Alla Neve. Si montano sei chiare di uova, per due carafe di latte, e montate che saranno, si mescholino col zucchero, fiore, e latte. Si metta a cuocere con corteccia di limone verde, e stecchi di cannella; e quando sarà cotta, (tolta la corteccia e cannella) si verserà nel piatto, e sarà fatta la Crema.

Bruciata. Mescolata la dose dello zucchero, col fior di riso, e gialli di uova, si scoglierà con il latte, si passerà per setaccio, e si metterà a cuocere. Quando la Crema sarà addensata, bisogna aggiungerci delle mandorle all'amberlina tritolate, e cedro candito trito, e due gocce di olio di cannella. Si verserà nel piatto, e prima di servirla, si coprirà di zucchero in polvere, e con pala infocata, se le fà prendere un colore bruciato.

Alli Spinaci. Bianchiti li spinaci in quantità, si pestano con un prezzo di cedro candito, e pesti si mescolano col zucchero, gialli di uova, e fiore, stemperando tutto col latte. Dopo si passerà per setaccio, e si

P 2

si farà cuocere, e fredda si servirà la Crema.

Di Fragole. Si stemprano libre tre di fragole col zucchero, li gialli di uova, fiore, e latte e si passano per setaccio. Si metterà a cuocere la Crema, la quale si servirà fredda, con fragole giulebbate intorno.

Alla Sposa. Formata, che sarà la Crema col zucchero, gialli di uova, fiore, e latte, condita di cortecce di portogallo trite, si potrà abellire a capricco, pannellandola con zucchero cotto a perla, e tinto di varj colori, cioè di ciccolata, bietola, zafferano, lacca, ed altro a piacere.

Alla Costantinopolitana. Peste sei once di pignoli, è stemprati col latte, si mescolano con panna di esso, gialli di uova, zucchero, polvere di biscotti di Savoja, pistacchi tritolati, ed acqua di cannella. Si farà cuocere, e si servirà fredda con crosta di zucchero, fatta con la pala infocata.

Al Torrone. Si pestino mandorle brustolite con stecchi di cannella, cedro, candito, e coriandri, e tutto ben pesto si mescoli con li gialli di uova, latte, e zucchero in giulebbe; e passato questo composto per setaccio, si farà cuocere, ed addensato, e si servirà la Crema.

Al Rosolì. Si facci, come sopra, la Crema di cannella, ma quando sta per addensarsi, e stringersi, ci si aggiunga una giusta dose di Rosolì di cannella; si termini di addensare, e si versi nel piatto.

Di Anasi. Peste due once di anasi, si mescolino col zucchero, gialli di uova, e fior di riso, e si stemprino col latte, passando tutto per setaccio. Si farà cuocere, e si servirà la Crema con anisi confettati intorno.

Al bianco mangiare. Il Bianco mangiare si può fare in tutte quelle maniere, che si son dette delle Creme; non altro che dev' essere una materia più soda, e perciò bisogna regolarsi, che per due carafe di latte vi abbisogna una libra di zucchero in giulebbe ben denso, sei once di riso, e otto gialli di uova; sebbene d'alcuni i gialli di uova non si pratticano, condendolo sempre con portogallo, e cedro trito, acqua di cannella, o di fuori di aranci. Questo, per esser sodo, si può mettere dentro varie forme, per solo abellimento.

Creme varie. Bisogna sapere che di ogni fiore, e frutto si possono fare delle Creme, regolandosi sempre siccome si è detto. Con le marmellate ancor si fanno Creme; basta che sieno ben stemprate col latte, ed ancor condite col zucchero, gialli di uova ec.

Da Magro In giorno di magro si possono far Creme con latte di mandorle, pignoli, o pistacchi, zucchero, e fior di riso in più quantità, e senza gialli di uova, condendole con acqua di cannella, cedro candito, ed altre cose a piacere, siccome si è detto delle altre Creme.

Latte Rappreso. Il latte di Vacca posto in un vase con un pezzetto di quaglio, disfatto anche con latte, si girerà per poco con mestola di legno su le braci, e si lascerà stare, poichè da se si rappiglierà; per poi servirlo con zucchero, e odore a piacere.

CA-

CAPITOLO III.

Delli Budin.

L'Esatta composizione delli Budin non si può positivamente descrivere, poichè dipende dal gusto vario, e dall'abilità del Cuoco, il quale si potrà regolare secondo i varj ingredienti, che adoprerà.

Semplice. Si prenda buona quantità di latte, e panna di esso, e si mescoli con gialli di uova, e chiare, zucchero, pane grattato in polvere, butirro, cannella, e vainiglia. Si racchiuda questo composto in un tovagliolo unto di butirro, e polverato di fiore di riso, e si metta a cuocere in una marmitta con acqua bollente, condita di sale, e stecchi di cannella. Cotto, se ne toglierà il tovagliolo, e si servirà con Crema gialla, o con Colì di gialli di uova.

Al sangue. Si mett'a cuocere fior di farina di castagne con latte, in modo tale, che formi una tenera polenta. Poi si facci freddare, e freddata si sminuzzi con grasso di Vitello trito, gialli di uova, butirro, e zucchero, e si condischi con cannella, noce moscata, e cortecce di aranci candite trite. Ciò fatto si mescoli con panna di latte, e sangue di Porco, o di Agnello, e se n'empino le budella di Porco, in maniera che cuocendole non crepino. Si faranno bollire in acqua con foglie di alloro, e sale, ed in essa si faranno freddare. Dovendole servire, si riscalderanno, o su la graticola, o nel forno.

Gustoso. S'impasti pane grattato, con poco fior di riso, zucchero, gialli di uova con qualche chiara, panna di latte, e latte; si condischi con un pezzo di butirro, ed una corteccia di cedrato verde. Si faccia cuocere in una cassarola, come una Crema, a fuoco leggiero, e quando sarà addensato, vi si metteranno pistacchi a filetti, e cedro candito trito; e cavatene dopo la corteccia di cedrato, si metterà in altra cassarola, unta di butirro, e polverata di pane grattato. Si farà cuocere al forno, e fatta la crosta, si servirà.

Alla Francese. Si tagli della mollica di pane a dadi, e si metti in un vase con latte, uova sbattute, grasso di Vitello trito, dattili sminuzzati, pistacchi a filetti, cedro candito, zibibo, cannella, noce moscata, e zucchero. Ciò fatto si metti in una cassarola, unta di butirro, e polverata di pane, facendo cuocere al forno il Budin, e cotto si servirà caldo.

Verde. Grattato il pane, si unisca con poco fior di riso, e zucchero, e si bagni col latte, gialli di uova, con qualche chiara, e sugo di bietola, si condisca con cedro rapato, con pistacchi triti, con polvere di cannella, e con butirro. Poi si faccia addensare adagiatamenmente sopr' al fuoco, con foglie di spinaci bianchiti, triti, e pesti, e dento che sarà si metta in una cassarola, unta di butirro, e polverata di pane grattato. Si faccia assodare al forno, e quando ciò si sarà ottenuto, ed avrà fatta pur la crosta intorno, si servirà.

Misto. Si pestino, mandorle all' amberlina, con coriandri, cannella, e cortecce di aranci candite, e peste, si mescolano nel latte, e si passi per setaccio. Vi si metta della mollica di pane tagliata a dadi, poco fior di riso, uova sbattute, zucchero, passerina, pignoli triti, e grasso di Vitello. Tutto mescolato, si metta in una cassarola, unta di butirro, e foderata di carta, facendolo cuocere al forno. Cotto questo Budin, si servirà nasprato di cannella.

Budin alla Moda Si prendano mandorle bianchite, e si pestano ben fine con fiori di aranci canditi. Poi si uniscono con gialli di uova, e qualche chiara, panna di latte, e latte, grasso di Vitello trito, zucchero, pane di Spagna in polvere, parmegiano grattato, cannella, e noce moscata per condirlo. Mescolato tutto, si farà cuocere al forno in una cassarola unta di butirro, e foderata di rete di Porco, e cotto si servirà caldo il Budin.

All' Imperiale. I petti di Capponi arrostiti, e ben triturati, e pesti con pistacchi, si mescolano con gialli di uova, panna di latte, grasso di Vitello trito, poco zucchero, e spezie, e si riempino le budella di Agnello, a quella lunghezza che piacerà, ma in maniera, che nel cuocere non crepino, onde devono rimanere un pò vuote. Si faran cuocere nella padella con butirro, e si servino calde.

Al Sangue di Porco. Si mescoli il sangue di Porco con panna di latte, grasso, e cervella di Porco trite, cedro, ed aranci canditi triti, cioccolata rapata, spezie, e poco zucchero. Mescolato tutto, se n' empiono le budella del Porco, in maniera che non crepino nel cuocerle, e si mettano in una marmitta con acqua fredda a cuocere, condendola di foglie di alloro, sale, e cannella in stecchi. Cotti si faranno in essa freddare; e quando si hanno da servire, si faran riscaldare sopra la graticola, con carta sotto unta di grasso.

Di fegati di Capponi. Si pestano i fegati di Capponi con grasso di Vitello, loro petti, e cedro candito, e si condiscono di gialli di uova, panna di latte e latte. Con questo composto s' empino le budella di Agnello in maniera che cuocendole non crepino. Si faran cuocere in cassarola con grasso, e spezie; e si serviranno caldi.

Budin all' Oritana. Indurito, che sarà il Sangue di Agnelli, si taglierà in pezzi per farne uscire la parte acquosa, la quale si unirà con altra quarta parte di acqua comune, ed altretanta quantità di latte, e panna di esso. Si condirà di butirro, e di acqua di cannella. Mescolato tutto, se n' empino le budella delli stessi Agnelli, (lasciandole però un po vuote) e con acqua fredda, entro di una cassarola, si metteranno a cuocere, condite di sale, e di qualche foglia di alloro. Siccome l' acqua si va riscaldando così bisogna rimuoverle, e quando avrà dato un un bello, si leverà la caſſarola dal fuoco; e per togliere all' acqua il ſoverchio caldo, e a far rimanere li Budin teneri, ci ſi butta dell' acqua freſca, ed indi in queſta guiſa ſi ſerviranno.

All' Ingleſe. Si prenda quantità di panna di latte, ed altrettanto latte, e ſi sbatta bene con uova intiere, dopo vi ſi aggiunga zucchero fino, paſſerina, portogallo candito trito, dattiri ſminuzzati, e polvere di cannella, ſi farà cuocere in una caſſarola come una Crema, e quando sarà aſsodato, ſi verſerà nel piatto, e ſi farà freddare. Freddato ſi polverizzerà di zucchero, e ſi farà riſcaldare al forno, facendoli fare una bella croſta.

Alla Spagnola. Si prenda della panna di latte, e ſi miſchia con gialli di uova, zucchero, poco latte, un ſenſo di muſchio, e poco fior di riſo. Si metta a cuocere in caſsarola ad uſo di Crema, ed addenſato ſi verſerà nel piatto, con fette di pane di Spagna ſotto; ſi farà freddare, e quando s' avrà da ſervire, ſi polvererà di zucchero, e ſe le farà una croſta con la pala infocata.

Alla Corradina. Si prenda una quantità di panna di latte, e ſi monta con le bacchette in una denſa ſpuma; dopo ſi farà ripoſare per deporre la parte ſieroſa, la quale ſi caverà. Si prendano de' gialli di uova, ſi dimenino con zucchero, cannella, e vainiglia in polvere, e ſi uniſcano con la panna montata, aggiungendoci del portogallo, e piſtacchi triti. Si verſerà tutto in un piatto con ſotto fette di pane di Spagna, e ſe li darà una leggiera cottura al forno, polverato di zucchero, e caldo ſi ſervirà.

Alla Veneziana. Due petti di Cappone arroſtiti, ſi peſtano con mandorle bruſtolite, e cedro candito; e tutto ben fino peſto, ſi ſtempri con latte; dopo si paſserà per ſetaccio, e s' incorporerà con zucchero in giulebbe, e gialli di uova, facendolo addenſare a lento fuoco, con dimenarlo bene, e ſubito ſervirlo.

Buden di paſte fine. Si faccian cuocere le paſte fine con ottimo guſtoſo brodo; e cotte ſi laſcian freddare. Freddate ſi condiſcono di zucchero, di cedro candito trito, e di cioccolata rapata; e meſcolato, tutto ſi legherà con gialli, e chiare di uova montate. Si metterà dopo in caſſarola, unta prima di graſſo, e polverata di mollicata di pane, e ſi farà cuocere; e fatta la ſua groſta ſi ſervirà.

Buden di riſo. Quella quantità di riſo, che ſi vuole, ſi fa cuocere nel latte. Cotto, e freddato, ſi condiſce con denſo giulebbe, un pezzo di butirro, panna di latte, gialli di uova, e loro chiare montate. Ciò fatto ſi verſerà in caſſarola unta, e mollicata, e ſi farà cuocere.

Buden di frutta. Le percoca ben mature, le pera, ed il popone ſi fan cuocere con graſſo, e cotti, e disfatti, ſi uniſcono con cedro candito, e piſtacchi triti. Tutto ben meſcolato, ſi uniſce con pan di Spagna in polvere, ſi condiſce di cannella, e di quantità di panna di latte, e gialli di uova, e con i bianchi montati ſi legherà. Si diſporrà in caſſarola unta di graſſo, e polverata di pane, e ſi farà cuocere.

TRAT-

TRATTATO X.

Delli Timpalli, e delli Sortù.

Le vivande, delle quali se ne fa al presente il Trattato, sono al par de' Pasticci, cioè, di varj ingredienti composte. Che che ne dice la fisica scuola di sì fatte vivande composte, io non lo so; so però, che a tutti piacciono, e nelle mense le desiderano; che perciò se n' è esposta la maniera di farle; tanto più, che tendendo io al fine di soddisfare al gusto vario degli uomini, la mensa dev' esser sempre coverta, non solo da vivande semplici, ma da composte ancora. E s' è vero, che quel che piace giova, son sicuro della riuscita, e dell' esito felice. Ecco dunque la maniera di farle.

CAPITOLO I.

Delli Timpalli.

Timpallo di maccheroni al sugo.

La pasta per i Timpalli è la sfogliata, o la mezza frolla; ma senza zucchero. I Maccheroni rotti alla lunghezza di un mezzo dito, cotti in brodo, e poi fatti freddare fuor del brodo, si condiscono con denso, e grasso sugo di carne di Manzo, e di porco, e si dispongono nella cassa di pasta entro di una proporzionata cassarola, ma bene incaciati, e tramezzati di un ragú di salsicce, di animelle, e di presciutto tagliato a filetti. Si coprirà, dopo, con la pasta, e si farà cuocere, il già formato Timpallo, e caldo si servirà.

Di maccheroni ripieni.

I Maccheroni grossi, tagliati alla lunghezza di un mezzo dito, si fanno per poco bollire nel brodo, e freddati, si riempino con farsa di carne di Vitello, passata, e pesta con grasso di esso, parmegiano, e giale gialli di uova; e così pieni si faranno finir di cuocere in un buon sugo di carne, condito di presciutto, e cervellato. Poi freddati, ed accomodati nella cassa di pasta, con l' istesso sugo, e tramezzati con parmegiano grattato, e coverti con pasta, si farà cuocere il Timpallo, e si servirà.

Di Gnocchì alla Panna. Si faccia cuocere fior di farina con latte, in maniera che divenga una soda pasta, la quale si verserà su di un tavoliere, e si farà freddare. Freddata si maneggi, e si condischi di gialli di uova, ed indi se ne formino gnocchi alla lunghezza di un mezzo dito, quali, incavati, con arte, si riempino con farsa di petti di Capponi condita di parmegiano, gialli di uova, e panna di latte, e si facciano per poco bollire in brodo. Dopo si accomoderanno nella pasta con parmegiano, butirro, panna di latte, e fette di tartufi, si copriranno, e si farà il Timpallo cuocere.

Di Lagane alPresciutto. Cotte le Lagane in brodo, raffreddate, e condite con parmegiano grattato, grasso di Vitello trito, ed un denso Colí di Vitello e presciutto, si accomoderanno in una cassarola, prima unta di butirro, e con una veste da dentro di larghe, e lunghe fette di presciutto, ben congiunte, ed unite con uova sbattute; fra queste accomodate, le già condite lagane, si coprirà il Timpallo con pasta di provature unta di uova, e si farà cuocere.

Di Ravaggiuoli vestiti. Si unisca ricotta di Vacca con parmegiano grattato, poco butirro, gialli di uova, e qualche chiara, bietola bianchita, e tritolata, e si mescoli tutto, condito di polvere di cannella, sale, e pepe. Poi facciasi una sfoglia di pasta, tagliasi in pezzetti, quali ripieni della composizione suddetta, e cotti in brodo, si accomoderanno nella pasta, con cacio, butirro, e panna di latte; e così si formerà il Timpallo, e si farà cuocere.

Di gnocchì alla Dama. Pesti gialli di uova dure, parmegiano grattato, e petti di Cappone, vi si aggiunga panna di latte, e uova sbattute, e condito di spezie, si ridurrà in Gnocchi, alla lunghezza di un mezzo dito, quali infarinati, e cotti in brodo, si accomoderanno nel piatto con parmegiano, butirro, e panna di latte; e coverti con pasta di provature, se le farà prendere corpo, e colore al forno.

Alla Dama. Cotto il Riso nel latte, e freddato, se ne formano gnocchi, quali involti nelle uova sbattute, e fritti, si mettono, dopo, nella cassa di pasta incaciati di parmegiano, e conditi da un denso grasso di Colì di Vitello. Si metta al forno per assodarsi, e cuocersi, e si servirà il Timpallo.

Di Riso alli Tartufi. Soffritto il Riso con butirro, e tartufi triti, si farà pian piano cuocere con latte di Vacca, condito di spezie; poi legato con gialli di uova, panna di latte, parmegiano, e butirro, si metterà nel piatto in forma di Timpallo, si coprirà di parmegiano grattato, e si metterà al forno, per farli far crosta.

Si faccian cuocere i Maccheroni nel brodo di Manzo; cotti, e fred-

Di maccheroni alla Pampadur. freddati si condiscono con sugo di carne di Porco, petti di Capponi arrostiti, e tagliati a filetti, presciutto trito, e cacio grattato; così si accomoderanno nel piatto, e si copriranno con una salsa di gialli di uova, parmegiano, butirro, e panna di latte; ed assodata la salsa al forno, si servirà il Timballo.

Di Riso in Cagnone. Soffritto il Riso con butirro, si unirà con un ragù di animelle, presciutto, tartufi, funghi, midolla di Manzo, e carne di Vitello tritolata, e si farà cuocere con sugo di carne; cotto, e freddato, si metterà nella pasta con parmegiano grattato, ed un Colì di Vitello. Cotta la pasta al forno, si servirà.

Alla Pitagorica. Bianchiti li Spinaci in brodo, tritolati, e pesti con ricotta, parmegiano, poco pane grattato, e grasso di Vitello, si legherà tutto, condito di aromi, con gialli di uova; e poi se ne formeranno varj bocconi, che infarinati, e bolliti per poco in brodo, si metteranno, con parmegiano, e butirro, dentro la pasta, la quale cotta, che sarà si servirà il Timpallo.

Di maccheroni alla Nobile. Data mezza cottura ai Maccheroni nel brodo, e poi passati con butirro, grasso di Vitello, presciutto, tartufi, e prugnoli, tutto trito, si faranno finir di cuocere con latte di Vacca, e cotti si legheranno con panna di esso latte, nel quale si faranno freddare. Così si metteranno tra la pasta, di provature, peste e legare con uova, la quale, fatta che avrà crosta al forno, si servirà il Timpallo.

Alla Regina. Si grattuggi il pane, e poi seccato al forno, e ridotto in polvere, s'impasti con butirro, uova, latte, e polvere di cannella, e ben dimenato se ne formino Gnocchi, quali bolliti per poco nel brodo, si metteranno nella pasta con un Colì di Vitello, con parmegiano incaciati, e con fino presciutto trito tramezzati. E cotto al forno il Timpallo; si servirà.

Alla Corradina. Si faccia cuocere nel latte la farina di Riso, e ridotta come una polenta, e freddata, si unisca con carne di Vitello passata, tartufi, e midolla di Manzo, tutto tritolato, e legato con gialli di uova, e parmegiano grattato; si dimeni, e se ne formano bocconi, quali cotti in brodo, si metteranno nella cassa di pasta con panna di latte, e butirro. E così si farà cuocere il Timpallo.

Di Puglian. Tritolati i petti di Capponi, e pesti con riso, cotto in brodo, con midolla di Manzo, parmegiano, e grasso di Vitello, si condirà, questo composto, di noce moscata, e di gialli di uova, e se ne formeranno piccoli bocconi, quali si faranno appena cuocere nel brodo di Manzo, e freddati poi, si metteranno nella cassa di pasta, con cacio grattato, ed un Colì di Vitello, e presciutto. Si farà cuocere il Timpallo, e si servirà.

Alla Milanese. Si faccia cuocere nel brodo, condito di butirro, farina di grano d'India mescolata con poco parmegiano grattato. Si verserà dopo in una tortiera per farla freddare. Freddata, e tagliata a fettoline, si acsi accomoderà nella caſsa di paſta, tramezzata di parmegiano, butirro, e panna di latte, e cotta la paſta si ſervirà il Timpallo.

CAPITOLO II.

Delli Sortù.

Sortù di Riſo all' Animelle. Cotto il Riſo con brodo, e poi freddato, ſi legherà con parmegiano grattato, gialli di uova, e qualche chiara, e ſe ne formerà una paſta, la quale tirata come una groſſa sfoglia, entro di una caſſarola unta di ſtrutto, e polverata di pan grattato, per ripieno di essa vi ſi metterà un ragù di animelle, condito di tartufi, prugnoli, ed erbe aromatiche; ſi coprirà con la ſuddetta paſta di Riſo, e ſi farà cuocere al forno. Cotto ſi ſervirà caldo il Sortù.

Alla Moda. Cotti i Tagliolini in latte con butirro, e freddati, ſi legheranno con uova, e parmegiano. Indi si diſporranno in forma di cassa in una caſſarola, entro la quale ſi metteranno lattaroli di Vitello, paſſati con butirro, e conditi con panna di latte, e tartufi. E coverti delli medeſimi Tagliolini, ſi farà cuocere il Sortù.

Alla Giardiniera. Si copra al di dentro una caſſarola, unta di butirro, con erbe, cioè ſellari, carote, ſparagi, paſtinache, indivia, e lattuche, tutte tagliate per lungo, bianchite, e paſſate con butirro. Sopra di queſt' erbe ſi metta una farſa di carne di Vitello, e dentro di essa un ragù di animelle, condito di erbe aromatiche; si coprirà della ſtessa farſa, ſi farà cuocere al forno, e ſi ſervirà.

All'Oritano. Cotto il pan grattato nel brodo, e reſo come paſta, ſi farà freddare, e ſi legherà con parmegiano, e gialli di uova; poi in queſta paſta, tirata nel piatto unto di butirro, vi ſi mettano Piccioni cotti in brodo, e diſſoſſati, paſſati con butirro, baſilico, e ſpezie, e ligati con panna di latte: ſi copriranno con la ſuddetta paſta, che dovrà aſſodarſi al forno, con croſta ſopra di parmegiano.

All' Ingleſe. Si faccia una paſta con ricotta di Vacca, meſcolata con parmegiano, uova sbattute, preſciutto trito, graſſo di Vitello, tartufi, e di ſpezie condita. Di queſta paſta ſe ne formino bocconi, quali infarinati, e fritti in ſtrutto, ſi accomodano nel piatto, con parmeggiano, butirro, fette di provature, e tartufi. Si coprono con altre fette di provature, che dorate con uova, ſi faranno colorire ed assodare al forno.

Al Pane da graſſo. Si grattuggi tutta all' intorno una groſſa pagnotta, per levarne la prima ſuperficie, e fattavi ſopra una buca, ſe ne cavi la mollica. Si abbia un ragù di animelle, fegati di polli, tartufi, funghi, e frutta di ta di mare, tutto passato con grasso, e condito di erbette. Ripiena la pagnotta di questo ragù, e coverta la buca con la crosta levata, si farà insuppare in latte di Vacca, condito di cannella: insuppata, si coprirà di butirro liquefatto, e mescolato con gialli di uova, sopra del quale parmegiano grattato. Si metterà al forno sopra fette di lardo, ed assodata, si servirà calda.

Al Pane da magro. Grattuggiata la pagnotta, come si è detto, si riempirà di un ragù di code di gambari, ed altre frutta di mare, condito di erbe, tartufi, e funghi. Poi si farà insuppare nel latte di mandorle, ed insuppata, si coprirà di mandorle all' amberlina peste, ed unite con cannella in polvere, e pane brustolito, e polverizato, e così si farà assodare al forno.

Le piccole Pagnottine, così ripiene, si possono servire anche dorate, e fritte.

Sortù alli Golosi. Si cuocono i fini maccaroncini con brodo, si condiscono con grasso di Vitello, soffritto con Beccafichi, con ottimo formaggio, e gialli di uova, e si accomodano nel piatto, tramezzati dai sudetti Beccafichi. Tutto si coprirà con fette di provature, che arrosate, si metterà al forno, e si farà prender colore al Sortù.

Sortù di Tortelli. Vestita una cassarola con pasta di provature, si riempirà con tortelli, fatti di farsa di petti di Tacchina, grasso di Vitello, e panna di latte, e cotti in brodo. Si tramezzeranno con presciutto trito, con fette di tartufi, e con butirro, e panna di latte si condiranno. Si coprirà colla stessa pasta di provature, e si metterà a cuocere.

Sortù di Rape. Le Rape si taglino a dati, e si fan cuocere in un buon sugo di carne. Cotte si lascian freddare, e fredde poi si legano con parmegiano grattato, gialli di uova, e loro bianchi montati. Si condiscono anche con presciutto, e grasso di Vitello trito, e con spezie; ed avendo una proporzionata casarola, già ingrassata, e mollicata, ci si mette il composto, e si fa cuocere.

Sortù da magro. Si cuoce una proporzionata quantità di Riso in gustoso brodo di pesce, o in latte di mandorle, e cotto che sarà, e ben bene assodato, si disporrà a strati, dentro di una cassarola unta, e mollicata, tramezzato da filetti di pesce, e da frutta di mare, passati con olio, e condite di spezie, ed anche di giallo di ragosta, e di ricci, formandone di essi un Colì. Così si farà cuocere, e si servirà.

TRAT-

TRATTATO XI.

Delle Torte dolci, Paste Bignè, e Crostini.

SIccome l'occhio, per non annojarsi, cerca sempre nuovi oggetti, vaghe vedute, e brillanti interruzioni, così il palato, per allettarsi, e per soddisfarsi, brama esser titillato dalla imbandigione di gustose, di piacevoli, e di nuove vivande. Per ciò fare, e cosa ben fatta servir, e con le vivande di carne, di pesce, di latte, di uova &c. le Torte dolci, che di frutta, o di altra cosa vengon composte. Anche piacciono, e variano le paste Bignè, ossieno in frittura; e con esse piace ancora un tramezzo di tondini con Crostini. Sì dell' une, che degli altri se ne fa un lungo e vario Trattato, affinche non potendo eseguire, o non piacendo l'una di esse cose, possa servirsi dell'altra, e così poter soddisfare ogni palato.

CAPITOLO I.

Delle Torte.

LA Pasta per coprire le Torte dolci è di due specie; sfogliata, e frolla. Della prima se n'è parlato al Trattato delle Torte, e Pasticci degli Animali. La seconda si fa con questa proporzione. Per ogni due libre di fior di farina v' ha bisogna una libra di zucchero, ed una di sugna, sei gialli di uova, con una chiara, qualche senso di mandorle amare, cedrato, o cannella, ed anche poche gocce di acqua. Non bisogna troppo dimenarla, per non farle acquistar tenacità, e per non riscaldarla, che l'è di nocumento. *Della Pasta*

Le Mandorle bianchite, e peste con cortecce di portogallo candito, cedro, cannella, e vainiglia; si legano con gialli di uova, giulebbe, e panna di latte, e si mette tutto tra la pasta sfogliata, la qua- *Torta alla Nobile.*

quale, arrostata con uova, si farà cuocere, e si servirà la Torta con zucchero sopra.

Di Butirro. Sbattute le chiare di uova, e ben montate, si mescolino, con i loro gialli, zucchero, cortecce di cedro, e di limone candito, e di limon verde, cannella, ed una giusta quantità di butirro liquefatto; poi si metterà questo composto nella cassa di pasta, senza coprirlo, ma ben polverato di zucchero, e così si farà cuocere.

Alla Dama. Le Mandorle bianchite, si pestano con gialli di uova duri, e pistacchi, indi si uniscono con cortecce di portogallo trite, fiori di cedro canditi, zucchero, cannella, gialli di uova crudi, e chiare montate; si mette tutto tra la pasta sfogliata, o frolla, si farà cuocere, e si servirà con zucchero in polvere.

Al Tornagusto. Si faccia bollire sugo di agresta, o di limone con zucchero chiarificato, e ben ristretto, e freddato, si mescoli con gialli di uova crudi, cedro candito, pistacchi, cannella, e vainiglia; si metta tutto nella pasta, ma senza coprirlo con altra pasta, si faccia cuocere con solo zucchero polverizato sopra.

Di Melarosa Cotte le Mela rosa nel giulebbe, poi peste con pinocchi, e legate con giulebbe denso, e gialli di uova, si metterà, ben mescolato il composto, tra la pasta frolla; e cotta la Torta si servirà con naspro di cannella.

Di Fragole alla semplice. Le Fragole, mescolate con un giulebbe denso, si condiranno di limon verde candito e tritulato, e con polvere di cannella. Poi si metteranno nella pasta frolla; e coverte della medesima, lavorata a graticola, si farà cuocere la Torta, e si servirà guarnita di fragole alla caramella.

Alla Panna Nella panna di latte, mescolata con gialli di uova crudi, si mettino le Fragole condite di zucchero, cannella, cedro candito, fiori di aranci canditi, ed un senso di noce moscata. Si metterà tutto tra la pasta sfogliata con sotto fette di pane di spagna; si farà cuocere la Torta, e con zucchero si servirà.

D' Agresta. Gli acini di Agresta, cavatene i grani, cotti nello zucchero chiarificato, e freddati, si mescoleranno con cedronata pesta, cannella in polvere, e pinocchi triti, e si metteranno tra la pasta frolla; e cotta la Torta si servirà con naspro di limone sopra.

Alla Bolognese. Si mescolino Ricotta, parmegiano grattato, butirro, gialli di uova crudi, e qualche chiara, zucchero, cedro candito trito, e foglie di bietole bianchite, e tritulate, e si mettano tra la pasta sfogliata, per formarne la Torta.

Di midolla di Manzo. Le Midolla di Manzo tritolate con cedro candito, e pistacchi, e legate con gialli di uova, e condite di acqua di fiori di aranci, e di polvere di cannella, si mettono tra la pasta frolla, per formarne la Torta, che si farà cuocere, e si servirà nasprata di cannella.

Di Pesce. Fettate le Pesche, e cotte nel giulebbe, o pure nel vino e zucchero, freddate, si metteranno tra la pasta frolla con pistacchi, e

senso

ſenſo di noce moſcata: cotta la Torta, si naſperà con chiara di uova, e zucchero.

Alla Palermitana.

Peſta la ricotta di Vacca, poi bagnata con acqua di fior di aranci, paſſata per ſetaccio, e condita di zucchero, aranci, zucca, e cedro canditi, marmellata di fior di boragine, e piſtacchi a filetti, si metterà nella caſſa di paſta, tutto meſcolato, e ſenza coprirla di altra paſta, ma polverata di zucchero ſopra, si farà cuocere, e si ſervirà lavorata di aranci, cedro, zucca, e piſtacchi canditi.

Di Sparagi.

Si bianchiſcono li Sparagi con acqua e ſale, poi freddati, aſciugati, e tritulati, si paſſano con butirro, e conditi di ricotta, gialli di uova, parmegiano grattato, cedro, zucchero, e cannella, si metterà tutto, ben meſcolato, tra la paſta sfogliata; e cotta la Torta si ſervirà calda con zucchero.

Alla Reale.

I Petti di Capponi arroſtiti, peſti con midolla di Manzo, piſtacchi, aranci, cedro candito, e zucchero, si uniranno con gialli di uova, e panna di latte, e condito tutto di cannella, si metterà tra la paſta sfogliata, si farà cuocere, e si ſervirà con zucchero.

Di Cotogna.

Cotte le Cotogna al forno, si peſtino con mandorle bruſtolite, zucchero, limone verde candito, e condite di noce moſcata, si metteranno tra la paſta frolla, si farà cuocere, e si ſervirà la Torta, lavorata di gelo di ſugo di Cotogna, e diavolini ſopra.

Alla Regina.

Nel zucchero chiarificato, denſato, e freddato si mettano dei gialli di uova crudi (regolandosi per ogni libra di zucchero dieci gialli di uova) ed un ſenſo di cedrato, e si faccia tutto di nuovo addenſare al fuoco come marmellata, e paſsato per ſetaccio si meſcolerà con cedro candito trito; indi ſi verſerà ſu di una sfoglia di paſta, già cotta. Si coprirà il compoſto con paſta di merenghe, e ſi farà aſsodare al forno.

D' Amarene.

Le Amarene, cotte in giulebbe, ſi meſcolino con limon verde, aranci, e fior di cedro, tutto candito, e tritolato, e si condiſchino di ſugo di limone; Si mettino fra la paſta frolla, formandone la Torta, che cotta, ſi ſervirà naſprata di cannella.

Alla Turca.

Bianchiti in brodo li Fegati di Polli, e peſti con provature, cedro candito, piſtacchi, pinocchi, zucchero, butirro, gialli di uova, e panna di latte; e condito tutto di vainiglia, ſi forma la Torta con paſta sfogliata, e ſi ſerve calda con zucchero ſopra.

Di Pera moſcadelle.

Cotte nello zucchero chiarificato le Pera moſcadelle, e freddate si uniſcano con zucca, e limoni verdi canditi, e tritolati, ed un poco di muſchio ſciolto in giulebbe; ſi mettano nella paſta frolla a cuocere; e ſi ſerve la Torta coverta di paſta di merenche.

Di Aranci di Portogallo.

Bianchiti gli aranci di Portogallo in acqua, ſi tritulano, e poi purificati in acqua freſca, e cotti nello zucchero chiarificato, ſi condiſcono con cannella in polvere, e piſtacchi peſti, ſi mettono ſopra di una sfoglia di paſta, prima cotta, e ſi ſerve la Torta con Crema di Piſtacchi ſopra.

Ta-

Di Carcioffi. Tagliati i Carcioffi a fette, e bianchiti in acqua con sale e sugo di limone, si passano con butirro, e spezie; poi si legano con crema di gialli di uova, latte, parmegiano, e con butirro: così si metteranno tra la pasta sfogliata, e cotta che sarà la Torta, si servirà calda.

Di Pistacchi Bianchiti i Pistacchi, e pesti con limoni verdi canditi, cedro, e zucchero, si condiscono di gialli di uova, e qualche chiara mondata, cannella, e panna di latte; e così se ne forma la Torta, mettendo tutto tra la pasta frolla, la quale cotta si servirà.

Di Tartufi. Netti i Tartufi, e tagliati a fette, si legano con gialli di uova, parmegiano grattato, e butirro; si condiscono con della noce moscata, si mettono tra la pasta sfogliata, e se ne formerà la Torta, la quale si servirà calda.

Di Canditi varj. Si prendano amarene, cedro, portogallo, limon verde, pinocchi, pistacchi, fior di cedro, marmellata di fior di boragine; tutto tritolato, si condisca con acqua di fior di aranci, e cannella, e si metta tra la pasta frolla. Cotta che sarà la Torta, si servirà lavorata di pasta di uova faldicchere.

Di Spinaci Bianchite le foglie di Spinaci, si tritulano, e si pestano con marmellata di cedro, pinocchi, e pistacchi, e si uniscono con crema di latte, gialli di uova, e zucchero, conditi di noce moscata. Si metterà tutto nella pasta sfogliata, e si farà cuocere per servirsi calda.

Di Gialli d' uova. Indurite le uova nell' acqua se ne cavino i gialli, e si pestano con cortecce di portogallo candito, parmegiano, e mandorle bianchite. Pesti si condiscono con panna di latte, gialli di uova crude, e qualche chiara montata, zucchero in giulebbe, e cannella. Si metta tutto mescolato nella cassa di pasta, coprendo la Torta di zucchero, e così si farà cuocere.

Di Piselli. Bianchiti, e pesti i piselli, poi passati per setaccio, ed uniti con gialli di uova, zucchero in giulebbe, panna di latte, cedro candito trito, grasso di Vitello trito, e cannella, se ne formerà la Torta con pasta sfogliata, che cotta si servirà calda.

Di Prugne. Nette le Prugne dalla pelle ed ossa, si fan cuocere in giulebbe con vino moscato, e cotte si condiscono con polvere di mostacciolo, cannella, ed un senso di muschio. Mescolato tutto, si metterà tra la pasta frolla, e si farà cuocere.

D' Acetosa. Tritolate le foglie di Acetosa, si faran cuocere con giulebbe; cotte, e freddate, si uniscono con panna di latte, gialli di uova, cannella, limon verde candito, e tritulato, e polvere di pane di spagna. Si metterà tutto tra la pasta sfogliata, e cotta la Torta si servirà.

Di Frumento Ammollito bene il Frumento in acqua, cotto in brodo, e freddato, si mescolerà con panna di latte, gialli di uova, giulebbe, cedro pesto, e sciolto con acqua di fiori d' aranci, con senso di ambra

e,

ed acqua di cannella; si metterà nella cassa di pasta, la quale si coprirà con altra pasta a strisce, e si farà cuocere.

Di Popone. Un popone, ben gustoso, si tagli a dadi, si passi con butirro e si condischi con noce moscata; dopo s' incorpori con gialli di uova, zucchero, marmellata di cedro, ed acqua di cannella, e così si metterà tra la pasta sfogliata, e si farà cuocere.

Di Bianco-mangiare. Fatto il Bianco mangiare, siccome altrove si è detto, si taglierà a fette, e si accomoderà sopra pasta sfogliata, tramezzato di cedro candito tritolato, si bagnerà di acqua di cannella, e si coprirà con altra pasta sfogliata; formata la Torta si farà cuocere, e si servirà.

Alla Giustiniana. I Limoni verdi canditi, e fettati, si uniscono con marmellata di cedro, e crema di pistacchi, e si condiscono di acqua di cannella; mescolato tutto, si metterà tra la pasta frolla, e si farà cuocere. Cotta la Torta, si servirà con naspro di limone, ed ornata di fiori di aranci canditi.

Di Riso. Cotto il Riso con latte, e butirro, e freddato, si mescolerà con panna di latte, e giulebbe di cannella, gialli di uova, e cedro tritolato, e si metterà tra la pasta sfogliata. Si farà cuocere la Torta, e si servirà.

Alla Tartara. Con la panna di latte, si uniscono gialli di uova, pane di spagna in polvere, cioccolata grattata, e vainiglia, e mescolato tutto, si metterà tra la pasta frolla, e si farà cuocere. Cotta la Torta, si servirà naspratа di cioccolata.

Di Ceci. Cotti i Ceci nel brodo, si pestino, e passati per setaccio, si uniscono con ricotta, gialli di uova, zucchero, portogallo candito trito e cannella. Mescolato tutto, si metterà tra lo sfoglio; e formata la Torta, si farà cuocere.

Di Provature. Le Provature fresche, pestate con grasso di Vitello, midolla di Manzo, cedro candito, e poco zucchero, si legheranno con gialli di uova, ed acqua di cannella, e si metteranno a cuocere tra la pasta sfogliata; e cotta la Torta, si servirà calda.

Alla Milanese. Con sangue di Polli, o di Capretto, si mescolino panna di latte, gialli di uova, polvere di semi di finocchi, zucchero, e cioccolata, e se ne formi sopr' al fuoco una densa crema; la quale freddata vi si aggiungerà del cedro candito trito, e si metterà nella cassa di pasta, che si farà cuocere, polverata di zucchero.

Alla Napoletana. Fettate le Provature, ed unite con ricotta, provola grattata, presciutto in fette, salsicce fettate, uova sbattute, pepe, e cannella, si metterà tutto, ben mescolato, tra la pasta sfogliata, si farà cuocere, e si servirà calda la Torta.

Alla Senese. Si pestino mandorle con pinocchi, pistacchi, cedro candito, e zucchero; poi si unischino con una crema di latte alla vainiglia, e si metta, mescolato tutto, tra la pasta frolla, che si farà cuocere formata la Torta, e si servirà guarnita di confettura.

Si sappia, che di tutte le frutta, fiori, e semi, si posson fare

Torte; basta avvertire di darle un proporzionato, ed adattato condimento, siccome si è veduto in queste Torte descritte.

Con li stessi descritti composti, delle già dette Torte, si può far anche della piccola pasticciaria.

CAPITOLO II.

Delle paste Bignè.

Bignè semplice. SI faccia bollire nel brodo chiaro, ben sgrassato, una corteccia di limone, un stecco di cannella, ed un poco di sugna; preso che avrà gusto il brodo, togliendo la cannella ed il limone, vi si metterà il fior di farina, dimenandolo sempre, e quando sarà giunto alla cottura, che si distacca dalla cassarola, si metterà in una tortiera a freddare; poi si maneggierà ben bene, mettendoci da tanto in tanto un giallo di uovo, e qualche chiara. Fatta morbida questa pasta, si friggerà in bocconi, o pure passata per siringa: avvertendo di non far troppo riscaldare lo strutto, e di dimenare la padella mentre friggesi. Fritta, si servirà polverata di zucchero.

Alla Dama Unite le Amarene giulebbate in due, o in tre, e disposte tra piccioli pezzette di pasta mezza frolla, si fanno friggere in istrutto, e con zucchero sopra si servono.

Alla Maltese Cotto il fiore di farina di riso nel latte, e giunto alla cottura del bignè semplice, si farà freddare, e s'impasterà con gialli di uova, e con cortecce di cedro candito, limone verde rapato, e polvere di cannella; poi si facci friggere nello strutto, tutto in bocconcini, e fritti, si servono con zucchero.

Alla Corradina. Peste le mandorle all'amberlina con cortecce di portogallo, e fior di aranci canditi, si uniranno con la pasta di bignè semplice, e di nuovo si pesterà tutto, e poi uniteci gialli di uova, e polvere di cannella, se ne formeranno bocconcini alla lunghezza di un mezzo dito, quali fritti in strutto, si servono con zucchero.

Alla Crema Fatta una densa crema con latte, fior di farina, e gialli di uova, condita di zucchero, di pistacchi, e cortecce di cedro candite e tritolate, si farà freddare in una tortiera, e fredda, si tagli, a mostacciolетti, quali infarinati, dorati, e mollicati, si friggeranno e si serviranno con zucchero.

Al presciutto. Mescolata la pasta del bignè semplice con presciutto, provature trite, e parmegiano, se ne formeranno bocconi, quali fritti nello strutto, si servono con zucchero, ma cotto alla caramella.

Al Pane. Uuotate piccole pagnottine di pane, ed insuppate nel latte, si em-

empino di Crema, e poi coverta la buca con la medesima corteccia levata, parimente insuppata di latte, s' infarinino, si dorino, e mollicate si friggano: fritte, si servono con zucchero.

Fettate le Pesche, e marinate con spirito di vino, zucchero, corteccia di cedro verde rapata, cannella in polvere, ed acqua di fiori di aranci; si attuffano in una pastetta di latte, ed uova; e con zucchero, glassato sopra, si servino. *Alle Pesche*

Rasa la corteccia agli Aranci di portogallo, poi fettate, e bianchite in acqua, se le farà nell' acqua fredda deporre la loro asprezza. Indi involte in una pasta di farina, vino bianco, uova, sale, ed acqua di cannella, si fanno friggere, e glassate si servono. *Di Aranci di Portogallo.*

Piccole fettoline di pane di Spagna, framezzate da una marmellata di cedro, ed involte in pasta, fatta con latte, uova, farina, e cannella in polvere, si friggeranno, e si serviranno con zucchero. *Al pane di Spagna.*

Cotto il Riso nel latte, e freddato, si unirà con gialli di uova, cortecce di portogallo candite, e tritolate, cannella, e pane di Spagna in polvere, e fatto tutto in bocconi, si friggeranno, infarinati prima, e dorati nell' uova, e polverati di zucchero si servono. *Al Riso.*

Fatta una densa Crema con latte, gialli di uova, zucchero, e pan di Spagna in polvere, si farà freddare, e poi condita di oglio di cannella, si farà in bocconi, quali involti nel fior di farina, nell' uova, e nel pane grattato, si friggeranno, e si serviranno con zucchero sopra, cotto a caramella, e con diavolini. *Agli Amanti*

Piccoli pezzetti di ostia bianca, ripieni di marmellata di amarene, e ben chiusi d' intorno, bagnando l' estremità, si fanno friggere, e con zucchero si servono. *Alla moda.*

Si faccia cuocere il fior di farina nell' acqua, dove prima abbiano bollito, foglie di alloro, cortecce di limone, cannella, e sale; quando sarà addensato, si farà freddare sopra di un tavoliere unto di olio, e poi ben maneggiato, se ne formeranno ciambelline, quali si friggeranno in olio, dimenandole, e pungendole con un stecco, acciò votino il pieno, e cotte si servono con mele, prima chiarificato, e condito di rosmarino, ed indi polverate di zucchero. *Alla Napoletana.*

Sbattute bene con un frullo le uova in un vase, e condite di sale, si verseranno nel fior di farina, col quale, ben manegiato, se ne formerà una soda pasta, dalla quale, riposata per qualche tempo, se ne formeranno tanti maccaroncini, che tagliati in picciolissimi pezzi, come a pallini, ed infarinati per non farli attaccare, si friggeranno in strutto, e cotti si legheranno con mele purificato, e si serviranno con zucchero polverizato. *All' Innumerabile.*

Facciasi una pasta con pane, e parmegiano grattato, un poco di fior di farina, zucchero, cannella, e cortecce di portogallo trite, e si dimeni con uova, butirro, e poco latte. Indi se ne formino ciambelline, quali infarinate, e fritte, si servono con zucchero. *Al Formaggio.*

Pesta una mollica di pane, bagnata nel latte, con ricotta di

Alla Romana. Vacca, si liga con gialli di uova, si condisca di zucchero, di cannella, e di pistacchi tritolati, e dopo se ne facciano bocconcini, quali, fritti, si servono con zucchero.

Bignè di Riso. Cotto il Riso in latte, condito di butirro, parmegiano, cedro candito trito, e gialli di uova, se ne formano bocconi alla lunghezza di un mezzo dito, involti in pasta, si friggono, e si servono con zucchero in giulebbe.

CAPITOLO XI.

Delli Crostini.

Crostini di Presciutto. L'ottimo gustoso presciutto, si taglia a sottili fettoline, e con butirro si faran suffrigere, condendole con spezie, e con foglie di menta trita. Si bagneranno, dopo, con aceto, e con zucchero in giulebbe si condiranno. In questo modo, tutto mescolato, si disporrà sopra crostini di pane, prima brustoliti, o fritti.

Crostini di Cervellato. Il Cervellato di porco, si passerà in una cassarola con grasso, e cotto se ne toglierà la pelle. Indi si tritura, e si lega con gialli di uova crudi, e parmegiano grattato, e dopo si dispone sopra crostini di pane fritto, e con fuoco sopra si farà il composto rappigliare.

Crostini alla Panna. La panna di latte, ben densa, si unisce con gialli di uova, già induriti e pesti, un poco di butirro, tartufi triti, e condito tutto di pepe bianco, e di sale. Così si disporrà questo composto sopra li crostini di pane brustolito.

Crostini di Beccacce. Le interiora delle Beccacce si piccano con delle fettoline di presciutto, e si condiscono con spezie, un senso di aglio, maggiorana trita, e foglia di alloro. Si bagnerà dopo con un denso suco, e si metterà il composto (fuor della foglia di alloro) sopra i crostini, con aggiungerci il sugo di un limone.

Crostini di Bottariche. Si pesta quella quantità di Bottariche, che si vuole, con qualche pistacchio, pochi grani di semi di senapa, ed un pezzetto di pane brustolito, e bagnato in aceto. Pesto bene tutto, si condisce con pepe, con olio, e con sugo di limone. Il composto dovrà esser denso da poter reggere su li crostini di pane, i quali fritti che saranno, si terranno preparati per servirli.

Crostini di Acciughe. Le Acciughe, o sian gli alici salate, si lavano con aceto, si puliscono dalla spina, e con la quarta parte di mandorle brustolite si pestano, ed anche con una mollica di pane brustolita, con un senso di aglio, e con delle foglie di timo. Si stempra il composto con olio e sue ſugo di limone, e ſi condiſce di pepe; ed indi ſi accomoda ſopra i croſtini bruſtoliti.

Croſtini di Uova. Indurite le Uova, ſe ne tolgono li torli, e con la quarta parte di pignoli, e l'ottava parte di parmegiano grattato, ſi peſtano ben fini. Indi vi ſi aggiugne un pezzo di butirro, dei gialli di uova crudi, in modo di render paſtoſo il compoſto, ſi condiſce di ſale, e pepe, e ſi diſpone ſopra li croſtini fritti, a quali, per aſſodare il ſuddetto compoſto, ſe li dà un aria di forno.

Croſtini di Caviale. Trito ben fino il Caviale, ſi condiſce con olio, ſugo di limone, e pepe, e come una farza ſi ſiende ſopra li croſtini bruſtoliti.

Croſtini di Boragine. Le foglie tenere di boragine ſi triturano ben fine, e con un ſenſo di cipollina trita, ed acciughe, ſi fan ſuffriggere, condite di fino petroſemolo, e di pepe. Indi ſi bagnano con latte di pignoli, ſi condiſcono anche con bottariche trite, e ſi ſervono ſopra alli croſtini bruſtoliti.

Croſtini di gialli di ragoſta. Il giallo, e le uova di ragoſta si meſcolano ben bene, ſi condiſcono di pepe, di ſale, di olio, e di ſugo di limone, e così, ſtemperato tutto, si mette ſopra alli croſtini fritti.

Croſtini di Spinaci. Bianchiti li ſpinaci ſi triturano ben fini, e con butirro si ſan ſuffriggere, conditi di ſale, pepe, e cerfoglio. Si legano dopo con panna di latte, e gialli di uova, e si diſpongono a bocconcini ſopra li croſtini fritti.

Croſtini di Butirro. Il Butirro, diſteſo ſopra delle fette di pane bruſtolito, si condiſce di ſale, e di pepe bianco, ben fino peſto, e si ſervono li Croſtini.

Croſtini di Capparini. Li Capparini si triturano ben fini con parte di acciughe, un ſenſo di aglio, e poco origano, e si condiſcono di pepe, di olio, e di ſugo di limone. Ciò fatto, si diſtende il compoſto ſopra le fette di pane bruſtolito, e si ſervono i Croſtini.

Croſtini di Gambari. Dalli Gambari, cotti in acqua, ſe ne tolgano le code, e da eſse il guſcio; dopo si condiſcono con olio, ſugo di limone, ſale, pepe, e targone con petroſemolo trito, e si diſpongono, a bocconi, ſopra alli croſtini.

TRATTATO XII.

Delle Croccanti, Gattò, ed altre Paste delicate.

LE menſe de' Grandi, particolarmente quelle di aſpettativa, non ſolo devono eſsere imbandite con le varie vivande manovrate per la ſoddisfazione del guſto, ma pur anche con quelle, che attirano l' ammirazione, e formano quel aſſieme, che da noi col nome di bello ſi eſprime. Sono queſte appunto le Paſte Croccanti, e li Gattò, che ſi vedono elevate ad elegante diſegno, nobilmente decorate, e diſpoſte. Li Gattò e le Paſte delicate ſoddisfano gli occhi, e la bocca, ma le Croccanti, in realtà, ſono più per l' occhio, che per la bocca; ma l' occhio, più che la bocca, decide del bello, e del ſontuoſo delle menſe, particolarmente nell' uomo di buon ſenſo.

CAPITOLO I.

Delle Croccanti.

Croccante di mandorle.

PUlite le mandorle, nel peſo di tre libre, e peſte ben fine, bagnandole nel peſtarle, per non farle cavar l' olio, ſi faranno in una caſſarola a fuoco lento incorporare con libre due di zucchero fino ben polverato, e con qualche goccia di olio di cannella, per condirla, in maniera che divenghi una ben fina, e morbida paſta, quale freddata, e tirata ben ſottile ſopra di un vaſe di rame, unto di cera, o di olio, s' intaglierà con quel diſegno, che ſi vuole; e così lentamente al forno ſi farà ſeccare; ſi ſervirà fredda, ornata di confettura, e ſopra di una marmellata. Con queſta medeſima paſta ſi poſſon fare varj piccioli lavori da ſervirſi ne' tondini.

Si

Si chiarifichi lo zucchero, e giunto alla cottura di caramella, si faccia cadere, filando, sopra di una cassarola unta di olio, girando la mano nel farlo cadere, acciò faccia un lavoro traforato. Poi freddato questo zucchero, e riscaldata appena la cassarola, si distaccherà subito la Croccante, la quale si servirà con confettura sotto. *Alla Caramella.*

Due libre di fior di farina, con una di zucchero in polvere, s' impasti con dieci gialli di uova, e due chiare, e quattr' once di butirro. Si maneggi ben bene, e bisogn' avvertire, che la pasta resti soda. Con questa pasta si formano tanti fini maccheroncini, co' quali si copre, a bel disegno, una cassarola, si farà cuocere a lento grado di fuoco al forno, e cotta si toglie dalla cassarola, e con marmellata di frutta sotto si servirà. *Pasta Condè*

Si faccia una pasta metà fior di farina, e metà zuccotto fino in polvere, e con acqua di colla dragante s'impasti; e volendola colorire ci si metterà un poco di polvere di quel colore, che si vuole. Fatta questa pasta, si maneggi bene, o si pesti, e poi tirata ben sottile, s' intagli sopra la carta, e foglia di rame, in varj pezzi lavorati a piacere, quali cotti, ed uniti con caramella, o gomma arabica, per formarne quel che si vuole, si servirà la Croccante. *Alla Dragante.*

Si mescola metà zucchero fino in polvere, e metà di amido con chiare di uova, e sugo di limone, in maniera che s' abbia una pasta dura, quale sottilmente tirata sopra la carta, si lavorerà come si vuole, per formare varj croccantini. *Al limone*

Si faccia una pasta fluida con una libra di fior di farina, due once di zucchero, quattro gialli di uova, e due chiare, e con latte, ed in essa s'attuffi un ferro lavorato, a giglio, o in forma di rosa, riscaldato prima in una cassarola con sugna, entro la quale di nuovo si metterà attuffato nella pasta suddetta, quale cotta se ne caverà il ferro. Cotti questi fiori, si serviranno montati in piramide, attaccati con caramella, ed ornati di confettura. *Alli Foritacci*

Fatta una liquida pasta con ott' once di fior di farina, tre chiare di uova, ed un rosso, e due once di zuccehero, e tanto vino bianco quanto basta per renderla sciolta; e ben sbattuta, e condita di cannella in polvere, si faccia colare, a poco la volta, in una picciola cassarola sul fuoco, con strutto riscaldato, e per un pignatino col fondo tutto forato, girandolo mentre cola la pasta. Cotte, che saranno le Croccantine, se le darà qualche forma, poichè calde son flessibili, e si serviranno montate, con zucchero sopra. *Juccastrao.*

Si faccia una pasta sfogliata, si tiri alla grossezza di un mezzo dito, e si tagli a fiorami, quali arrosati, e cotti al forno, si monteranno, uniti con la caramella, e naspriti si serviranno con confettini. *Alla destrè.*

Netta una libra di mandorle, ed asciugate, si pestano, bagnate con chiara di uova; fatta pasta, ed unita bene con due chiare di uova montate, si condisca con anisi, cannella, garofani in polvere, e noce moscata: Indi si tiri ben sottile sopra una foglia di rame, *Alli Cialdoni di Mandorle.*

un-

unta di cera, e fattoci un naſpro con chiare di uova, zucchero, cannella e coriandri in polvere, si faccia cuocere lentamente al forno. Cotta, e calda com' è, si taglierà a ſtriſcie, e ſe le darà una forma tortuoſa. Si monteranno a piacere, e si ſerviranno.

Naſtrata. S' impaſti una libra di fior di farina con due once di zucchero in polvere, e due di butirro, polvere di cannella, ed uova; fatta queſta paſta ſoda, e ripoſata, si tiri a fogli ſottili, quali tagliati in forma di naſtri, e fritti nello ſtrutto, si ſervono montati, e polverati di zucchero.

CAPITOLO II.

Delli Gattò.

Gattò ſemplice. SI sbattino bene, in un vaſe, dieci gialli di uova con mezza libra di zucchero fino in polvere, ſi uniſcono con nove chiare di uova ben montate, ed indi con mezza libra di amido; meſcolato tutto, e condito con qualche odore, ſi faccia cuocere al forno, in una caſſarola unta di butirro; cotto ſi ſervirà naſprato di zucchero, e cannella.

Alla moda. Cotto il fior di farina di riſo nel brodo, e fattane una ſoda paſta ſi peſti con polvere di cannella, e vainiglia, e poi s' impaſti con gialli di uova. Indi ſe ne formino varj gnocchi alla lunghezza di un mezzo dito, i quali fritti in ſtrutto, e giulebati con zucchero si diſpongono entro di una caſſarola, unta di olio, che freddati, ed aſſodati, ſi ſerve, il già formato Gattò, polverato di zucchero.

Sfogliato alla Crema. Fatta la ſolita paſta sfogliata, e tagliata a quadretti, ſi farà cuocere al forno; e poi aperto ogni quadretto, e ripieno di Crema, ſi ſerviranno, tutti attaccati l' uno ſopra l'altro con caramella, in forma rotonda, e così fatto, ſi ſervirà il Gattò ornato di confettura.

Alla Savoſarda. Unita mezza libra di zucchero in polvere, con cinqu' once di amido, e dodeci gialli di uova, ſi condiranno con portogallo candito rapato, e con cannella in polvere; indi con dieci chiare di uova montate; meſcolato tutto, ſi farà cuocere al forno, in una caſſarola unta di butirro; cotto il Gattò, ſi ſervirà con naſpro fatto con chiara di uova, zucchero in polvere, e ſugo di limone.

Alla Spoſa. Si tagli la paſta sfogliata a moſtaccioletti, quali, arroſati, ſi faran cuocere al forno. Cotti, ſi ſerviranno montati, e sbruzzati di giulebbe, con cedro, piſtacchi, confettini, e fiori d' aranci, triti.

Di Piſtacchi. Bianchiti i Piſtacchi in una libra, e peſti con cortecce di cedro candito, ed un poco di butirro, ſi meſcoleranno con ſei gialli di uova, cannella, noce moſcata, mezzo libra di zucchero, e quattro chia-

chiare di uova montate; e mescolato tutto, si farà cuocere al forno in una cassarola unta di butirro, e polverata di pane; e cotto il Gattò, si servirà con naspro verde, fatto con giulebbe, sugo di spinaci, e cedro verde rapato.

Alla Corradina. Mezza libra di mandorle cotte all' amberlina, e peste ben fine; si uniscano con coriandri in polvere, una libra di zucchero fino, due once di amido, dodici gialli di uova, corteccia di cedro, e cannella; e tutto dimenato, si unisca con otto chiare di uova, e si faccia cuocere al forno, in una cassarola butirrata; cotto il Gattò, si servirà con naspro di cannella.

Altro alla Corradina. Dieci gialli di uova si uniscano con mezza libra di zucchero, tre once di amido, poca cioccolata, cannella in polvere, e vainiglia mescolato tutto, si unisca con chiare di uova montate, e si faccia cuocere al forno, in una cassarola butirrata, ed incartata. Cotto il Gattò, e fattoli sopra una buca, se ne caverà il midollo, quale sminuzzato, e unito con Crema di vainiglia, servirà per riempire il Gattò, che naspato di Cioccolata, si servirà.

Alla Suldana. Cotto il fior di farina nel brodo, ed addensato e freddato, si pesti con gialli di uova; poi unito con cedro candito, limon verde, pistacchi, mandorle all' amberlina, tutto trito, e condito di cannella, si mescoli con chiare di uova montate, e si facci cuocere al forno, in una cassarola unta di butirro, ed incartata; e cotto il Gattò, si servirà con zucchero.

Alla Maddalena. Si mescoli una libra di fior di farina con mezza libra di zucchero, mezza di butirro, sei gialli di uova, cedro candito, limon verde rapato, e cannella in polvere; e mescolato tutto, si faccia cuocere in una cassarola butirrata; e cotto il Gattò, si servirà polverato di zucchero.

Alla Parmegiana. Una libra di parmegiano grattato, si unisca con otto gialli di uova, e due chiare, quattro once di zucchero, e poco cedro candito tritolato; mescolato tutto, si faccia cuocere al forno in una cassarola butirrata e polverata di pane. Cotto il Gattò si servirà coverto di crema.

Alla Bolognese. Si unisca mezza libra di farina, mezza libra di zucchero, quattro gialli di uova, quattr' once di butirro, passerina, anisi, cannella, e noce moscata; e mescolato tutto con quattro chiare di uova montate, si faccia cuocere in una cassarola unta di butirro; e cotto il Gattò, si servirà con naspro di zucchero, ed anisi in polvere.

All' Arlecchina. Peste le Mandorle, e cotte con zucchero in polvere, se ne farà una pasta condita con cannella, e cedro trito, quale tirata ben grossa sopra una cassarola unta di olio, si farà seccare al forno; poi cavatene la cassarola, si servirà il Gattò naspato, e guarnito di confettura di varj colori.

Alla Burneville. Fatta una pasta con una libra di fior di farina, quattro uova, sale, cedro verde rapato, acqua di fior di aranci, e polvere di cannella, si lascia riposare per un'ora in un panno; poi di nuovo manegneggiata, si unirà con una libra di butirro, e se ne formeranno ciambellette, le quali arrosate, e cotte al forno, si serviranno montate in forma rotonda, e nasprate con cannella.

Alla Nobile Si mescoli mezza libra di zucchero, e mezza libra di amido con dieci gialli di uova, quattr'once di butirro, cannella, ed anisi, e tutto ben dimenato, si unirà con otto chiare di uova montate, e si farà cuocere al forno in una cassarola butirrata. Cotto il Gattò, e fattole una buca, s'empirà di amarene giulebbate, o marmellata di cedro, e nasprato di vainiglia si servirà.

Al Grillace. Bianchite due libre di mandorle, e poi tagliate a filetti, ed asciugate, si mescolano con una libra di zucchero, e si friggano con olio. Cotte in modo, che lo zucchero sia divenuto a color di oro, e le mandorle siano unite, si caveranno, e si tireranno sottilmente dentro una cassarola, che freddate, se ne caverà in un pezzo il già formato Gattò, e si servirà ornato di diavolini, sopra una foglia di pasta, con marmellata sotto, o pure sopra una salvietta semplicemente.

CAPITOLO V.

Delle altre paste delicate.

Pasta alla Reale. SI faccia bollire nel brodo chiaro fior di farina con un pezzetto di butirro, e corteccia di limone verde rapata, dimenandolo con mestola di legno. Addensato e freddato, si pesti con gialli di uova, corteccia di portogallo, pistacchi, cannella, e qualche chiara di uova, e se ne formino bocconcini, i quali cotti al forno, e poi aperti, e ripieni di marmellata, e polverati di zucchero, si serviranno glassati, e sodati al forno.

Di Merenghe Cotta una libra di zucchero fino, in modo che attacchi tra le dita. Raffeddata dopo, si dimenerà con mestola di legno, si mescolerà con cinque chiare di uova montate, e poi si disporrà a bocconi sopra un foglio di carta, i quali assodati per poco al forno, si serviranno uniti a due a due, ripieni di marmellata, o pure semplici. Con questa pasta si possono coprire Torte, Pasticcetti, Creme, ed altre cose.

Di Faldicchere. Si faccia cuocere una libra di zucchero, e giunta quasi alla cottura della caramella, e freddata, si mescoli con dieci gialli di uova, ed acqua di cannella, e di nuovo al fuoco si faccia tutto addensare. Addensata, e freddata questa pasta, si passi per setaccio, e condita con cortecce di portogallo candito trito, si riduca in palle, quali calate nel giulebbe a perla, e poi involte nello zucchero in grana, si sersi serviranno. Si può servire per ripieno di pasticcieria, e per ornamento di Torte, ec.

Calessò. Fatta la pasta sfogliata, e tirata alla grossezza di un mezzo dito, si taglierà a piccoli quadretti, quali forati, e arrosati si faranno cuocere al forno, e si serviranno, ripieni i buchi, di marmellata, e coverti di pasta di merenghe.

Alla Sciantello. Fatta una pasta di mandorle con zucchero, se ne formeranno piccole cassettine, le quali seccate al forno, e ripiene di Crema di pistacchi, si serviranno coverte con pasta di merenghe.

Cannelloni. Fatta una mezza pasta frolla, e tirata ben sottile, s' involgerà attorno a cannelli di latta, e con essi si friggerà in strutto; poi cavatene i cannelli, s' empiranno i Cannelloni di Crema, o Marmellata, o Ricotta con un odore di vainiglia, e si serviranno polverati di zucchero.

Alla Regina. Fatte piccole cassettine di pasta frolla, e cotte al forno, s' empiranno di pasta di uova saldicchere, mettendoci in mezzo delle amarene giulebbate, e coverte con pasta di merenghe, si faranno rappigliare al forno, e si serviranno.

Biscotti alla Bugnè. Dimenate bene cinque gialli di uova, con cinque once di zucchero, si mescolino con cinque chiare di uova montate, ed un oncia di fior di farina. Indi si faccia cuocere questa composizione lentamente al forno, in varie lunghe cassettine di carta, disposte sopra una foglia di rame, e polverate di zucchero; e quando si distaccheranno dalla carta, allora potranno servirsi, fuor della carta, o come sono, o pur nasprati.

Imberacciate di Mandorle. Si faccia cuocere, nello zucchero chiarificato, mezza libra di mandorle bianchite, e tritolate; e quando sono alla cottura ambrellina si caveranno, e freddate, si uniranno con una pasta di merenghe; ben mescolato tutto, si dividerà in tanti bocconi, disposti sopra la carta, e sopra di una foglia di rame, e si faran assodare al forno, e così poi si serviranno.

Biscotti all Africana. Mescolati bene dieci gialli di uova con dieci once di zucchero in polvere, in modo, che i gialli diventino quasi bianchi, si condiscano con un senso di cedrato. Poi distribuito questo composto in fogli di carta, disposta a canaletti come un ventaglio, si farà cuocere al forno lentamente, e quando si distaccheranno dalla carta, si possono servire.

Biscotto amaricante. Una libra di mandorle amare, bianchite, ed asciugate, si pestano con una libra di zucchero in polvere, e s' impasterà con due chiara di uova montate, ed un' altra libra di zucchero; e quando questa pasta, tagliata col coltello, non attacchi al medesimo (altrimenti aggiungendosi più zucchero si sequirà a dimenarla con le mani bagnate in chiare di uova montate) se ne formano piccoli tortellini, quali disposti sopra la carta, e su di una foglia di rame, si faranno cuocere.

Spumette varie. Mescolate e peste cinque once, in circa, di zucchero polverato, con due chiare di uova, ed aggiuntoci, un poco di cioccolata rapata, o di cannella in polvere, o di anisi in polvere, ec., e con l'una cosa, o con altra mescolato tutto, si farà cuocere al forno sopra la carta in varj bocconcini.

Spumette al vento. Le chiare di uova montate, ridotte in bocconi, ed in forma di piccole palle, ed indi involte nello zucchero fino in polvere, si dispongano sopra un foglio di carta ordinaria, ed al forno, poco riscaldato, si facciano assodare.

Cialdoni semplici. Si dimeni mezza libra di zucchero in polvere, ott' once di fiore, un' oncia di anisi in polvere, con dieci uova, ed un oncia di butirro liquefatto, e stemprato tutto, si passerà per setaccio, e si formeranno i Cialdoni col ferro riscaldato in maniera di ostie; i quali cotti, s' involteranno a Cannelli, e si serviranno.

Frutti finti Peste le mandorle bianchite, e fatte cuocere con zucchero in polvere in cassarola, e con qualche odore a piacere, se ne formerà una pasta, la quale si divide in porzioni, secondo i frutti che si voglion fare. Per li noci si userà la cannella in polvere; per li fichi neri il cioccolato per li verdi il sugo di petrosemolo; per le pera un misto di zafferano ed alacca; per le mandorle le foglie peste di petrosemolo ec. è così se ne formino frutti varj entro le forme, o senza, i quali secchi al forno, si riempiranno di marmellate, si uniranno, e serviranno ne' tondini, o pure per ornamento.

TRAT-

TRATTATO XIII.

Delle Salse, Sapori, Marmellate, e Geli.

Le Salse, e li Sapori, che indicano, e si descrivono nel presente Trattato non son vivande, ma sibbene condimenti, che furono a bella posta inventati, e nelle mense imbanditi, o per dar maggior condimento ad una qualche vivanda, o per avvalorare qualche stomaco rilasciato, o pure per titillare le papille a quel palato, che mangiar voglia o con maggior sapore, o più del necessario, o forse anche senza fame. Ed acciocche si possa scegliere a piacere, a talento, ed a soddisfazione la salsa, o il sapore qui, se ne legge una varia manovra.

Piacevoli vivandine sono poi le limpide Marmellate, e li cristallini Geli, li quali, col piacere del gusto, danno anche nelle mense un risalto, ed una vaga interruzione, ricercata dagli uomini galanti, e di brioso, moderno pensare.

CAPITOLO I.

Delle Salse.

Io metto nel numero delle Salse la Glassa, poichè con essa si condisce ogni vivanda di Antre, particolarmente le piccate. Per farla, si mettono in una marmitta con acqua, o con freddo brodo, dei pezzi di carne magra di Vitello, dei colli, ale, e piedi di polleria, ed un pezzo di presciutto, prima bollito in acqua. Si metterà a bollire, si spumerà bene, e cotto tutto si passerà il brodo per stamina, si sgrasserà, e si colorirà con brodo oscu- *Glassa.*

ro

ro. Indi si farà a vivo fuoco bollire per restringerlo, come a giulebbe, e come ad ambra far, che ne sia il colore, e così formarne la glassa, da servire nelle vivande; ad uso di salsa.

Salsa di Rognone di Vitello. Pesto, con pistacchi, il rognone di Vitello arrostito, e sciolto con sugo di limone, e sugo dell' istesso arrosto, si passerà per setaccio, e fatta salsa, condita di spezie, si servirà calda, sopra arrosti di Vitello, o di Pavoncelle, o pur di Capponi.

Mista. Si faccia bollire in un vase, ben chiuso, aceto di targone con zucchero, alloro, cortecce di limone, e spezie, e quando avrà bollito, si legherà con fior di farina, si passerà per setaccio, e si servirà sopra Cervo arrosto.

Di sugo di Arrosto. Raccolto il sugo del Cinghiale, che gocciola dall' arrosto, si faccia lentamente bollire con scalogne tritolate, salvia, sugo di limone, vino bianco, e spezie; ed addensata che sarà la salsa, si servirà sopra il Cinghiale.

Di Cappari ed Acciughe Tritolati li capparini con acciughe e cipolle, e passato tutto con olio, ed unito con sugo di Castrato, si servirà calda la salsa, condita di spezie, e legata con fior di farina.

Alla Rustica Si pestano capparini, acciughe, e pignoli, e sciolto tutto con aceto, ed olio, e condito di spezie, si farà riscaldare, e calda si servirà, la salsa, sopra pesce.

Salza in Salmì. Li colli, e teste con le ale delle Beccacce si passano con grasso di presciutto, e fette di esso, aglio, alloro, e spezie. Si bagnano dopo con vino generoso, ed in esso si farà tutto disfare. Per addensar il brodo, che deve formar la salsa, ci si metteranno delle croste di pane brustolito, o fritto. Addensata, e ristretta, si passerà per setaccio, si sgrasserà, e condita di sugo di limone, si servirà.

D' Anasi. Pesto uno spicchio di aglio con anasi, basilico, e cedro, tutto condito di spezie, e sciolto con aceto rosato, e brodo, si faccia bollire; ed addensata la salsa, si servirà sopra piedi di Vitello.

Roberta. Passate le cipolle, ben trite, con butirro, ed unite con capparini triti, coriandri, e spezie, si fanno bollire nel vino moscato, ed agro di limone, e si servirà la salsa.

Alla Panna Si facciano addensare, in una cassarola, panna di latte, latte, butirro, ed acqua di cannella; e poi si servirà la salsa sopra arrosto di Vitello, o sopra Polleria.

Alla Tedesca. Bolliti in vino bianco capparini, acciughe, funghi, timo, e menta, tutto pesto, si servirà questa salsa, legata con fior di farina, e condita con butirro, sopra Pesci bolliti.

Di Butirro. Disfatto un pezzo di butirro in una cassarola, e condito di spezie, si faccia bollire con aceto, ed addensata la salsa con poco fior di farina, si servirà sopra sparagi.

Alla Spagnola. Si facciano bollire in vino di Borgogna più spicchi di agli, fette di cipolla, alloro, peparoli rossi, cannella, e garofani intieri fette di presciutto, e croste di pane. Addensata che sarà questa salsa, si si passerà per setaccio, e si servirà sopra Pernici.

Peste le acciughe con pignoli, ed una mollica di pane bagnata nell'aceto, e sciolto tutto con aceto bianco, e condito di olio, sugo di limone, e spezie, si passerà per setaccio, e si servirà la salsa sopra Pesci lessi. *Candida.*

Pesti limoncelli canditi, e sciolti con sugo di limoni verdi, e poche gocce di aceto, e passata questa salsa per setaccio, si servirà per Uccelletti arrostiti. *Di Limone.*

Liquefatto, in una cassarola, un pezzo di butirro, condito di spezie, e basilico trito in quantità, si faccia addensare con gialli di uova e sugo di limone, e poi si servirà la salsa, sopra Piccioni. *Di Basilico*

Peste le acciughe con petrosemolo, capparini, menta, ed un senso di aglio, e condito tutto di olio, aceto, sugo di limone, e spezie, si passerà la salsa, e si servirà sopra pesci rifreddi. *Ramolata.*

Si facciano bollire nel sugo di granate capparini triti, corteccie di portogallo, alloro, e spezie; ed essendo la salsa addensata, si passerà per setaccio, e si servirà sopra varie Vivande. *Alla Reale.*

Si stemprino più gialli di uova con poco latte, e con una decozione di caffè, ed a modo di crema si facci addensare a lento fuoco, ma prima dell'addensamento aggiugnerci una giusta dose di Rosolì di caffè. Questa salsa è ottima sopra fritture da grasso. *Alla Persiana.*

Pesto il cedro candito con maggiorana, si scioglie con aceto, si condisce di spezie, e si farà bollire; e così si servirà sopra l' Anetra. *Bastarda.*

Passati con butirro, presciutto, cipolline, scalogne, un spicchio di aglio, tartufi, funghi, e capparini, tutto trito, si faranno bollire, conditi di spezie, con brodo di carne, aceto, e sugo di limone, e si servirà, questa salsa, sopra carne di Manzo. *Brusca.*

Si passa con butirro quantità di acetosa, e spinaci triti, e poi si pestano con una mollica di pane, e corteccia di limone verde; e condito tutto di spezie, e sciolto con sugo di limone, e brodo chiaro, si passerà per setaccio, e si servirà la salsa, calda, sopra Manzo lesso. *D' Acetosa*

Peste le foglie di maggiorana con cedro candito, e corteccia di limon verde rapata, e sciolto tutto con sugo di visciole si farà bollire con stecchi di cannella, e garofani; ed addensato il sugo si servirà la salsa, passata per setaccio, sopra Tacchini. *Di Visciole.*

Bianchiti i Gambari in acqua con sale; e pesti con una mollica di pane brustolita si scioglieranno con aceto rosato, e passato tutto per setaccio, si farà bollire con stecchi di cannella, e garofani, alloro, e corteccia di limone. Si passerà la salsa, e si servirà. *Di Gambari*

Si pesta un pezzo di presciutto tritolato, e poi unito con foglie di salvia, o menta, si passa con butirro, e si fa bollire con sugo di limone, ed aceto di targone, condito di spezie, e poco zucchero: addensata la salsa, e passata per setaccio si servirà. *Di Presciutto*

Lavata una quantità di genepri nel vino, si facciano bollire in *Di Ginepri.*

un vase ben chiuso con aceto di malvasia, zucchero, e spezie; e quando avrà tutto, per un pezzo, bollito, si addenserà, si passerà per setaccio, e si servirà la salsa sopra cacciagione.

Di Fegati di Capponi. Passati i fegati di Capponi con butirro e spezie, si pestano con mandorle brustolite, un poco di zucchero, e spezie; e poi stemprato tutto con malvasia, e sugo di aranci, si passerà, e si servirà la salsa calda sopra salvagina.

Alla Giardiniera. Si pestano maggiorana, basilico, targone, ed un spicchio di aglio, e poi stemprato tutto con sugo di Manzo, ed aceto, si farà bollire; e passato per setaccio si servirà la salsa sopra Manzo.

Di Tarantello. Bianchito il Tarantello con acqua ed aceto, e pesto con pistacchi, corteccia di limone, e spezie, si scioglierà con aceto, sugo di limone, ed olio; e passato tutto per setaccio, si servirà sopra Pesci.

Di Pomidoro Netti i Pomidoro dalla pelle e semi, si tritulano con spicchi di aglio, peparoli rossi, e basilico; e passato tutto con olio, e condito di spezie, si farà bollire con sugo, e brodo di carne; e passata per setaccio la salsa, calda si servirà sopra carni, o pesci.

Alla Moresca. Si pestano uva passa, gialli di uova duri, polvere di mostacciolo, ed una mollica di pane brustolita, e bagnata nel aceto; stemprato tutto con vino bianco, e sugo di agresta, e passato per setaccio, si farà bollire, condito di spezie, e si servirà la salsa sopra Pesci.

Di Bottarica. Ammollite le uova bottarighe nell'acqua calda, e peste con spezie, si scioglieranno con aceto di odore, ed olio; e passata la salsa per setaccio, si servirà sopra croste di pane brustolite, o sopra insalatine, o pure sopra pesci.

Al Tornagusto. Si pestano peparoli verdi, origano, piperna, finocchio fresco con semi, spicchi di aglio, menta, ed acciughe; e sciolto tutto con aceto, sugo di limone, ed olio, si passerà per setaccio, e si servirà, questa salsa, sopra olive, insalatine, e pesci.

D' interiora di pesce. Passati i fegati, e lattaroli di pesce con olio, cipolline, petrosemolo trito, e spezie, e pesti con capparini, si scioglieranno con sugo di limone, ed olio: si passerà per setaccio la salsa, e si servirà calda, sopra pesci.

Di tartofi da grasso. Li Tartufi fettati, e passati con butirro, ed acciughe, si pestano, e si sciogliono con sugo di carne, e di limone. Si passa la salsa per setaccio, e si serve sopra carne.

Di tartufi da magro. Cotti i Tartufi sotto le brici, si fettano, si pestano con bottariche, ed un spicchio di aglio, e sciolto tutto con olio, e sugo di limone, e passato per setaccio, si avrà la salsa per pesci.

Melata. Si faccia bollire mele, con aceto rosato, e spezie, ed addensato che sarà, servasi la salsa sopra cervelle fritte.

Alla Campagnola. Si pestano petrosemolo, basilico, maggiorana, mandorle, ed una mollica di pane bagnata nel vino moscato; e tutto condito di spezie, si scioglierà con sugo di agresta, e mele, e si servirà la salsa, passata per setaccio, per carni, e pesci.

Pe-

Peſte le foglie tenere di vite con i loro tralci, foglie di cedro, corteccia di limon verde, e piſtacchi; e condito tutto di zucchero, e ſpezie, e ſciolto con aceto di odore, ſi paſſerà per ſetaccio, e ſi ſervirà la ſalſa, ſopra peſce fritto. *Di foglie di Vite.*

Si peſtano ſpicchi di agli con baſilico, finocchio freſco, pignoli, e ſpezie, e ſciolto tutto con aceto di malvaſia, e ſugo di agreſta, ſi paſſerà per ſetaccio, e ſi ſervirà la ſalſa ſopra Rane. *Alla Lombarda.*

Peſto il Cedro candito con mandorle bruſtolite, e cannella, ſi ſcioglierà con malvaſia, e ſugo di limone; e paſſato per ſetaccio, ſi ſervirà la ſalſa ſopra frittura. *Di Cedro.*

Si faccia bollire malvaſia, e ſugo di limone, con zucchero, e ſpezie in ſtecchi, ed addenſato con polvere di moſtacciolo, ſi paſſerà per ſetaccio, e ſi ſervirà ſopra frittura. *Imperiale.*

Ammollita l' uva paſſa nel vino moſcato, e peſta con pignoli, capparini, e ſpezie, ſi ſcioglie con malvaſia; e condita di zucchero, ed alloro, ſi fa bollire, ſi paſſa per ſetaccio, e ſi ſerve ſopra Tordi arroſtiti. *Di Paſſerina.*

Le Mandorle bianchite, ſi peſtano con corteccia di limon verde, cedrato candito, ed una mollica di pane bagnata nel ſugo di limone, poi ſi ſcioglierà tutto con brodo, acqua di cannella, e ſugo di limone, ſi paſſerà per ſetaccio, ſi farà addenſare con un pezzo di butirro, e ſi ſervirà calda, ſopra zinna leſſa. *All a Dama.*

Si peſtano mandorle bruſtolite, una mollica di pane bruſtolita, e bagnata in aceto, ſpicchio di aglio, cotto alle braci, e corteccia di portogallo; e ſciolto tutto con malvaſia, ed aceto roſato, ſi farà bollire condito di ſpezie, e mele. Si ſervirà queſta ſalſa, paſſata per ſetaccio, ſopra Caſtrato arroſtito. *All'apiciana.*

Peſtaſi un ſpicchio di aglio, con ſalvia, uva paſſa, cedro candito, un pezzo di fegato fritto, ed una mollica di pane bagnata in aceto roſato, col quale, ſciolto tutto, ſi farà bollire condito di zucchero, e ſpezie; e poi ſetacciata la ſalſa, ſi ſervirà ſopra fegato. *Alla Fiorentina.*

Bollito il pane bruſtolito con malvaſia, mele, aceto, ſpezie, e ſeme di ſenape polverata, ſi paſſerà tutto per ſetaccio, e ſi ſervirà per Salvagine. *Peverata.*

Cotto in brodo il ſeme di canape, ſi peſta con mandorle bianchite, una mollica di pane bagnata nel brodo, pepe bianco, e corteccia di limon verde, e ſtemprato tutto con brodo, ſugo di limone, ed acqua di roſe, ſi condirà di ſpezie, ſi paſſerà per ſetaccio, e ſi ſervirà calda ſopra leſſi. *Di Seme di Canape.*

Peſte le More di ſiepe con mandorle bruſtolite, corteccia di Portogallo, e ſpezie, ſi ſcioglierà tutto con ſugo di agreſta, e paſſato per ſetaccio, ſi ſervirà la ſalſa ſopra rifreddi. *Moranda.*

Si facciano lentamente bollire, nel ſugo di uva nera, cortecce di limon verde, e portogallo, ſpezie in polvere, e croſte di pane; ſi paſſa tutto per ſetaccio, e s' avrà la ſalſa per leſſi. *Vigoroſa.*

Di Prugne. Ammollite in vino bianco, le prugne secche, e poi peste con un spicchio di aglio, e tartufi, condite di spezie, si scioglieranno con sugo di limone, e vino, col quale bollito tutto, e passato per setaccio, si servirà sopra carne.

Di Targone. Le foglie di targone tritolate, e passate con butirro, si condiranno di spezie, e si bagneranno con brodo di Vitello, e sugo di limone, si farà addensare, e si servirà la salsa sopra Vitello in umido.

Alla Corradina. Si pestano fegatelli di Polli, cotti su le braci, gialli di uova duri, tartufi, targone, e corteccia di limone candito, e poi sciolto tutto con sugo di limone, e passato per setaccio, si avrà la salsa, la quale, calda, si verserà nel Pasticcio di animelle.

All' Oritano. Liquefatto un pezzo di butirro, ed unito con gialli di uova crudi, basilico trito, panna di latte, e polvere di cannella, si servirà questa salsa, nel Pasticcio di Piccioni.

Alla Vincenzina. Si pestano capparini, presciutto, un spicchio di aglio, prugnoli, tartufi, e targone, e si faccia bollire con brodo oscuro. Addensata, si passerà la salsa, e si servirà ne' Pasticci di Vitello.

Alla Moda. Le mandorle brustolite si pestano con lattaroli di pesce fritti, funghi, e tartufi, e sciolto tutto, con malvasia, e brodo, si passerà per setaccio, e servirà per Pasticci caldi di pesce.

Alla Galante. Pestansi bottariche, acciughe, pistacchi, menta, e tartufi, e sciolti con sugo di limone, olio, ed aceto di targone, e con spezie condita la salsa, si servirà ne' Pasticci freddi di pesce.

Al agro dolce. Nell' aceto di cannella, si facciano bollire alloro, corteccia di limon verde, zucchero, e spezie, e poi passato tutto per setaccio, si addenserà con polvere di mostacciolo; e condita la salsa di cedro, portogallo candito, e pistacchi triti, si serve per carne di Lepre.

Al Cacciatore. Bolliti nel vino, spicchi di aglio, salvia, pane brustolito, spezie, ed un poco di olio, si passerà per setaccio, e servasi calda la salsa, per carni arrostite.

In Salmi. L' interiora delle Beccacce, tritolate con un spicchio di aglio, acciughe, presciutto, e tartufi, si passano con olio, e bagnate con brodo, vino di Borgogna, e sugo di limone, si faranno bollire, e poi servesi la salsa, passata per setaccio, per Beccacce.

Alla Genovese. Si pestano, semi di finocchio, cedro candito, portogallo, mostacciolo, zucchero, e spezie; e sciolto tutto con aceto di odore, si farà bollire, si passerà per setaccio, e si servirà sopra fegato fritto.

Alla Francese. Tritulata l'Acetosa con targone, e passata con butirro, si condirà di spezie, e si bagnerà con brodo di Vitello, e sugo di cipolla cotta, e pesta. Si farà tutto bollire, e servirà per fricondò di Vitello.

D' Agresta. Schiacciata l'Agresta, si fa bollire con zucchero, salvia e spezie; si passerà per setaccio, ed addensata si servirà per beccafichi.

Alla Danese Si facciano cuocere lentamente, in generoso vino, fette di carne di di Bue, con lardo, presciutto, cipolle, alloro, aglio, timo, pastinache, e spezie. Tutto cotto, e disfatto, si sgrasserà, si addenserà, e passata per setaccio questa salsa, si servirà sopra Bue.

CAPITOLO II.

Delli Sapori.

Siccome le salse, già descritte, si han da servir calde, così li Sapori presenti, tutt'all'opposto di esse, si han da servir freddi. Si pestano menta, petrosemolo, basilico, semi di popone, capparini, foglie di cedro, e cedro candito, zucchero, ed una mollica di pane bagnata in aceto; si scioglie tutto, con sugo di limone, si passa per setaccio, e si serve. *Sapore verde alla Reale.*

Le bacche di mortella, lavate in vino, e peste, si faranno bollire nella malvasia, quale passata poi per setaccio, si farà di nuovo bollire con zucchero, mela tritolate, e spezie, ed addensato tutto, e freddato si passerà per setaccio, e si servirà. *Di Mortella*

Peste le Acciughe con bottariche, pignoli, capparini, erbe aromatiche, zucchero, mostacciolo, e spezie, e sciolto con aceto rosato, ed acqua di fiori, si servirà passato per setaccio. *D' Acciughe*

Nette le Pera moscadelle, si facciano cuocere, e disfare nel vino moscato con zucchero chiarificato. Poi si passeranno per setaccio, e si servirà il Sapore. *Di Pera Moscadelle.*

Si pestano basilico, anasi, maggiorana, e timo, e con esso anche pistacchi, una mollica di pane bagnata in zucchero, e spezie; e sciolto tutto con aceto, e sugo di aranci, si passerà per setaccio, e si servirà. *D' erbe Odorifere.*

Si facciano disfare le Pesche nel zucchero chiarificato con acqua di rose, sugo di limone, corteccia di cedro, cannella, e poi passato tutto per setaccio, si servirà. *Di Pesche*

Pesto il Cedro candito con zucchero, fiori di aranci canditi, e foglie di cedro; e sciolto tutto con sugo di limone, e poche gocce di acqua di fiori, si passa per setaccio, e si serve. *Di Cedro.*

Bollito il sugo di Granate con zucchero, stecchi di cannella, garofani, e noce moscata, ed addensato tutto con polvere di mostacciolo, si passerà per setaccio, e si servirà. *Di Granate*

Si fa bollire il sugo di agresta con anasi pesti, corteccia di aranci, stecchi di cannella, e zucchero, ed addensato, si passa per setaccio, e si serve. *D' Anasi.*

Bollito il vino moscadello con semi di finocchi verdi, cedro can- *Di Finocchio* candito, stecchi di cannella, zucchero, e pepe, e passato tutto per setaccio si servirà.

Di Fragole Lavate con vino bianco le Fragole, si fanno cuocere nel zucchero chiarificato, con sugo di limone, acqua di cannella, ed ambra, girandole mentre cuocono; e poi passato tutto per setaccio, si serve.

Di pistacchi Li Pistacchi, bianchiti, si pestano con foglie di petrosemolo, cedro candito, zucchero, e cannella, e sciolto tutto con sugo di agresta, e passato per setaccio, si serve.

D'UvaPassa Si pesta l'uva passa, lavata prima con vino moscato, con anisi e noce moscata, e sciolta con vino moscato, e sugo di limone, in una certa densità, si servirà il sapore, passato per setaccio.

Di Prugnoli Lavati i prugnoli con vino, si pestano con noce moscata, e pepe, si fanno cuocere nella malvasia con zucchero, e sugo di aranci; e disfatti, ed addensato il sapore, si servirà passato per setaccio.

Di Prugne. Le Prugne, lavate nel vino, e senza le ossa si schiacciano, e si fanno bollire nella malvasia, e mele, con cannella, noce moscata, e pepe; si passano per setaccio, e si serve il sapore.

Di Limone. Si mescola il sugo di limone con zucchero chiarificato, acqua di cannella, corteggia di limone candita rapata, si fa bollire tutto, e si serve il sapore, quando sarà addensato.

DiMandorle Bianchite le mandorle, e peste con zucchero, fiori di aranci canditi, una mollica di pane bagnata nell' acqua di fiori, si scioglie tutto con sugo di limone, e si serve passato per setaccio.

Di Carote. Le Carote rosse, bianchite in vino, si pestano con cannella, noce moscata, pepe lungo, corteccia di portogallo, e zucchero, e sciolto tutto con sugo di agresta, ed aceto rosato, e fatto lentamente bollire, per addensarlo, si passa per setaccio, e si serve.

Di Caviale. Si pesti il Caviale con porzione di mostacciolo, e condito di cannella, noce moscata, pepe, e mele, e sciolto poi con sugo di limone, si passerà, e si servirà.

Di Cotogna Cotte le Cotogna alle braci, si pestano con pepe, cannella, e e zenzaro; e sciolto tutto con sugo di aranci, e vino moscato, si fa bollire con zucchero, e poi passato per setaccio, si serve.

Alla Turca. Brustolite le mandorle, si pestano con uva passa, gialli di uova duri, ed una mollica di pane brustolita, e bagnata in aceto; e condito tutto di zucchero, e spezie, si scioglierà con sugo di aranci, si farà bollire, e passato per setaccio si servirà.

Alla Moda. Pesti cedro, ed aranci canditi con cannella, muschio, garofani, e senapa, e stemprato tutto con aceto di malvasia, si condisce di poco zucchero, e dopo si passerà per setaccio, e si servirà.

CA-

CAPITOLO III.

Delle Gelatine, e Geli.

PRima di parlar delle Gelatine, è di bene che si prepari la gomma a pallone, ossia la colla di pesce, la quale molto vale nelle Gelatine. Si prenda uno, o più tortanelli di detta colla, e sopra di un marmo con grosso martello batterla, e sminuzzarla bene, ed indi metterla nell' acqua per ammollirla, e disporla alla bollizione. Dopo, circa otto ore, si laverà con acqua tiepida, e si metterà a bollire a vivo fuoco, e nella bollizione sempre spumarla per toglierne l' impuro. Quando l' acqua sarà consumata per due terzi, e che si vedrà ad un certo viscoso addensamento, allora per un panno lino, bagnato prima in acqua, si passerà in un vase di fina creta per usarla. Tutta l' importanza sarà di far rimaner la decozione limpida, e chiara, e se si andrà a congelare, con metter il vaso in acqua bollente, si scioglierà, e sarà sempre all' uso.

L' Ananas, ben matura, si pesta nel mortajo di marmo, e con quell'acqua, che necessità, si mette in inffusione in un vase di creta, aggiugerci anche una porzione di vino moscato. Dopo due ore si condisce con zucchero in polvere, si mescola bene, e per un fino panno, o stamina, si passa, filtrando, in un vase di fina creta; e ciò si farà due, o tre volte, sintanto che sia il composto limpido, e chiaro. Ciò fatto ci si aggiugnerà tanta porzione della già preparata colla, quanto si possa conoscere, che sia bastante per rappigliare il composto, col quale, mescolata in esso la colla, si verserà in uno, o più vasi di argento, o di cristallo, o rame, o pur porcellana, e si metteranno a congelare fra la neve. Si ha d' avvertire però, che nei vasi grandi, perchè racchiudono più materia, necessita più porzione di colla. E quando si vedrà, che già si è formata una soda Gelatina, e l' ora essendo per servirla, si attufferà il vase appena nell' acqua bollente, e franca si verserà la gelatina nel piatto, il quale sia stato prima raffreddato su la neve. *Gelatina di Ananas, e di Pesche.*

Si prendano Granate agre, ma ben mature, se ne cavino gli acini, e da essi il sugo (schiamazzandoli dentro di un setaccio) che si farà cadere entro un vase di vernicieta creta. Indi si condisce con fino zucchero in polvere, e con acqua di cannella, o di vainiglia. Si mescolerà tutto, si passerà filtrando, come sopra, ed indi ci si aggiugnerà la dose della colla; dopo si mescolerà, si metterà nel vase, ed a neve, e formata la Gelatina si servirà. *Di Granate.*

Ad una dose, che si ha bisogno, di sugo di Portogalli, ci si aggi-

gia-

Di Portogallo, o di Cedrato. giungne la rapatura di una corteccia di essi, ed il sugo di un limone; dopo si condisce con zucchero in giulebbe, si mescola per disporlo ad un piacevole sapore, si passa filtrando, ci si aggiugne la dose della colla, e congelata, come sopra, si servirà.

Di Amarene La Gelatina di Amarene si fa della stessa maniera della sopradetta di granate, e solo ci si aggiugne dell' agro di limone; per maggiormente muovere il loro sapore rubacido.

Di Fragole Si sghiacciano quantità di Fragole, a proporzione di quello che si vuol fare, e si mettono in un vase di fina creta con una proporzionata dose di vino moscato, e dopo circa due ore, si passerà il sugo per panno, si condirà con sugo di limone, con acqua di cannella, e con la piacevole dose di zucchero in giulebbe. Si mescolerà tutto, indi si passerà, e ripasserà filtrando pel panno, e divenuto limpido il composto, ci si metterà la colla, e si farà congelare.

Di Caffè o di Cannella Si faccia la comune decozione di Caffè, e raffreddata che sarà, si colerà, si condirà col zucchero in polvere, si filtrerà al solito, ed al solito si unirà coll' addattata dose di sciolta colla, e si congelerà. Della stessa maniera si può fare e di Cannella, e di Garofani.

Al bianco mangiare. Si pestano quantità di mandorle dolci, e si dislattano con giusta dose di acqua, ed indi si passa per panno, e si unisce con altretanto latte di animale. Si condisce dopo con cannella in stecchi, o con vainiglia, e si fa per poco bollire. Ciò fatto si condisce con zucchero in giulebbe, si passa per panno, si unisce con la solita dose di colla, e si mette a congelare.

Gelo all' apiciana. I Piedi di Vitello, con un pezzo di carne di bue, altro di presciutto, ed un gallo, si facciano bollire con acqua, e spumata la bollizione, si condirà di sale, alloro, coriandri, cannella, e garofani; e cotto tutto, e sostanzioso divenuto il brodo, si passerà per stamigna, si sgrasserà ben bene, e si metterà di nuovo sul fuoco con chiare di uova sbattute, si condirà con zucchero in giulebbe, malvasia, e sugo di limone, e si farà per poco bollire. Poi di nuovo si passi per un panno di lino, sospeso in aria, per il quale pian piano si farà gocciolare; e chiarito che sarà, si metterà in un vase, nel quale si farà congelare. Congelato, si servirà sopra verdura.

Alla Nobile Si facciano bollire, nel brodo di manzo, li piedi di Agnelli con una gallina, un pezzo di carne di Vitello arrostita prima, cannella, garofani, e sellari; e fatto di corpo il brodo, si verserà in una cassarola, si sgrasserà, e poi di nuovo si faccia bollire con chiare di uova sbattuti, condendolo con sugo di limone, e giulebbe di cedrato. Bollito per poco, si passerà, gocciolando, per un panno di lino, e chiarificato che sarà, si farà in un vase, cinto di neve, congelare, e si servirà.

Alla Spica. Stagionati in una marmitta i piedi di Vitello con fette di carne, e lardo, cipolle, un pezzo di presciutto, un gallo, e bagnati poi con brodo di Manzo, si faranno in esso bollire, conditi di spezie, e co-

coriandri. Quando il brodo avrà preso corpo, si passerà, si sgrassera, e si farà di nuovo bollire con chiare di uova sbattute, e pezzetti di gomma a pollone, e condito nuovamente di spezie, e sugo di limone. Dopo si passerà, e ripasserà per un panno di lino, per farlo chiarificare, ed indi passarlo nel vaso per farlo congelare, ma tramezzato di code di gambari, bottoni, creste di pollastri, e petti di pollanche a filetti, tutto prima cotto in brodo; e così congelato, e fuor del vase, si servirà.

Gelo ripieno.

In una marmitta si mettano a bollire più pezzi di carne magra di Manzo, e con essi piedi di Vitello, ed orecchie, e piedi di Porco, secondo la quantità del Gelo, che si vuol fare. E spumata, che sarà la bollizione, si condirà con poco sale, con pepe intiero, con pochi capi di garofani, con stecchi di cannella, con coriandri, e con qualche foglia di alloro. E poichè necessita un denso maggiore in questo brodo, perciò devesi mettere a bollizione anche della rapatura di corno di cervo, condizionata, e stretta in una pezzola di tela. Cotto, e quasi disfatto, che sarà tutto, si caverà, e si terrà in caldo. Si passerà il brodo, si sgrasserà, e si metterà in cassarola sul fornello per deporarlo, e chiarirlo con le chiare di uova sbattute, e con sugo di limone, che in più volte, mentre il brodo bolle, si metteranno, per sempre più deporarlo. Ciò fatto, ed addensato, che sarà anche il brodo, in modo da formarlo densamente congelato, e tremulto, si passerà per stamigna, e si metterà in un vase tramezzato con li piedi, ed orecchie suddette, tagliati a filetti, e anche con pistacchi, pignoli, e cedro candito a filetti. E congelato poi si servirà.

Gattò in Gelo.

Con uno de' suddetti Geli si può fare un grosso Gattò, mettendo in esso, mentr'è per congelarsi nella cassarola, un Presutto o pure una Tacchina, Pollanche, ed ancora un grosso pezzo di Pesce. Qualunque cosa però si vuol servire, bisogna che sia dissossata, ed in buon brodo prima cotta, e sgrassata, e così poi sopra biancheria, e verdura si servirà.

Gelo da magro.

Si prendano i pesci come Dentale, Tinca, Cercia, Raggia, si puliscano, e si scortiscano. Le pelli, la spina, la testa, e la coda si metteranno a bollire con acqua, poco aceto bianco, sale, spezie intiere, foglie di alloro, pochi filumenti di zafferano, e poca rapatura di corno di cervo, ristretta entro pezzolina. Disfatto, che sarà tutto si passerà il brodo, ed in esso si farà cuocere la carne dei detti pesci, prima tagliata a filetti, e lavati in acqua ed in sugo di limone. Cotti si caveranno, e si metteranno sopra di un panno lino, per farli persciucare. Il brodo si chiarificherà con le chiare di uua, e con sugo di limone; si farà bollire sino al segno, che si conoscerà atto a congelarsi, ed indi si passerà per stamigna, e si verserà nel piatto, o in altro vaso tramezzato con li filetti di pesce, già cotti, col quale resteranno congelati; e così si servirà il Gelo in Gattò.

Poss-

Possono li sudetti Geli colorirsi, mettendoci con le chiare di uova, mentre bolle il brodo, latte di mandorle volendoli bianchi, sugo di bietola quando si vorranno verdi; alacca se si vorranno pavonazzi, e gialli se si mette zafferano, de' quali se ne fanno de' lavori, e si servono in varie maniere; cioè sopra verdura, biancheria, entro aranci di Portogallo freschi, o canditi. E da sapere però, che tali brodi colorati, saranno varj nei colori, ma non tutti però potran venire limpidi, e cristallini, per la materia densa, che ci si ha da framischiare.

Brodo congelato portatile. Questo brodo fà per i viaggiatori; poichè han con loro una sostanza da poter fare all'istante una zuppa, o un pottaggio, mettendo cucchiajate di esso nell' acqua bollente. Quattro rotola di carne magra di Manzo si mett' a bollire con un rotolo di presciutto, due galline, un gallo, e quattro piedi di Vitello. Spumata la bollizione, ci si aggiugne un pezzo di carne magra di Vitella arrostita, si condisce di poco sale, di aromi intieri, e chiusa la marmitta si fa a lento fuoco bollire, e cuocere perfettamente tutto. Cotto, e quasi disfatto, si passa per un panno il brodo, si sgrassa, e si chiarifichi, ribollendolo con chiare di uova. Così poi si metterà a filtrare per panni di lino; e terminata la filtra si tornerà su 'l fuoco per densarlo. Questa bollizione dovrà essere a fuoco violente, acciò venga presto a stringersi e rimaner possa limpida. Quando è per densarsi, si dimeni con mestola di legno; e denso, che sarà come ad una marmelle di frutta, si dispone entro de' vasi di creta, ne quali raffreddato, che sarà, si coprirà, e si conserverà per l'uso ne' viaggi. Altri lo fanno disseccare, che lo riducono a tavolette; ma l'esperienza ha dimostrato, che perde molto di gusto, è moltissimo trattiene nello scioglimento; sicche l'è molto meglio usarlo a cucchiajate, poiche meglio condisce, e più presto fa nell'uso.

Brodi da condire. Con li suddetti, descritti chiariti, brodi si possono servire in condimento per vivande di Antrè, particolarmente quelle di Animelle, di Chinef, di Lattaroli, di piccola Polleria, di Uova ec.

TRAT-

TRATTATO XIV.

Del Vitto Pitagorico.

IL Vitto Pitagorico consiste in erbe fresche, radiche, fiori, frutta, semi, e tutto ciò, che dalla terra si produce per nostro nutrimento. Vien detto Pittagorico, poiche Pittagora, com' è tradizione, di questi prodotti della terra soltanto fece uso. Egli li mangiava semplici, e naturali, ma gli uomini de' nostri dì li vogliono conditi, e manovrati; ed io nel voler parlare con distinzione dell' erbe, radice, ec. procurerò eseguire l' uno, e soddisfare gli altri, con escludere le carni, e di servirmi di condimenti, anche Pitagorici, com' è il sugo di carne, il latte, le uova, l' olio, ed il butirro; e per compiacere a qualche particolar palato, servirmi pure delle parti più tenere, e più delicate degli animali.

Delli Spinaci, e Bietole.

LI Spinaci si bianchiscono, e si soffrigono con olio, aglio, petrosemolo trito, pepe, e sale; cotti si servono sopra croste di pane brustolito, e con sugo di limone. *Spinaci all' olio.*

Bianchiti, si soffriggono li Spinaci ancora con butirro, petrosemolo, pepe, e sale; cotti si tritulano, e legati con parmegiano grattato, gialli di uova, si servono dentro cassettine di pane, bagnate di latte, dorate, e frittte nel butirro. *Alla Parmegiana.*

Soffritti li Spinaci, come sopra, nell' olio, o butirro, si possono legare con latte di pignoli a guisa di Crema, e servirli con crostini intorno, fritti nel butirro. *Al latte di pignoli.*

Si bianchiscono i Spinaci in acqua, e si asciugano ben bene; poi tritulati, si passano con butirro, conditi di spezie, e vi si metta della panna di latte, dimenandoli alla maniera di una Crema. Cotti, si *Alla Crema.*

si serviranno con fette di pane dorate, e fritte.

Alla Bignè. Li Spinaci soffritti in butirro, conditi di spezie, e tritulati, si pestano con parmegiano grattato, e poi ligati con gialli di uova, e panna di latte, se ne formano bocconi, i quali si faranno friggere con poco butirro, e caldi si serviranno sopra crostini di pane.

In Bocconcini panati. Soffritti li Spinaci nel butirro con cipollette, petrosemolo, e spezie, e tritulati, si uniscano con acciughe ancor trite. Questo composto, diviso in piccoli bocconcini, si passano nel fior di farina, nell' uova, e nel pane grattato, e fritti nel butirro si servono caldi.

In Budin. Bianchiti li Spinaci, e passati con butirro, si tritulano, e si pestano con grasso di Vitello, cedro candito, parmegiano, e spezie; dopo si condiscono con gialli di uova, di panna di latte, e latte; e si mettono in una cassarola sopra del fuoco con poco pane grattato, facendoli addensare a guisa di Crema. Ciò fatto, si metterà questo composto in una, o più bonettine unte di butirro, e polverate di pane, facendolo assodare al forno, e si servirà caldo.

Alla Corradina. Conditi, ed addensati i Spinaci, come si è detto, si metteranno stesi sopra di una tortiera, quali freddati, che saranno, si tagliano a quadretti, si dorano in uova, si mollicano, e si friggono, servendoli caldi con panna di latte.

In Ignocchi. Bianchiti i Spinaci, e pesti con parmegiano, e pane grattato, ricotta, e spezie, si legheranno con uova, e si ridurranno in un pastume, quale ridotto in pezzetti alla lunghezza di un mezzo dito, s' infarinano, e si fan cuocere in brodo bollente; avvertendo di cavarli subito, che vanno sù. Si servono incaciati con parmeggiano, e con butirro conditi.

Alla Moda. I Spinaci s' imbianchiscono appena nell' acqua, e si mettono, separate le foglie, sopre di un panno, alle quali vi si metterà sopra di ciascheduna un pezzetto di farsa di Vitello, e si involterà con quelle. Ciò fatto, si accomodano nel piatto con un Colì di presciutto, e si fan stagionare sopra le braci.

Alla Pastetta. Soffritti i Spinaci con acciughe, passerina, e spezie, si uniscono con una pastetta, composta di fior di farina, lievito, acqua, e vino bianco, e si friggono in bocconcini, i quali si servono caldi.

Delle Bietole. Delle foglie di Bietole bianche, se ne posson fare quelle vivande, che si son dette delli Spinaci. Delle Bietole rosse sono buone le radiche, che le chiamano Carote.

Carote in Insalata. Le Carote si fanno bollire nel vino, e cotte si puliscano dalla lor pelle, e poi fettate se ne forma una insalata, condita con salsa di bottariche, acciughe, capparini, e pistacchi, tutto ben pesto, e sciolto con olio, aceto, e con sale, e pepe condite.

Al sugo di Ragosta. Bollite le Carote in acqua, condita di sale, si tagliano a filetti, e si passano con olio, aglio, petrosemolo, acciughe, sale, e pepe, e poi con Colì di gambari si servono.

Cot-

Tartufolate. Cotte le Carote sotto le braci, si tagliano a fette, e si condiscono con sale, pepe, e sugo di limone. Si pestano dei tartufi con un spicchio di aglio, e pesti si sciolgono con sugo di limone, ed olio; con questo composto condite le Carote, si mettono un pò su le braci, e poi si servono.

Al Butirro. Cotte le Carote sotto le braci, e tagliate a dadi, si passano con butirro, presciutto, e menta trita, e si legano con Colì di Vitello ben condito di erbette e spezie, servendole sopra croste di pane.

Farsite. Delle Carote se ne possono formare cassettine, le quali cotte in buon sugo di carne, si possono servire ripiene di farsa di Vitello, o salpicon.

Con le Carote si possono formare varj scherzj sopra vivande si fredde, che calde. Si fanno ancora delle Carote Budin.

Delle Lattuche, e dell' Indivie.

Lattuche al sapor di Targone. SOglionsi servire le Lattuche cotte, e crude in insalata, condite con olio, sale, ed aceto. Per render la Lattuca gustosa, bisogna farla bollire nell'acqua con sale, e poi bandirla con salsa di targone, pesto con acciughe, e capparini, sciolta con olio, ed aceto.

Ai gialli d' Uova. Si cuocono le Lattuche in brodo di Manzo, e si condiscono con erbette trite, passate con butirro, poi si servono calde con salsa di butirro, e gialli di uova.

Farsite al Colì di Vitello. Bianchite le Lattuche, si fanno freddare ed asciugare, e ripiene con farsa di carne di Vitello pesta con midolla di Manzo, mollica di pane, gialli di uova, erbette, e spezie; si cuocono in un Colì di Vitello, condito di erbe aromatiche.

Al Colì di presciutto. Si possono riempire le Lattuche con un salpicon di animelle, funghi, tartufi, cipolle, ed erbette, tutto passato con grasso di Vitello, e prescutto trito, legato con uova; ripiene si cuocono in un Colì di presciutto, e si servono.

Alla Corradina. Si può formare un ripieno per le Lattuche, di cipolline, piselli, petrosemolo, targone, ed acetosa, condite di spezie, e passate in butirro, con aggiungervi del cervello di Manzo bianchito, pesto, e mescolato con parmegiano, legando il tutto con uova. Così ripiene si fanno cuocere in brodo di Cappone.

Alla Parmegiana. Si fanno le Lattuche alla Parmegiana, riempendole con una farsa di parmegiano, petrosemolo, acetosa trita, acini di agresta, gialli di uova, e panna di latte. Si mettono a cuocere in brodo condito, e si bandiscono con salsa di butirro, gialli di uova, e panna di latte.

Alla Certosina: Ripiene le Lattucche con farsa di pesce, acciughe, erbette, e spezie, e ligata con Colì di Gambari, si fanno cuocere in buon brodo di pesce, servendole con una Purè di Piselli.

All'Oritana Si riempino le Lattuche con riso cotto in latte, poi mescolata lato con ricotta, tartufi triti, grasso di Vitello, e spezie, legato con gialli e chiara di uova. Si cuocono in brodo chiaro, e si servono con panna di latte, e butirro.

Dell'Indivie alla Crema. Bianchite, ed asciugate l'Indivie si riempiono con farsa di petto di Cappone pesto con grasso di Vitello, panna di latte, gialli di uova, e spezie; ripiene si fanno cuocere lentamente con brodo di Cappone; e s'imbandiscono con crema di latte, è gialli di uova.

Alla salsa di Butirro. L'Indivie bianchite, ed asciugate, si potranno anche farsire con parmegiano, erbette, e gialli di uova, e cuocerle con brodo di Manzo, servendole con salsa di butirro, e targone trito.

In frittura. L'Indivie bianchite, ed asciugate, si mettono in una cassarola con butirro liquefatto condito di sale, e pepe, ed erbette trite. Poi infarinate, e dorate, si friggono nel butirro, servendole calde con Colì di Vitello.

All' Olio. L'Indivie, senza punto bianchirle, si riempino con farsa di acciughe, e con bottariche a filetti, timo, e un senso d'aglio, condite di sale, pepe, ed olio. Essendo ripiene, si legano con filo, e si fanno cuocere nella cassarola con olio, ed aglio. Menrre cuocono bisogna rivoltarle spesso, acciocchè venghino a buona cottura. Cotte si taglierà il filo, e si serviranno con croste di pane.

Alla Pastetta. Essendo l'Indivie bianchite, ed asciugate, si mettono in un vase con olio, vino bianco, sale, e pepe. Poi si riempiono di acciughe, ed attuffate nella pastetta, fatta con lievito, acqua, vino bianco; sale, e pepe; si friggono con olio, e si servono con petrosemolo fritto intorno.

De' Sellari, e Finocchi.

Sellari alla Moda. LA parte più tenera delli Sellari si fa bianchire in acqua; ed asciugati, si pongono in una cassarola con butirro, sale, pepe, ed erbette trite, facendoli lentamente cuocere; si servono con parmegiano, e butirro, stagionati al forno.

Alla Delfina. Bianchiti i Sellari, si cuocono in cassarola con presciutto trito, erbette, spezie, ed un Colì di Vitello. Ed in questo modo si servono, sopra croste di pane.

Inboracciati. Dopo bianchiti i Sellari, si fanno quasi cuocere in brodo chiaro di Manzo, freddati, ed asciugati s'involtano uno ad uno in una farsa di Vitello; poi infarinati s'indorano, ed involti nel pane grattato si friggono in strutto, servendoli caldi con petrosemolo fritto.

Alla Panna. Bianchiti i Sellari, si cuocono nel latte, condendoli di coriandri in polvere, cannella, e noce moscata; e si servono con crema di panna di latte, e butirro.

Al Cervellato. I Sellari bianchiti si passano con cervellato, presciutto trito, ed erbette; si fanno cuocere con buon sugo di carne, e si servono coververti di erbettte trite, passate con lo stesso sugo.

I Sellari bianchiti, si tagliano a dadi, e si passano con sugo di carne, ed erbette; poi si fanno cuocere con brodo. Cotti si legano con Colì di petti di Cappone, servendoli dentro cassette di pane fritto. *Al Colì di Cappone.*

Tagliati i Sellari, e bianchiti, si passano con prescìutto, petrosemolo, acetosa, cipollina, e maggiorana; tutto trito, e condito di spezie, si fanno cuocere, servendosi sopra croste di pane con una Purè di Spinaci. *All' Erbette*

Bianchiti i Sellari, si dividono in due parti, e si passano con butirro, facendoli finir di cuocere. Poi di nuovo si uniscono tramezzandoci da una farsa di Vitello, passata e ben pesta, e così si accomodano in un piatto con Colì di prescìutto, ed erbette trite, facendoli incorporare al forno. *Alla Corradina.*

Si mangiano i Finocchi per lo piu crudi, ma anche cotti, e conditi in varie maniere, riescono gustosi. *Dei finocchi*

I Finocchi puliti dalle radiche, e da ciò che in essi è di duro, si bianchiscono in acqua con sale, e si cuocono nel latte, conditi di cannella, e noce moscata. Prima di servirli si fanno incorporare con panna di latte, sul fuoco. *Al latte.*

Si cuocono i Finocchi nel brodo, conditi con cannella, e noce moscata; e poi disposti in un piatto si servono con Crema di latte, gialli di uova, butirro, e semi di finocchi in polvere. *Alla Firentina.*

Passati i Finocchi con butirro, e spezie, si fanno cuocere con vino bianco, conditi di poco zucchero, e sugo di limone. *Al Vino.*

Si bianchiscono in brodo i Finocchi; freddati ed asciugati si fanno marinare con vino bianco, corteccia di limone, coriandri pesti, cannella, e noce moscata. Poi s' involgono nella pastetta composta di fior di farina, vino bianco, e chiara d' uova, e si friggono; fritti si dispongono in un piatto coverti di zucchero; sopra cui si passa una pala infocata, per glassarli, e si servono. *Alla Pasta.*

Si bianchiscono in acqua li Finocchi, e passati con grasso di Vitello, si cuocono in un Colì di petti di Cappone, sciolto con latte, e condito di cannella in polvere, e noce moscata. Si possono servire con croste di pane sotto, bagnate nel latte, e fritte. *Al Colì bianco.*

Cotti i Finocchi in brodo, freddati ed asciugati s' infarinano, si dorano, e si soffriggono con strutto, servendoli con salsa di cedro candito pesto, zucchero, cannella, ed aceto. *Al Cedro.*

Passati i finocchi con butirro, prescìutto trito, timo, petrosemolo, e spezie, si fan cuocere con Colì di lente, e si servono. *Al Colì di Lente.*

Si cuocono i Finocchi in vino bianco con foglie di alloro, pepe, e stecchi di cannella; e poi freddati, e disposti in un piatto, si servono con salsa di pistacchi, ed acciughe peste, e disfatte con olio, aceto, o sugo di limone. *Alla Certosina.*

Sono ottimi i Finocchi in olio, passati prima con acciughe, er- *Al Colì di Gambari.*

erbette aromatiche, e spezie, e poi cotti con Colì di Gambari.

Alla Rustica Si cuocono in acqua i Finocchi, e caldi si servono conditi di olio, sugo di aranci, sale, e pepe.

De' Cavolfiori, Torzuti, e Cappucci.

De' Cavolfiori. I Cavolfiori sono in maggior stima degli altri cavoli; e sono di miglior gusto i più teneri, ed i più bianchi. In qualunque maniera si servono, prima s' imbianchiscono in acqua con sale.

Al Butirro Bianchiti i Cavolfiori, si passano con butirro, erbette, e spezie; poi si servono con parmegiano grattato, noce moscata, pepe bianco, e butirro, facendoli rappigliare al forno.

Al Colì di presciutto. Essendo bianchiti i Cavolfiori, e ad asciugati, si cuocono in un Colì di presciutto, con erbette aromatiche.

Alla Pampadeur. I Cavolfiori bianchiti si passano con butirro, erbette trite, e spezie, ed accomodati in un piatto si mettono al forno coverti con salsa di butirro, parmegiano, e gialli di uova.

Alla Glassa. Bianchiti i Cavolfiori, ed asciugati, si adobbano con vino bianco, olio, corteccia, e sugo di limone, pepe, e cannella; e quando sono incorporati si friggono con pastetta, e poi invôlti di zucchero se le passa sopra una pala infocata, per darli colore; e disposti in un piatto si servono.

All' Agrodolce. Quando i Cavolfiori sono quasi cotti nell' acqua si infarinano, si dorano, e si friggono. Si servono con salsa agrodolce, fatta con polvere di mostaccioli, aceto bianco, zucchero, corteccia di limone, foglie, di alloro, e spezie.

Alla Salsa bianca. I Cavolfiori cotti nell' acqua con sale, si servono freddi con salsa bianca di acciughe, peste con pignoli, sciolta con aceto bianco, sugo di limone, ed olio, e condita con pepe bianco.

Alla Tedesca. Si passano i Cavolfiori con butirro, e spezie, petrosemolo, cipolla, timo, e targone, tutto ben trito: ed essendo di questo incorporati, si servono con Colì di Manzo condito di spezie, ed aceto

Dei Cavoli Torzuti. Bisogna che i Cavoli verdi torsuti siano teneri, altrimenti a nulla vagliano. Si servono netti dalle loro foglie, rimanendo solo i torsi netti dalla corteccia, con la tenera cima.

Al presciutto Si bianchiscono i Cavoli in acqua bollente, e si fanno freddare in acqua fresca; poi asciugati si passano con presciutto trito, petrosemolo, un senso di aglio, e spezie, e si finiscono di cuocere con buon sugo di carne.

Alla Spagnola. Bianchiti, e passati i Cavoli, come si è detto, si finiscono di cuocere con buon brodo, conditi di peparoli, ed aglio pesto, e si servono legati con purè di Ceci.

Al Cervellato. Dopo bianchiti i Cavoli, si passano con cervellato di Milano, finendoli di cuocere con brodo di Manzo, conditi di erbette. E si serfervono con il cervellato mefcolato tra effi.

I Cavoli bianchiti, fi finifcono di cuocere con fugo di carne, conditi di fpezie, e fellari triti, e fi fervono con parmegiano grattato bagnati dell'ifteffo fugo. *Al Sugo.*

Si vuotono i torfi de' Cavoli, e fi bianchifcono; poi ripieni con farfa di Vitello, fi fanno cuocere in buon fugo di carne, conditi di erbette, e fi fervono con Colì di Vitello. *Farfiti.*

Cotti i Cavoli in acqua e fale, fi paffano con olio, acciughe, aglio, fale, pepe, e femi di finocchio; s' imbandifcono con Colì di pefce, e fugo di limone. *All' Olio.*

Cotti i Cavoli con acqua e fale, fi fervono con falfa ramolata fopra; o falfa bianca, o pur con Colì, fugo di limone, fale, e pepe. *Alla Ramolata.*

Vuotati i torfi de' Cavoli, e bianchiti, fi riempino con farfa di carne di Capitone, condita di erbette, e fpezie; fi cuocono con brodo di pefce, e fi fervono con Parè di Lente. *Al Capitone*

Il Cavolo Cappuccio netto dalle dure foglie fi fa leffare ed afciugato fi riempie tra foglia e foglia con farfa di Vitello, midolla di Manzo, cacio grattato, erbette, un fenfo di aglio, e fpezie, legata con uova. Ripieno il Cappuccio, fi liga, e fi fa cuocere in brodo di Manzo, condito di prefciutto, aglio, e bafilico, e fi ferve con Colì di prefciutto, o con purè di ceci. *Del Cavolo Capuccio farfito.*

Leffo il Cavolo, fi riempe con rognone, e graffo di Vitello, prefciutto, falficcia di Porco, erbette, ed un fenfo di aglio, tutto ben tritolato. S' involta in rete di Vitello, fi fa lentamente cuocere allo fpiedo, ungendolo fpeffo con graffo, indi con pane, e parmegiano farli crofta, e fervito con croftini di pane fritti. *Arroftito alla Moda.*

Leffano fi riempie ancora con rifo incagnone, cotto in ottimo brodo, con midolla di Manzo, prefciutto, tartufi, funghi, ed erbe; fi liga bene, e fi fa cuocere in brodo. Cotto s' involta nel parmegiano grattato, facendoli far crofta al forno, e fi ferve. *Al Rifo arrofato.*

Si tagliano le foglie terene del Cavolo, fi bianchifcono, e si afciugano; poi s' involtano una ad una le foglie con falpicon di animelle, funghi, tartufi, ed erbe, e fi fanno cuocere in un Colì di carne col quale fi ferviranno. *Salpiconate.*

Bianchite le foglie del Cavolo, fi riempino con farfa di parmegiano, uova, butirro, ed erbe aromatiche, fi fanno cuocere nel butirro, e fi fervono con purè di gilli di uova. *All' Erbette*

Ripiene le foglie del Cavolo con ricotta, fpinaci triti, gialli di uova, e graffo di Vitello, fi paffano con butirro, condite di fpezie; e cotte fi fervono con falfa di gialli di uova, e panna di latte, facendole prima raffodare nel forno. *Alla Panna di latte.*

Si può riempire il Cavolo intiero, o pure le femplici foglie con farfa di pefce, condita di acciughe, tarantello, ed erbette, e cuocerlo con brodo di pefce, e poi fervirlo con Colì di Gambari, o pure con Purè di Ceci. *Da Magro.*

De

Delli Carcioffi, Zucche lunghe, e Vernine.

Delli Carcioffi. PEr cuocere i Carcioffi, bisogna pulirli dalle foglie dure, e dalla corteccia del torzo. In qualunque maniera si abbiano da prepare bisogna prima lessarli con acqua, sale, e sugo di limone per toglier loro l' impurità, e farli divenir bianchi.

Al presciutto Si passano i Carcioffi con butirro, presciutto, targone, un senso di aglio, e spezie; quando sono stagionati, si fanno cuocere con Colì di presciutto.

Al Butirro. Si cuocono i Carcioffi in brodo chiaro di Manzo conditi di erbette, e spezie; e si servono con salsa di butirro, e gialli di uova, condita di sugo di limone.

Alla Rete. Si vuotano i Carcioffi, e si riempino con grasso di Vitello tritulato, e condito di erbe, parmegiano, e spezie. Poi s' involtano uno ad uno nella rete di Vitello, si arrostiscono allo spiedo, e si servono caldi con crostini di pane fritto all' intorno.

Al Colì di Vitello. Si riempiono i Carcioffi con farsa di Vitello, condita di erbe, spezie, e gialli di uova; si fanno cuocere con sugo di carne, condito di un senso di aglio; e si servono con Colì di Vitello. Si possono riempire i Carcioffi in varie altre maniere, e si possono servire con Colì di presciutto, di petti di Cappone, di Gambari ec.

Alla Parmegiana. Si tagliano i Carcioffi in quarti, si passano con butirro, erbette, e spezie; ed accomodati in un piatto con butirro, e parmegiano si fanno stufare nel forno, coverti con salsa di latte, e gialli di uova.

Al Vino ec. Si passano i Carcioffi con olio, aglio, petrosemolo, acciughe conditi di sale, e di pepe, si fanno cuocere con vino bianco, e si servono con salsa di acciughe; o pure si fanno cuocere con latte di pignoli, e si servono sopra fette di pane.

In frittura. Divisi in quarti i Carcioffi, e passati con butirro, e spezie, si mettono nella pastetta di fior di farina, bianchi di uova, vino bianco, e condita di noce moscata; si friggono nello strutto, e si servono con petrosemolo fritto d' intorno, o pure con salsa di cedro candito, aceto rosato, sugo di limone, cannella, e zucchero. Si possono anche friggere passati nell' uova.

Tartufolati. Cotti i Carcioffi nel vino bianco con sale, e pepe, si legano con salsa di tartufi, acciughe, ed agli, ben pesta con spezie, e sciolta con vino bianco, e si servono caldi.

Alla Ramolata. Si cuocono i Carcioffi, con acqua, vino bianco, e sale; si fanno poi freddare nell' acqua fresca, ed accomodati nel piatto, con salsa Ramolata, si servono freddi.

In Guazzetto Si tagliano i Carcioffi in quarti, si passano con butirro, erbette, e spezie; si fanno cuocere con brodo, e si servono con gialli di uova, e sugo di limone.

Le Zucche lunghe devono essere nè troppo grosse, nè piccole.

Pri-

Delle Zucche lunghe. Prima di cuocerle bisogna raderle d' intorno, e tagliarle in sottili fette rotonde; poi polverate di sale, per qualche tempo, acciocchè mandino fuori un certo cattivo umore, e si renda la loro carne piechevole, da usarla in quelle maniere che si dirà, si spremono tra le mani, o tra due tondi, s' infarinano, e si friggono nello strutto. Si servono in un piatto tramezzate di parmegiano, e butirro, coverte con salsa di gialli di uova, e butirro, rassodate nel forno. *Alla Parmegiana.*

Alla Dama. Fritte, come sopra le Zucche, si accomodano nel piatto tramezzate da provatura grattata, e condite con basilico pesto, zucchero cannella in polvere, e butirro, e si servono con Colì sopra di Vitello, rassodato nel forno.

Alla Rustica. Si friggono in olio, e si servono con salsa di petrosemolo, acciughe, e menta, tutto ben pesto, e condito con zucchero, e spezie, sciolta con aceto.

All' agrodolce. Si friggono le Zucche nello strutto, e si servono con salsa agrodolce, composta di aceto rosato, zucchero, polvere di mostacciolo, portogallo candito trito, e spezie.

Farsite al Colì di Vitello. Si tagliano le Zucche alla lunghezza di un mezzo dito, e nette dal midollo, si bianchiscono in acqua bollente. Poi freddate si riempino con farsa di Vitello, ben pesta con midolla di Manzo, condita di erbette, spezie, e gialli di uova, e si fanno cuocere in un Colì di Vitello, con senso di targone, e cotte si servono.

Alla Giardiniera. Si riempiono le Zucche con un ragù di cipollette, petrosemolo acetosa, sellari, funghi, e tartufi, condito di spezie, passato con grasso, e legato con Uova. Si fanno cuocere in brodo di Manzo; e si servono con salsa di gialli di uova, e sugo di agresta.

Al Basilico. Si possono riempire le Zucche con farsa di parmegiano, gialli di uova, e basilico; si cuocono con brodo di Manzo, e si servono con salsa di gialli di uova, e basilico trito.

Imboracciate. Ripiene, e cotte le Zucche, s' infarinano, si passano nell' uova, e mollicate, si friggono nello strutto, e servonsi con salvia fritta.

Al Saporetto. Si tagliano le Zucche a dadi, e si passano con grasso, erbette e spezie, poi si cuocono con Colì di presciutto. Cotte si servono con parmegiano grattato, e basilico trito.

Alla Paolina. Sono ottime le Zucche ripiene con farsa di pesce, ben condita di erbe, cotte in buon brodo di pesce, e servite con Colì di Gambari.

Delle Zucche Vernine. Le Zucche vernine sono di color giallo, e di corteccia dura. Si possono servire l' Està mentre son tenere, ma meglio sono nell' Inverno, ch' è la loro stagione.

Alla Salsa di Cedro. Nette le Zucche dalla corteccia, dai semi, si tagliano a fettoline, le quali, polverate di sale, si purgano, ed altro effetto li fa, siccome si è detto delle altre. Purgate s' infarinano, e si friggono nello strutto, o olio, e si servono con salsa di cedro candito pesto, e sciolta con sugo di limone.

In Frittelle. Si tagliano in pezzi le Zucche, e si cuocono con butirro, e spezie. Poi si pestano, e peste s' impastano con ricotta, cacio, uova, spezie, e poco zucchero. Se ne formano bocconi, i quali infarinati, dorati, e fritti, si servono caldi.

Alla Crema

Cotta la Zucca con butirro, e spezie, si pesta, e si passa per setaccio. Poi si unisce con latte, gialli di uova, cannella, e nocemoscata, si fa addensare a guisa di Crema, e si serve sopra croste di pane fritto.

In Budin.

Se ne può anche formare un Budin. Cotta prima la Zucca con butirro, e spezie, poi pesta, e passata per setaccio, si unisce con ricotta, panna di latte, gialli di uova, polvere di cannella, e poco pane grattato; si addensa bene, ed addensata si versa in altra cassarola unta di butirro, e polverata di pan grattato, facendole far crosta, ed assodare al forno; e si serve caldo in Budin.

In Braciole farsite.

La Zucca ridotta a larghe fette, queste poste in sale, si friggano dopo, ed indi con farsa di Vitello, disposta sopra di esse fette, già fritte, s' involtano, e si passano nell' uova, pane, e parmegiano grattato, e tra fette di pane si mettono allo spiedo a cuocere.

Farsite in altro modo.

Si possono farsire le fette di Zucche, fritte come sopra, con gialli di uova, parmegiano, e panna di latte, e dopo infarinate, dorate, e fritte, servirle calde semplici, o con salsa di latte.

Farsite da magro.

Anche con farsa di pesce si riempino le fette di Zucca, e fritte dopo, servirle con Coll di Gambari.

Dei Fiori di Zucche.

I fiori di zucche si possono anche servire fritti, e ripieni. Si friggono infarinati, e dorati, o con pastetta.

Delli Sparagi, Lupoli, e Pastinache.

Delli Sparagi.

I Sparagi, o sono di giardino, o salvatici. I secondi sono migliori. Si gli uni, che gli altri si servono dell' istessa maniera, ed hanno bisogno di poca cottura.

Alla Ramolata.

Si lessano i Sparagi in acqua con sale, e freddati si servono con salsa di acciughe, e petrosemolo, tutto ben pesto, e sciolto con olio, e sugo di limone, condita di sale, e pepe.

Al Butirro.

Lessati li Sparagi si servono caldi con sale, pepe, agro di limone, e butirro liquefatto.

Fritti.

Si bianchiscono li Sparici, ed asciugati dall' umido, si condiscono con sale, pepe, e sugo di limone. Poi infarinati e dorati si friggono con strutto, e si servono caldi.

Alla Bignè

Bianchiti i Sparagi, asciugati, e conditi con sugo di limone, sale, e pepe; si tagliono in pezzetti, quali, involti nella pastetta, si friggono con grasso a piccoli bocconi, e servonsi caldi come sono, o pure con glassa di zucchero.

Si bianchiscono li Sparagi, si tagliano a pezzi, e si passano con bu-

butirro, erbette, e ſpezie; poi freddati si uniſcono con parmegiano grattato, graſso di Vitello trito, ed uova, e si friggono in bocconi con ſtrutto; indi si ſervono con panna di latte. *Alla Corradina.*

Dopo bianchiti li Sparagi si paſsano con butirro, erbette, e ſpezie, si cuocono con brodo, e si ſervono con ſalſa di gialli di uova, e ſugo di limone, o pure con Purè di Piſelli. *Brodettati.*

Bianchiti che ſaranno li Sparagi, si paſsano con graſso, erbette, e ſpezie; dopo si accomodano nel piatto con parmegiano, e Colì di Vitello, facendoli rappigliare per poco su 'l fuoco. *Alla Moda.*

Si bianchiſcono li Sparagi, e poi conditi con olio, sale, pepe petroſemolo, aglio, ed acciughe, tutto ben trito si involtano nella carta, e si fanno finir di cuocere pian piano ſopra la graticola. *Alla Corradina.*

Si bianchiſcono li Sparagi, si paſsano con olio, aglio, acciughe, cerfoglio, e petroſemolo, e si finiſcono di cuocere con Colì di Gambari, o pure con Purè di Ceci. *All' Olio.*

I Lupoli ſono inferiori alli Sparagi; ma volendone far uſo si poſsono ſervire in tutte quelle maniere, dette delli Sparagi. *Dei Lupoli.*

Le Paſtinache per lo paſsato ſono ſtate riputate viliſſime; ma ora ſe ne fa non poco uſo nelle cucine nobili. Nette le Paſtinache al di fuori, e ſpaccate per metà, ſe ne toglie il midollo, e si bianchiſcono in acqua con ſale; ſi tagliano in pezzi, e paſſate con graſſo, erbette, e ſpezie, ſi finiſcono di cuocere in un Colì di preſciutto con quantità di targone trito, e così ſi ſervono. *Delle Paſtinache.* *Al Targone.*

Bianchite le Paſtinache, e paſſate con butirro, erbette, e ſpezie; ſi ſervono condite con parmegiano grattato, butirro, e polvere di cannella, coverte con ſalſa di butirro, gialli di uova, e panna di latte, raſſodata al forno. *Alla Parmegiana.*

Dopo che le Paſtinache ſono bianchite, come ſi è detto, ſi condiſcono con ſugo di limone, butirro liquefatto, ſale, pepe, e noce moſcata; s' infarinano, ſi dorano, e paſſate nel pane, e parmegiano grattato ſi friggono nello ſtrutto, e ſi ſervono calde. *Imboracciate.*

Spaccate le Paſtinache, e bianchite, ſi adobbano con vino bianco, correccia di limone, coriandri, e ſpezie; ſi mettono nella paſtetta compoſta con fior di farina, lievito, acqua, e vino bianco, ſi friggono nello ſtrutto, e ſi ſervono con glaſſa di zucchero. *Alla Giaſſa*

Tagliate le Paſtinache alla lunghezza di un mezzo dito, e ſpaccate per metà, ſe ne cava il midollo, e s' imbianchiſcono in brodo condito di ſugo di limone. Poi freddate, ſi riempiono con farſa di Vitello ben peſta, e condita di gialli di uova, panna di latte, e ſpezie, e ſi riuniſcono. Così riunite, ſi paſſano nel fior di farina, ſi dorano, e ſi friggono nello ſtrutto, e con Colì di Vitello ſi ſervino. *Al Colì di Vitello.*

Spaccate le Paſtinache, e bianchite in acqua, ſi condiſcono con latte, cannella, e zucchero; ſi dorano, ſi friggono nello ſtrutto, e ſi ſervono con Crema di latte, e gialli di uova. *Alla Dama.*

Si prendono le Paſtinache, ſi tagliano alla lunghezza di un dito, *Al Mele.*

to, e si bianchiscono con acqua, e sale; asciugate s' infarinano, e si friggono con strutto. Fritte si mettono in una cassarola con mele chiarificato, e polvere di cannella; ed incorporate sul fuoco si servono, sì calde, che fredde.

Tartufolate. Tagliate le Pastinache in pezzi, e bianchite, si passano con olio, aglio, petrosemolo, tartufi triti, e spezie; si cuocono in un Colì di pesce, e si servono calde con sugo di limone.

Alla salsa di Bottariche. Si fanno cuocere le Pastinache con vino bianco, foglie, di alloro, corteccia di limone, e spezie, e si servono coverte con salsa di bottariche peste ben fine, e sciolte con olio, sugo di limone; e condite di spezie si servono.

In Spume. Si tagliano le Pastinache in pezzi, se ne cava il midollo, e si cuocono con butirro, e spezie. Poi si pestano con petti di Pollanche arrostite, e si legano con gialli di uova, panna di latte, chiare di uova montate; si abbiano le cassettine di rame unte di grasso, e polverate di pane, e dentro queste si metta il composto sudetto, che si farà cuocere al forno come ad una spuma.

Dei Pomidoro, Petronciani, e Cedriuoli.

Dei Pomidoro. I Pomidoro sono di piacere. Per servirli bisogna prima rotolarli su le braci, o per poco metterli nell'acqua bollente, per toglierli la pelle. Se li tolgono i semi, o dividendoli per metà, o pure facendoli una buca.

Farsiti al Vitello. Sbucati i Pomidoro, e netti da semi, si riempiono con farsa di Vitello passata, e pesta con midolla di Manzo, e spezie; si fanno cuocere in un Colì di Vitello, avvertendo, che restino intieri; e cotti si servono.

Salpiconati. Si possono riempire i Pomidoro con un salpicon di animelle passato con grasso, erbette, e spezie, e si fanno cuocere in un Colì di Pomidoro, con fette di presciutto, ed un senso di aglio.

Farsiti al butirro. Si dividono i Pomidoro per metà, si riempiono di farsa di uova, e parmegiano, petrosemolo trito, e spezie; infarinati, e dorati si friggono, e si servono, ben stagionati al forno, con parmegiano e butirro.

Farsiti all' Erbette. Si tritulano petrosemolo, cipolla, acetosa, e menta, e si passano con presciutto, conditi di sale, e pepe; si legano con gialli di uova, e provatura grattata; se ne riempiono i Pomidoro, si friggogono, e si servono con Colì di presciutto.

Farsiti al Riso. Cotto il Riso con latte, e butirro, condito di cannella, si lega con gialli di uova, e se ne riempiono i Pomidoro. S' infarinano, e dorati, si friggono nello strutto; e si servono con panna di latte.

Alla Corradina. Si riempiono i Pomidoro con rognonata di Vitello, prima arrostita, poi tritolata, e condita di gialli di uova, parmegiano, e spezie,

zie. Ripieni, s' infarinano, si dorano, e si passano nel pane, e parmegiano grattato. Poi si friggono nello strutto, e si servono.

Con farsa di pesce, ben condita di erbe, e spezie si riempiono i Pomidoro, s' infarinano, si friggono, e si servono con Coli di Gambari, o Purè di mandorle. *Farsite al Pesce.*

Sono ottimi i Pomidoro ripieni di acciughe, erbette, e tartufi, tutto ben pesto, e condito di olio, e sugo di limone, infarinati, fritti con olio, e serviti con salsa di tartufi. *Alla salsa di Tartufi.*

Netti i Pomidoro dalla pelle, e divisi per metà, se ne tolgano i semi, e si accomodano sopra un foglio di carta unta di olio in una tortiera. Si riempiono con acciughe, petrosemolo, origano, ed aglio, tutto ben trito, e condito di sale, e pepe; e coverti con pane grattato, si cuocono al forno, e si servono. *Alla Napolitana.*

Tritolata la polpa dei Pomidoro, e passata con butirro, condita di spezie, e noce moscata, si mescola con ricotta, e gialli di uova, se ne formano Crocchetti alla lunghezza di un mezzo dito; quali infarinati, dorati, e fritti, si servono con crostini di pane. *In Crocchetti.*

Tritolata la polpa dei Pomidoro con petrosemolo, menta, ed un senso di aglio, si passa con grasso di Vitello, presciutto trito, condita di spezie. Si lega con parmegiano, ed uova sbattute, se ne formano frittelle nello strutto, e si servono sopra pane fritto. *In Frittelle.*

Si prende la polpa dei Pomidoro, si passa con grasso di Vitello, e spezie, e poi si pesta ben fina con parmegiano, pane grattato, e polvere di cannella. Si mescola con gialli di uova, panna di latte, con corteccia di portogallo candita e trita, e poco zucchero, formandone una forte Crema, la quale si farà assodare al forno in una cassarola unta di butirro, e polverata di pane. *In Budino.*

I Petronciani per usarli bisogna pulirli dalla corteccia, e poi darli una lessata per toglierli una certa malignità, che potrebbe nuocere; o pure polverati di sale per estrarre il cattivo umore. *Delli Petronciani.*

Bianchiti li Petronciani si possono servire in tutte quelle maniere, che sono esposte parlando delle Zucche, Pastinache, e Pomidoro.

Con i Cedriuoli si fanno ancora Vivande. Si bianchiscono, e si cuocono in buon sugo di carne. Si possono ancor marinare, e friggere. Si riempiono di farsa, o salpicon di animelle come si è detto delle Zucche. Si servono in aceto per salse sopra carne, o pesce, e cose simili. *Dei Cedriuoli.*

Delle Cipolle, Rape, e Ravanelli.

LE Cipolle sono di grandissimo uso nelle Cucine, non essendovi vivanda in brodo dove non abbiamo luogo, come si è veduto nel decorso dei Trattati. Ma oltre questi usi delle Cipolle, possono preparsi moltissime Vivande ancora. *Delle Cipolle.*

Fritte. Le Cipolline tenere si poſsono ſervire fritte come si è detto delli Sparagi.

Al Preſciutto Tagliate le Cipolle alla lunghezza di un mezzo dito, si paſsano con graſso, petroſemolo, ſale, e pepe, e si fanno cuocere con Colì di preſciutto; dopo si ſervono ſopra croſte di pane.

Al Cervellato. Le Cipolle groſse, ſteccate di preſciutto a filetti, e conditi di aromi, si cuocono con Cervellato di Porco, erbette, e ſpezie, in una caſsarola con fuoco ſotto e ſopra, e si ſervono con croſte di pane.

All' Unto. Spaccate le Cipolle si condiſcono con preſciutto trito, parmegiano grattato, ſale, e pepe; si fanno cuocere nella leccarda ſotto l' arroſto di Porco, o Vitello, e si ſervono con lo ſteſso arroſto.

Farſite. Si farsiſcono le Cipolle con graſso di Vitello tritolato, e condito di parmegiano grattato, preſciutto, e ſpezie, come anche in tutte quelle maniere dette, trattando, delle Zucche.

Delle Rape La bontà delle Rape consiſte in queſto, che sieno e dolci, e tenere; così ſono buone da graſso, e da magro.

Alla Moda Le Rape acciocchè siano di maggior guſto si cuocono ſotto le braci, poi ſettate, si paſsano in caſsarola con graſso, erbette, ſpezie, e ſemi di finocchi. Si accomodano nel piatto con parmegiano grattato, e butirro, ſe le fa prender corpo al forno, e si ſervono.

Alla Dama Cotte le Rape ſotto la brace, e paſsate con graſso, come si è detto, si tritulano e si uniſcono con Colì di preſciutto, col quale si faranno incorporare, e si ſervono dentro caſsettine di pane fritto.

Alla Romana. Si nettano le Rape, si tagliano in fette, e si bianchiſcono in brodo. Si uniſcono le fette a due a due, tramezzandoci fa ſa di Vitello, paſsata, e peſta con parmegiano, gialli di uova, e fior di latte; s' infarinano, si dorano, si friggono e si ſervono calde come ſono.

Ripiene in varie maniere. Si nettano le Rape dalla corteccia, e ſe ne formano caſsettine, le quali bianchite, ed aſciugate si finiſcono di cuocere in una buona glaſsa, e si ſervono ripiene di un ſalpicon di animelle. Si poſsono le Rape vuotare tutte, laſciandoci un puro guſcio, poi bianchirle in brodo, e riempirle in tutte quelle maniere deſcritte, parlando delle Zucche, Pomidoro, ec.

Alla Milaneſe. Si tagliano le Rape a dadi, si bianchiſcono in acqua, e si cuocono con butirro, erbette, e Cervellato, e si ſervono calde con gialli di uova, e parmegiano.

All' Olio. Cotte le Rape ſotto le braci, o pure bianchite in acqua, e tagliate a fette, si paſsano con olio, acciughe, petroſemolo, ſemi di finocchi, e ſpezie, e si ſervono calde.

Dei Ravanelli alla Ramolata. Si cuocono i Ravanelli con acqua, ſale, ed aceto, e si ſervono alla ſalſa Ramolata, o pure con ſemplice, olio, ſale, pepe, e ſugo di limone.

Farſiti al ſugo. Bianchiti i Ravanelli con acqua, e ſale, e vuotati si riempiono con farſa di polli, e si cuocono con ſugo di carne, con fette di preſciutto, ed erbe, e ſi ſervono con croſtini di pane.

Si

Si cuocono i Ravanelli con acqua, aceto, e ſale; freddati ed aſciugati si coprano con farſa di carne di Vitello paſsata, e condita di ſpezie; s' indorano, e dorati si paſsano nel pane, e parmegiano grattato, ſi friggono nello ſtrutto, e ſi ſervono caldi accomodati con la loro cima verde. *Farſiti ed Imboracciati*

In tutte le altre maniere, con le quali si ſervono le Rape, poſsonsi anche ſervire i Ravanelli.

De' Funghi, e Tartufi.

I Funghi ſono di varie ſpecie, e ve ne ſono de' dannosi, i quali biſogna ben diſtinguerli. I buoni ſono i Prugnoli, le Racelle, le Monitole, le Spongole, quei di Pioppo, e quei di Ferola. Naſcono nella Primavera, e nell'Autunno. L'uſo di queſti è grandiſſimo per condimento, e per Vivande. Si conſervono tutto l' Anno, altri ſecchi, ed altri in ſalamoja. *De' Funghi*

Si cuocono i Funghi con olio, e ſi condiſcono con un ſenſo di aglio, petroſemolo trito, acciughe, pepe, e ſugo di limone. *Paſſati.*

Si ſervono con Colì di preſciutto, o di Gambari. Si friggono in paſtetta, o infarinati, e dorati. Se ne fanno Zuppe. Si uſano nei Ragù. Se ne fanno ſalſe. Si ſervono per condimento dei Paſticci caldi, sì da graſſo, che da magro. *Cotti in varie maniere.*

I Tartufi ſono di due ſpecie bianchi, e neri; gli uni, e gli altri ſono ottimi purchè ſiano odoroſi, e ſiano compatti. Queſti ſono di maggior guſto de' Funghi, e di maggior condimento nelle Vivande. Per condimento ſi uſano come i Funghi. Servendoli ſoli, ſi cuocono con olio, petroſemolo, aglio, pepe, acciughe, latte di pignoli, e ſugo di limone; o pure con butirro, petroſemolo trito, e ſpezie, legati con parmegiano grattato, e gialli di uova. Si ſervono cotti in vino di Sciampagna, e butirro, ſopra croſte di pane fritto. Si fanno cuocere intieri ſotto la brace, e ſi ſervono in fette con butirro, olio, ſale, pepe, e ſugo di limone, o pure con ſalſa di acciughe, o di bottariche, o di giallo di ragoſta all' olio. Paſſati con butirro, ſi legano con panna di latte. Si conſervono o in fette ſecche, o pure intieri nell' olio. *De' Tartufi.*

Delli Piſelli, Ceci, Fave, Fagioli, e Lente.

I Piſelli ſono guſtoſiſſimi quando ſono freſchi, e teneri; ma ſecchi ſono quaſi di niun uſo. *Delli Piſelli.*

Netti i Piſelli dal guſcio ſi cuocono con graſſo, cipollina trita, petroſemolo, e preſciutto trito; ſi bagnano con ſugo di Piccioni, e ſi ſervono con gialli di uova, ſtemprati con ſugo di limone. *Piccionati.*

Bian-

Alla Panna. Bianchiti i Piselli nell' acqua, si cuocono con butirro, erbette, spezie, e si servono stagionati con panna di latte, e coriandri in polvere, dentro cassettine di pane fritto. Si possono anche servire con Crema di latte, e gialli di uova.

In frittelle. Cotti i Piselli con butirro, targone, e spezie, si mescolano con parmegiano grattato, e gialli di uova; si riducano in bocconi, quali infarinati, e dorati, si friggono nello strutto, e si servono caldi.

In farsa alla Purè di Piselli. I Piselli passati con grasso, e spezie, si pestano bene con carne di Piccioni arrostiti, condendoli con parmegiano, gialli di uova, con qualche chiara, e spezie. Se ne formano pezzetti alla lunghezza di un mezzo dito, e si fanno cuocere in una Purè di Piselli.

In Gnocchi Si cuocono i Piselli in brodo, si pestano con parmegiano grattato, ricotta, uova, e noce moscata, e se ne formerà una pasta, dalla quale se ne faranno Gnocchi. Infarinati si fanno bollire per poco nel brodo, e si servono ingrassati con butirro, ed incaciati con parmegiano grattato.

Alla Certosina. Si passano i Piselli con olio, aglio, erbette, acciughe, e bottariche, e si finiscono di cuocere in un Colì di Gambari, col quale si servono.

Alla Firentina. Si cuocono i Piselli con acqua e sale, e si servono con salsa di acciughe, e pignoli, ben pesta, e sciolta con olio, e sugo di limone, condita di pepe.

De' Ceci. I Ceci sono ottimi verdi, e secchi. Verdi si usano in tutte quelle maniere già dette dei Piselli. Secchi riescono di gusto per Pottaggi sì da grasso, che da magro; ma hanno bisogno di buon condimento. Da grasso si condiscono con presciutto, cervellato, e salsiccia di Porco. Da magro con buon brodo di pesce, rosmarino, aglio, timo, e spezie. Cotti in brodo, e pesti con cedro candito, zucchero, e cannella, servono per ripieno di Torta, e Pasticcetti, e se ne fanno frittelle. Se ne fanno anche Purè per zuppe, e per lessi, come si è detto a suo luogo. Si riducono in farina, e se ne possono formare dell'ottime Polente.

Delle Fave Le fave fresche sono dell' istesso uso dei Piselli, e Ceci. Secche si possono servire come i Ceci. L' usitata maniera, quando son secche è di formarne pottagio in olio; specialmente se si frangono, condendole con olio, cipolla, foglie di alloro, e pepe.

Dei Fagioli verdi. I Fagioli verdi e teneri, si possono servire in varie maniere, delle quali ne indigheremo le principali. In qualunque maniera si servono, bisogna prima bianchirli.

Al latte di Pistacchi. Bianchiti i Fagioletti con tutto il guscio, si passano in cassarola con olio, un senso di aglio, acciughe, e capparini triti, conditi di sale, e pepe; si fanno finir di cuocere con latte di pistacchi, e con esso si servono.

Al Colì di Vitello. Si tagliono i Fagioletti a filetti, dopo che sono stati bianchiti, e si passano con grasso, erbette, spezie, e presciutto trito; si finiscoſcono di cuocere con Colì di Vitello, e ſi ſervono ſoprà croſte di pane.

Bianchiti i Fagioletti, ſi adobbano con ſugo di limone, ſale, e pepe, poi ſi friggono nello ſtrutto, infarinati, e dorati; e ſi ſervono con ſalſa di preſciutto condita di aceto, ſalvia, e zucchero. *Alla ſalſa di Preſciutto.*

I Fagioletti, dopo che ſono ſtati bianchiti, ſi tagliano a filetti, e ſi paſſano con olio, aglio, erbette e ſpezie, ſi finiſcono di cuocere con vino generoſo, e ſi ſervono con Colì di peſce. *Al Vino.*

De' Fagioli ſecchi ſi fanno pottaggi all' olio, conditi con erbette trite, e paſſate in olio, cioè cipolline, bietole, boragine, e petroſemolo. Sì condiſcono alla Fiorentina con ſalſa di olio, acciughe, agro di limone, e pepe, dopo che ſono ſtati cotti con acqua, e ſale. *De' Fagioli ſecchi.*

La Lente freſca è di niun uſo. Secca rieſce guſtoſiſſima tanto in pottaggio da graſſo, che da magro, particolarmente cotta in brodo di Anatre, o Mallardo, e con preſciutto, ſpicchi di aglio, foglie di alloro, e finocchi ſalvatici triti, ch'è per eſſa il gran condimento. *Della Lente.*

Del Riſo, Farro, Miglio, e Grano d' India.

DEl Riſo ſe ne fa grandiſſimo uſo. Ridotto in farina, e cotto con latte ſe ne fanno frittelle; cotto con latte, butirro, e parmegiano ſe ne fa polenta. Del Riſo intiero ſe ne fa pottaggio in brodo di carne, condito con gialli d'uova, parmegiano, e cervellato. Si cuoce in latte con butirro. Se ne fanno pottaggi da magro con ſugo di Gambari, o peſci, o pure con latte di mandorle. Serve per ripieno di Torte, ed altri uſi, come ſi è veduto in varj luoghi.

Il Farro non è buono ad altro, che per pottaggi, cotto in brodo di Manzo, Cappone, Caſtrato &c. ſervito con gialli di uova. *Del Farro.*

Con Miglio ſi fa lo ſteſs' uſo, che ſi fa del Farro; ma ha biſogno di maggior condimento per eſſere inſipito. *Del Miglio.*

La Farina del Grano d' India è ottima a farne polenta. Si fa cuocere nel brodo, o latte con parmegiano grattato, butirro, e poco pepe, dimenandola ſempre acciocchè venghi morbita. Cotta ſi ſtende ſopra una tortiera, e freddate ſi taglia in fettoline, e ſi ſervono rappreſe nel forno con butirro, e parmegiano. Si poſſono anche condire con ſugo di carne, o Cervellato. La polenta ridotta in fette ſi può friggere, e ſi può ſervire condita di zucchero, o ſenza. *Del Grano d' India.*

Dei Fiori, ed Erbe per condimento.

De' Fiori di Sambuco. DEi Fiori di Sambuco mescolati con uova, e cacio se ne fanno ottime frittate. Mescolati con uova, e ricotta se ne fanno frittelle. I Fiori uniti alle loro cimette, tuffati in pastetta, o pure infarinati e dorati, si servono in frittura. Servono finalmente i Fiori di Sambuco per ornare lessi di carne, e di pesce, ed anche insalate.

Del Rosmarino. Col rosmarino si condiscono vivande di carne in istufa, ed in arrosto, specialmente quei di agnello, e salvagiume. Colle cimette tenere di Rosmarino si fanno frittelle in pastetta. Con i fiori di Rosmarino si guarniscono lessi di carne, e di pesce, ed insalate diverse.

Della Salvia. Con le foglie di Salvia si condiscono adobbi di pesce; come anche arrosti, specialmente di Uccelletti. I rametti teneri di Salvia si friggono con pastetta, e sono gustosissimi con pastetta di farina di castagne. La salvia fritta è di ottimo condimento a servire vivande arrostite, e fritte. E' di condimento la Salvia alle salse fatte con presciutto, zucchero, ed aceto, o pure con acciughe, capparini, cipollette, e spezie. Le acciughe salate fritte tra le foglie di Salvia, con pastetta, sono gustosissime.

Della Boragine. La Boragine è ottima in insalata cruda, in potaggio, ed in Torta, con ricotta e butirro. Le foglie di boragine si servono fritte con pastetta, condite di zucchero, o mele. Con fiori di Boragine si ornano piatti freddi di carne, e pesce, ed insalata.

Dell'Acetosa. L'Acetosa è buona sì cruda, che cotta, per salse. Il sugo di quest' erba può servire in luogo di agresta, o sugo di aranci, nelle vivande; per condimento di frittate, e insalatine, è ottima. Tritolata, o tagliata a filetti, serve per condimento alle zuppe, ai lessi, ed alle vivande in umido.

Del Cerfoglio. Il Cerfoglio è buono in insalata, per condimento di zuppe, lessi, e carne in umido. Mescolato col petrosemolo se ne fa salsa all' olio. Si frigge, e se ne ornano fritture, ed arrosti.

Della Rucola. La rucola è ottima, servita in insalata cruda con la lattuca. E' di condimento bollita con la carne, e con gli stracotti di Agnello; come anche con i fagioli, lente, e ceci in potaggio. Pesta la Rucola col petrosemolo, ed aglio, e sciolta con aceto ed oliò, se ne forma ottima salsa.

Delle foglie, e tralci di Vite. Le foglie tenere di Vite servono a far frittelle; tramezzando, tra due foglie di esse, marmellata di cedro, portogallo, o qualche farsa di carne, pesce, o di latticinj, e passate nella pastetta, o infarinate e dorate, si friggono nello strutto. Con i Tralci di Vite si servono anche lessi, e zuppe, cotti prima in brodo. Sono ottimi anche in frittura, con bianchirli prima, e poi friggerli con pastetta, o pure infarinati, e dorati.

Del Petrosemolo. Il Petrosemolo è di grandissimo uso. E' di condimento alle Zuppe pe, ed in tutte le vivande di Potaggieria. Se ne formano diverse salse, e sapori; è ottimo per le farse. Col petrosemolo fritto si condiscono fritture, ed arrosti.

Del Crescione. Il Crescione crudo è ottimo in insalatina, e particolarmente per condimento di arrosti. Cotti con le carni, e pesci lessi li rende di grado gusto. Pesto, e sciolto, con aceto, ed olio se ne forma una buona salsa.

Del Origano L'Origano è di condimento ai potaggi di legumi, all'insalate cotte, adornate con acciughe, e tarantello, ai ripieni di braciole di carne di Manzo, su le coste di Manzo da cuocersi alla graticola, ed ai pesci in arrosto.

Della Maggiorana, La Maggiorana serve per condimento ai potaggi, dentro i Colì, salse, sapori, e ragù di carne, o pesce.

Della Persia La Persia è un erba per gusto simile alla maggiorana, ed è dello stesso uso.

Dell' Erba S. Maria. Con l'erba S. Maria tritolata, e mescolata con uova, e cacio se ne fanno ottime frittate. Si serve anche fritta in butirro, o strutto coverta di pastetta, o pure fritta semplicemente per condimento di arrosti, o fritture. Se ne fa salsa all'olio, pesta col petrosemolo.

Della Porcellana. La Porcellana, lavata nel vino, è buona in insalata. Cotta nella leccarda col grasso di arrosto di Castrato, serve per condimento di esso. Fritta è di condimento agli arrosti di Quaglie.

Della Menta La Menta è di condimento all' insalate crude, e cotte, ed ai marinati di pesce. Pesta, e sciolta con aceto, ed olio se ne fa buona salsa. E' buona per condimento di braciole, e copiette di Manzo.

Del Zafferano. Il Zafferano è ottimo in Cucina per colorire, e render gustosi, i geli, i brodi, ed i pottaggi, particolarmente quello di riso, ed anche per i marinati.

Del Basilico Si adopera il Basilico tritolato per condimento di carne, e pesce in umido, per i potaggi di cavoli, e legumi, e zuppe di Piccioni, e zucche fritte.

Delli cappari I Cappari, in aceto, servono di condimento alle vivande fredde, alle salse calde, e fredde, dentro i ragù, e ripieni da grasso, e magro.

Delle Scalogne. Le Scalogne si possono servire in tutte quelle maniere dette delle Cipolle. Arrostite tra le ceneri, si servono condite di olio, sugo di limone, e pepe; schiacciate, e tenute in acqua fresca, si servono con aceto rosato, olio, pepe, e zucchero. Servono di condimento ai stufati di carne. Si adoperano dentro i Pasticci. E se ne fanno ottime salse calde, e fredde.

Del Targone Il Targone è un' erba gustosissima per vivande di potaggieria, per pasticci caldi, e freddi, e per salse in olio. Quest' erba condisce bene l'aceto, mettendola in esso.

Del Timo. Il Timo è ottimo nelle vivande in umido da grasso, e da magro, negl' arrosti di Castrato, di Agnello, Volatili salvatici, e Pesci.

Delle Frutta.

LE Frutta si mangiano per lo più crude, ma cotte sono anche buone.

Delle Ciriege e Visciole Le Ciriege, e le Visciole sono buone a farne potaggi cotti in buon brodo. Se ne fanno Torte, cuocendole prima in giulebbe. Son piacevoli bollire in vino con zucchero, e cannella. Col sugo delle Visciole se ne fanno salse sopra fritture, e ad uccelletti arrostiti.

Delle Fragole. Le Fragole, lavate con vino generoso, condite di acqua di cannella e zucchero, si servono fredde. Mescolate con panna di latte, acqua di cannella, e zucchero, si servono gelate sopra fette di pane di Spagna. Con le Fragole si fanno varie Torte, e con il loro sugo se ne fanno sapori.

Delle Mandorle. Con le Mandorle si fa latte per cuocere Pottaggi, e formar Creme. Peste le Mandorle se ne fanno Torte, paste Croccanti, Gattò, Cialdoni, ec. Tagliate a filetti si fanno Grillaci, ed altre cose a piacere.

Delle Mela Tra le Mela sono ottime le Alappie perchè odorifere. Con esse mela, cotte in giulebbe, se ne fa Torta; marinate con zucchero, e spirito di vino, se ne fanno bignè nella pastetta; tagliati a fette si servono in frittura; cotte al forno, si servono con zucchero, e con il loro sugo se ne posson fare sapori.

Delli Fichi Con le foglie tenere di Fico se ne posson fare frittelle come quelle della vite. I Fichi cotti in giulebbe sono ottimi per ripieno di Torte. I Fichi mescolati, con cacio ed uova, se ne fanno frittate.

Delle Pera. Le Pere sono ottime per la Cucina: con queste si fanno pottaggi in buon brodo. Cotte in vino bianco se ne fa sapore. Farsite a piacere si cuocono in un Colì di presciutto. Si servono in frittura, e cotte in giulebbe se ne fà Torta.

Delle Pesche o Percoche. Le Pesche, cavatone l'ossa, si possono farsire, e cuocere con Colì di Vitello; si cuocono con butirro, e si servono con parmegiano; si servono in frittura con pastetta, o senza; si cuocono con latte, e si servono con Crema; cotte in giulebbe si servono con pasta di merenghe, o pure per ripieno di Torta.

Delle Noci. Con le Noci, nette, e peste con un senso di aglio, e maggiorana, si fa sapore per sopra lessi. Peste le Noci, e fattone latte con acqua, serve questo per cuocere potaggi di zucca, riso, miglio, e farro. Si fan cuocere le Noci con zucchero alla caramella.

Delle Prugne Cotte le Prugne in vino, si servono con salsa agro dolce. Cotte in giulebbe, si servono con Crema di pistacchi, o pure in Torta. Sono buone per far sapori, e salse. Secche le Prugne si servono dentro i ragù di grasso, e di magro.

Dell'Uva. L'Uva quand'è agresta si cuoce in giulebbe, e se ne fa Torta. Cotta in brodo, se ne fa potaggio. Serve per condimento di fri-

fricafsèe. Col suo sugo sè ne fa salsa, e serve ancora per condimento di carne, e di pesce.

Il Popone è buono in pottaggio; cotto in giulebbe se ne fa Torta. Si serve fritto con pastetta, o senza; unito con latte se ne fa Crema, siccome si è detto. *Del Popone.*

Se ne fanno delle Sorbe sapori, e salse per vivande in arrosto, e fritte. Nette dalla pelle, e semi, se ne fanno Torte. Mescolata la polpa delle Sorbe con latte, ed uova, se ne posson fare Budin. Cotta in giulebbe la polpa di esse se ne fa marmellata. *Delle Sorbe.*

Con le Castagne si fanno salse sopra volatili salvatici. Cotte in brodo, si servono in frittura dorate, o in pastetta. Cotte in zucchero si servono intiere, o pure peste se ne fan Torte. Ridotte le Castagne in farina, se ne fa Polenta, o pure Budin con sangue di Porco. Cotte sotto le braci si servono con salsa di olio, e sugo di limone. *Delle Castagne.*

Le Cotogne, cotte sotto le braci, e poi giulebbate, servono per ripieno di Torte. Così cotte, e fettate, si servono in frittura. Cotte in vino si servono con Colì di Vitello, o con salsa agro-dolce, o pure con mele, o zucchero. Con il loro sugo se ne fa gelo, facendolo cuocere in giulebbe. Se ne fanno anche salse, e sapori. Bollita la polpa delle Cotogna con mele, se ne fa Cotognata da servirla tutto l'Anno. *Delle Cotogna.*

Pesti li Pinocchi, e fattone latte, serve per farne Creme, e cuocere potaggi da magro. Pesti con acciughe, e capparini, se ne fanno salse all'olio. I Pinocchi si servono confettati, ed alla caramella sopra pasticcieria fredda; servono per ripieni ec. *Dei Pinocchi.*

Dell' Agrumi.

IL Cedro, Cedrato, ed Aranci di Portogallo quando son canditi si servono nelle vivande d' Entremets dolci. Canditi intieri si servono ripieni di Crema, o Marmellate. Bianchiti in acqua, e vuotate, si riempiono di farsa, e si cuocono in un Colì di Vitello. Cotti in vino, si servono con salsa agro-dolce. I Fiori di tutti gli Agrumi si candiscono, e servono per condimento, ed ornamento di Pasticcieria fredda. Degli altri Agrumi se ne fa uso del solo sugo, sebbene i Limoncelli verdi ancor si candiscono.

Delle Marmellate, o siano conserve delle Frutta.

SI parla soltanto di quattro Marmellate più necessarie nella Cucina, e volendone far delle altre, si potranno formare dell' istessa maniera delle sequenti.

Pu-

Marmellata di Pesche. Pulite le Pesche, e tagliate in fette, si fanno bianchire in acqua con poche gocce di sugo di limone; dopo si mettono col zucchero prima chiarificato, e freddato, ed in esso se le fanno dare pochi bolli. Il dì seguente si farà lo zucchero più ristringere sopr' al fuoco, cavatene però le Pesche, le quali di nuovo si metteranno nel zucchero, già ristretto, e freddato, per farle altro poco bollire. L' istesso si ripeterà per quattro giorni; ma nell' ultimo giorno si dovranno far bollire, ristringere in nuovo zucchero giulebbato, col quale si conserveranno nelli vasi di Crema.

Di Pere. Le Pere, nette, e bianchite, si facciano cuocere nello zucchero chiarificato, e cotte si passino per setaccio, e di nuovo si facciano bollire in altro zucchero chiarificato, con poche gocce di acqua di cannella, ed un senso di vainiglia, dimenandole con mestola di legno; e quando saranno ben strette, la Marmellata è fatta.

D'Amarene. L' Amarene, cavatone le ossa, si lavano con acqua fresca, ed asciugate, si faranno stare per un giorno nello zucchero chiarificato, e freddato; poi si faranno per poco bollire nello stesso zucchero, con spumarlo bene. Così si farà per quattro giorni, ma nell' ultimo giorno si faranno bollire in nuovo zucchero chiarificato, con poco sugo di limone, e addensato si conservano.

Di Cedro. Fettato il Cedro, e cotto nell' acqua, si farà stare per quattro giorni in acqua fresca, che spesso dovrà cambiarsi; poi pestato ben fino, e passato per setaccio si farà cuocere a lento fuoco in un giulebbe ben chiaro, dimenandolo con mestola di legno, ed aggiungerci poco sugo di limone, fin tanto che giungerà alla cottura della Marmellata.

TRATTATO XV.

Della maniera d' imbandire venti Pranzi, ed una Cena.

ACciocchè la presente Opera riesca più utile, si dà in fine un' idea della maniera d' imbandire venti Pranzi diversi ed una Cena, con le vivande varie, e di stagione descritte nell' Opera; dodici de' quali Pranzi, secondo i dodici mesi dell' anno, avranno un indice distinto con diversi numeri, secondo i piatti figurati ne' due Rami. Gli altri otto non hanno rame, ma si sono disposti in modo da poterli servire per sedici da pranzo. Non s' intende però togliere la libertà di diminuire il numero delle vivande, mutarle, e sostituire altre secondo il proprio piacere. Della Cena se ne fa anche la sola minuta.

Nelle sequenti minute non si parlerà delli tondini di intorno al Desert, perchè questi appartengono più tosto ai Credenzieri; ed ognuno sa, che nella prima imbandigione possono servirsi con butirro, crostini, ravanelli, sellate, ostriche marinate, popone ec; e nella seconda con ricci ripieni, ostriche fresche, insalatine, olive, bottariche, acciughe salate ec.

I vasi segnati con A, B, C, D, sono quattro lava biacchieri; e gli altri con E. F, G, H, quattro rinfrescatori.

MINUTA DEL PRANZO PEL MESE DI GENNAJO.

Prima Imbandigione.

Due Zuppe, e due Potaggi.	1	ZUppa alla Corradina.
	2	Potaggio di ſellari al Cervellato.
	3	Zuppa alla Regina.
	4	Potaggio di Verzi alla purè di Ceci.
Quattro Terine.	5	Agnellotti di petti di Capponi all' Erbette.
	6	Saporiglia di Porco alla Napoletana.
	7	Bocconi di petto di Capretto al brodetto.
	8	Fricaſſea di Starne alla purè di fagioli.
Otto Hors-dœuvres hriangolari.	9	Paſticcetti di Vitello alli tartufi.
	10	Budinetti di petti di Beccacce al ſangue.
	11	Paſticcetti di rognone di Vitello al parmegiano.
	12	Crocchetti di petti di Capponi alla griglia.
	13	Paſticcetti di petti di Capponi alla bergamel.
	14	Budenetti di petti di Pollanche al latte.
	15	Paſticcetti Salpiconati alli prugnoli.
	16	Animelle di Agnello a papigliotti.
OttoEntrèes Rotonde.	17	Paſticcio farſito alla Nobile.
	18	Gattò di Cervelle al graſſo di Vitello.
	19	Granata di Vitello alli Gambari.
	20	Sortù di Animelle alla moda.
	21	Paſticcio di Beccacce in Salmì.
	22	Tacchina all' Oſtriche in Gattò.
	23	Pan di Lepre al Preſciutto.
	14	Timballo di gnocchi alla Panna.
Otto piccole Entrèes Ottangolare.	25	Lattaroli di Vitello al bianco.
	26	Petti di Mallarde alla lente.
	27	Lingue di Cinghiali all' acciughe.
	28	Petti di Capponi alla bergamel.
	29	Piccioni braciati all' Italiana.
	30	Fricondoncini di Vitello all' acetoſa.
	31	Filetti di Lepre alli ginepri.
	32	Palatari di Manzo al butirro.
Quattro Relever.	33	Tacchina ripiena alla Contadina.
	34	Spigola in graſſo al Colì di Cappone.
	35	Colatta di Manzo al Preſciutto.
	36	Dentale in vino all' Acciughe, e Capparini.

Se-

Seconda Imbandigione.

1	CRoccante alla Dragante con Confettura.	*Quattro gran pezzi freddi.*
2	Croccante alla Destrè con Confettura.	
3	Coscia di Vitello alla Caramella.	
4	Pasticcio di Cinghiale in gelo.	
5	Arrosto di Capponi alla rede.	*Quattro Arrosti.*
6	Arrosto di Beccacce a papigliotti.	
7	Arrosto di Piccioni alla Corradina.	
8	Arrosto di Pernici ai lardelli.	
9	Gattò di sellari all' uova.	*Otto piccole Entremets Quadrate.*
10	Supprese di zucche vernine alla ricotta.	
11	Rape ripiene alla Dama.	
12	Granatina di Tartufi all' acciughe.	
13	Sortù di finocchi alla panna.	
14	Spinaci tritolati in bignè.	
15	Mela farsite al Cavaliere.	
16	Gattò di prugnoli al vino.	
17	Filetti di Linguattole fritte alla parmegiana.	*Otto Entremets nelle Schifette.*
18	Animelle di Agnello fritte alla semplice.	
19	Bocconi di petto di Vitello fritti panati.	
20	Trotte filettate, e penate alla griglia.	
21	Capitone marinato, e fritto a filetti.	
22	Bottoni di Agnelli fritti alla Romana.	
23	Occhi di Vitello parmegianati, e fritti.	
24	Acciughe farsite, ed a papigliotti alla griglia.	
25	Panna di latte alla Nobile.	*Otto Entremets Rotonde.*
26	Torta frollata alla Dama.	
27	Pan di Spagna alla semplice.	
28	Crema alla vainiglia.	
29	Latte, e mele in spuma.	
30	Torta sfogliata al butirro.	
31	Gattò alla Corradina.	
32	Crema alla salvia.	

MINUTA DEL PRANZO PEL MESE DI FEBBRAJO.

Prima Imbandigione.

Due Zuppe, e due Potaggi.	1	ZUppa fantastica.
	2	Potaggio di finocchi alla lente.
	3	Zuppa alla Dama.
	4	Potaggio di broccoli alla semplice.
Quattro Terine.	5	Regagli di Capponi brodettati.
	6	Polpettine di petti di Fagiani al brodo chiaro.
	7	Fricassea di Piccioni alla panna.
	8	Petti di Tordi al sapor di timo.
Otto Hors-d' œuvres Triangolari.	9	Pasticcetti all' interiora di Beccacce.
	10	Spinaci farsiti, e fritti alla moda.
	11	Sellari fritti alla Corradina.
	12	Bunettine di riso con salpicon.
	13	Pasticcetti alla farsa di Capponi.
	14	Cavol fiore farsito alla pompadur.
	15	Foglie di verzi salpiconate, e fritte.
	16	Bussolotti di Vitello alli Gambari.
Otto Entrèes Rotonde.	17	Fegato di Vitello glassato al targone.
	18	Pasticcio di zinna di Vacca al Vitello.
	19	Sortù moderno all' Inglese.
	20	Pezzo di Cernia alla Polacca.
	21	Mallardo in istufa all' acciughe.
	22	Pasticcio di Cervo alle scalogne.
	23	Timpallo di puglian alla panna.
	24	Pezzo di Spigola al Colì di Cappone.
Otto piccole Entrèes Ottangolari.	25	Costolette di Porco alli funghi.
	26	Lodole braciate al vino.
	27	Coscie di Capponi farsite all' Erbette.
	28	Orecchie di Vitello al butirro.
	29	Braciolette di Cinghiale alle scalogne.
	30	Starne al presciutto.
	31	Petti di Pernici alla purè di Ceci.
	32	Spalle di Conigli alle Cipolline.
Quattro Relever.	33	Coscia di Vitello brosciata alla panna.
	34	Petto di Manzo all' acetosa.
	35	Pasticcio di Tacchina alli golosi.
	36	Pancia di Porca al salgrao.

Se-

Seconda Imbandigione.

Quattro gran pezzi freddi.

1 GAttò alla Corradina croccantato.
2 Croccante a Cannelloni ripieni.
3 Testa di Cinghiale alla scarlata.
4 Pasticcio di Cervo alla spica.

Quattro Arrosti.

5 Arrosto di Porco al finocchio.
6 Arrosto di Carpione al limone.
7 Arrosto di Cinghiale al marinato.
8 Arrosto di Rigiola all' aceto.

Otto piccole Entremets Quadrate.

9 Bignè alla Vincenzina.
10 Pastette alla Reale.
11 Sfoglietti alla sciantel'ò.
12 Spumette alla Cioccolata.
13 Bignè al pan di spagna.
14 Pastette a Calessò.
15 Bocconotti alla Regina.
16 Spumette al Cedrato.

Otto Entremets nelle Schifette.

17 Fettoline di Vitello alla griglia.
18 Cervellette di Agnello alla rete.
19 Piedi di Porco alla sante-menò.
20 Occhi di Vitello fritti alla parmegiana.
21 Fettoline di zinna panate, e fritte.
22 Rognonata di Vitello fritta alla panna.
23 Cosce di Starne fritte al marinato.
24 Supprese di fegato di porco alla rede.

Otto Entrèmets Rotonde.

25 Torta alla Regina.
26 Crema amaricante.
27 Budin alla Spagnola.
28 Spuma alli pistacchi.
29 Budin alla Bolognese.
30 Crema alla Cioccolata.
31 Budin alla Milanese.
32 Spuma alla Parmegiana.

MINUTA DEL PRANZO PEL MESE DI MARZO.

Prima Imbandigione.

Due Zuppe e due Potaggi.	1	ZUppa alla Salvagina.
	2	Potaggio di Gardoni al preſciutto.
	3	Zuppa alla Crema.
	4	Potaggio di Boragine alla ſemplice.
Quattro Terine.	5	Buſecca di Vitello alla Milaneſe.
	6	Gnocchi di farſa di uova alla Dama.
	7	Saporiglia di Capretto, all'erbette.
	8	Petti di Starne alli fagioli.
Otto Horſ. d'œuvres.	9	Ortolani allo ſfoglio.
	10	Animelle di Capretto all'Imperiale.
	11	Lingue di Caſtrati a cannelloni.
	12	Paſticcetti alla Lonza di Vitello.
	13	Uccelletti fritti alla paſtetta.
	14	Lattaroli di Vitello imboracciati.
	15	Piedi di Capretto fritti alla Parmegiana.
	16	Paſticcetti al piccatiglio di Cinghiale.
Otto Entrèes Rotonde.	17	Paſticcio di Teſta di Vitello alla Corradina.
	18	Zinna di Vacca al preſciutto.
	19	Oca farſita alli Spinaci.
	20	Timpallo butirato alla Milaneſe.
	21	Paſticcio di Starne alli gambari.
	22	Petto di Caſtrato alla pompadur.
	23	Pavoncella ſalpiconata alli tartufi.
	24	Sortù di gnocchi ripieni al Vitello.
Otto piccole Entrèes Ottangolari.	25	Francolini alla ſalvia.
	26	Piccioncini alla Crema.
	27	Coſtolette di Caſtrato alle ſcalogne.
	28	Lingua di Vitello alla Tedeſca.
	29	Pernici in iſtufa alla Spagnola.
	30	Petti di Pavoncelle all'acetoſa.
	31	Peretti di Vitello al targone.
	32	Coſcie di Lepre in ſalmì.
Quattro Relever.	33	Polenta in Caſſa alla Parmegiana.
	34	Filetto e Coſcie di Caſtrato alla Corradina.
	35	Paſticcio di Cernia al finocchio.
	36	Coſcia di Manzo alla moda.

Tes

Seconda Imbandigione.

1 Croccante al Succastrao.
2 Croccante alli Cialdoni.
3 Pasticcio di presciutto all' Imperiale.
4 Coscia di Cervo in Sivè.

Quattro gran pezzi freddi.

5 Arrosto di Vitello alla semplice.
6 Arrosto di Francolini alla salvia.
7 Arrosto di Lepre lardellato.
8 Arrosto di Ortolani alla Corradina.

Quattro Arrosti.

9 Budenetti di Spinaci.
10 Pastette merengate.
11 Biscotti alla bugnè.
12 Gattoncini di zucche Vernine.
13 Spumette di tartufi.
14 Bocconi all' uova faldicchere.
15 Bocconi all' Africana.
16 Budenetti di Carote.

Otto piccole Entremets quadrate.

17 Ostriche fritte al pane.
18 Supprese di Vitello fritte al Cedro.
19 Lamprede fritte al petrosemolo.
20 Fegato di Capretto fritto alla Genevose.
21 Cecinelli fritti alla pastetta.
22 Cervellette fritte all' agro-dolce.
23 Filetti di Spigola fritti alla salvia.
24 Orecchie di Agnelli fritte alla parmegiana.

Otto Entremets nelle schifet[illegible].

25 Torta alle midolla di Manzo.
26 Crema alla semplice.
27 Crema alli Pistacchi.
28 Bignè all' innumerabile.
29 Torta alla Tartara.
30 Crema alla Sposa.
31 Crema brugiata.
32 Bignè al vento.

Otto Entremets rotonde

MINUTA DEL PRANZO PEL MESE DI APRILE.

Prima Imbandigione.

Due Zuppe, e	1	Zuppa alla Santè.
due Potaggi	2	Potaggio di Carcioffi al Collì di Vitello.
	3	Zuppa ſemolata alla panna.
	4	Potaggio di Cicoriette alla ſemplice.
Quattro	5	Fricaſſea di Quaglie al bianco.
Terine.	6	Petto di Capretto in bocconi alli piſelli.
	7	Quazzetto di Animelle all' erbette.
	8	Gnocchetti di Vitello alli Tartufi.
Otto Hors-	9	Paſticcetti al ſalpicon.
d' œuvres	10	Granelli di Agnelli fritti al pane.
Triangolari.	11	Paſticcetti alla farſa di Quaglie.
	12	Carcioffi fritti alla farſa.
	13	Paſtette fritti al preſutto.
	14	Cervelle di Agnello fritti all' uova.
	15	Paſticcetti al rognone di Caſtrato.
	16	Zucchettine fritte al ſalpicone.
Otto Entre-	17	Pan di Vitello ripieno ai fegatelli.
es Rotonde.	18	Paſticcio di Quaglie alla Salvia.
	19	Sortù al pane da graſſo.
	20	Petto di Vitello all' Arlecchina.
	21	Granata ripiena al Salpicon.
	22	Paſticcio alli Lattaroli di Vitello.
	23	Timpallo di riſo alli tartufi.
	24	Scannatura di Vitello alla Corradina.
Otto piccole	25	Coppiette brodettate alla Fiorentina.
Entrèes Ot-	26	Fricondoncini di Storione al graſſo.
tangolari.	27	Palatari di Bue alle Scalogne.
	28	Braciolette di Ombrina al ſapor di finocchio.
	29	Paſſarotti alla ſalſa di butirro.
	30	Filetti di Scorfani alli funghi.
	31	Lingue di Agnelli al timo.
	32	Suppreſe di Acciughe alli Spinaci.
Quattro	33	Lonza di Vitello al butirro.
Relever.	34	Un groſſo pezzo di Storione al graſſo.
	35	Agnello ripieno alla paſta fina.
	36	Sortù di peſce caſtagna alli tartufi.

Se

Seconda Imbandigione.

Quattro gran pezzi freddi.

1 CRoccante naſtrata alle merenghe.
2 Gattò montato all' Arlecchina.
3 Paſticcio con latte alla Corradina.
4 Coſcia di Vitello al vino.

Quattro Arroſti.

5 Arroſto di Quaglie alla ſalvia.
6 Arroſto di Paparotte al butirro.
7 Arroſto di Ortolani al pane.
8 Arroſto di Pollanche alla ſemplice.

Otto piccole Entremets quadrate.

9 Piſelli alla Crema.
10 Spinaci alla paſtetta.
11 Sparagi al butirro.
12 Indivia fritta al parmegiano.
13 Carcioffi al Colì di Vitello.
14 Boragini fritti alla paſtetta.
15 Lupoli al Colì di gambari.
16 Lattuche ai gialli di uova.

Otto Entremets nelle ſchifette.

17 Acciughe fritte al naturale.
18 Piedi di Agnello fritti alla paſtetta.
19 Midolle di ſchiena fritte imboracciate.
20 Gambari fritti alla ſemplice.
21 Aguglie in pezzi panati alla griglia.
22 Filetti di Teſta di Vitello fritti.
23 Gnocchi di Cervelle fritti all' uova.
24 Mazzacogne fritte al parmegiano.

Otto Entremets rotoude

25 Torta alla Seneſe.
26 Budin alla panna.
27 Spuma di riſo al dolce.
28 Uova alla ſalſa di Cedro.
29 Torta al frumento.
30 Budin alla Franceſe.
31 Spuma alla bignè.
32 Uova alla Crema.

MINUTA DEL PRANZO PEL MESE DI MAGGIO.

Prima Imbandigione.

Due Zuppe e due Potaggi	1	ZUppa alla Giulien oſcura.
	2	Potaggio di lattuche all' uova.
	3	Zuppa alle Tralci di Vite.
	4	Potaggio di zucchette al preſciutto.
Quattro Terine.	5	Bocconi di gola di Vitello all' Erbette.
	6	Filetti di Zinna di Vacca alli piſelli.
	7	Fegatelli di Polli alli tartufi.
	8	Petti di Pollanche a filetti con targone.
Otto Hors-d' œuvres triangolari.	9	Paſticcetti di uova al graſſo.
	10	Spongole farſite, e fritte.
	11	Granelli di Agnelli panati a papigliotti.
	12	Bignè di uova alla ſalvia.
	13	Paſticcetti farſiti all' uova.
	14	Funghi ripieni fritti al parmegiano.
	15	Lattaroli fritti alla farſa bianca.
	16	Bignè di uova alli tortelli.
Otto Entrèes Rotonde.	17	Torta sfogliata alle cervella di Manzo.
	18	Teſta di Vitello alle braci.
	19	Pancia di Tonno al preſciutto.
	20	Granatine di Riſo all' Animelle.
	21	Torta priſsè al preſciutto, e carne di Vitello.
	22	Coſcia di Caſtrato al roſmarino.
	23	Ombrina in Haricò.
	24	Bonettine di Vitello ai fegatelli.
Otto piccole Entreès Ottangolari.	25	Braciolette di Manzo alla moda.
	26	Pollanche a filetti alla purè di ricci.
	27	Code di Caſtrato alla maggiorana.
	28	Petti di Piccioni alle Cipolline.
	29	Bocconi di Vitello alla ſalſa chiara.
	30	Lingue di Agnelli alla Cuciniera.
	31	Rognone di Vitello al ſapor di menta.
	32	Chinef in brodo, al naturale.
Quattro Relever.	33	Paſticcio di petto di Vitello alla Corradina.
	34	Manzo erbolato alla moda.
	35	Timpallo di Maccheroni ripieni.
	36	Pezzo di Tonno in Corboglione.

Se-

Seconda Imbandigione.

1 GAttò ripieno alla Corradina.
2 Pannara montata alli Cialdoni.
3 Panzetta di Pórca alla Crema di piſtacchi.
4 Pollanche in gelo all' Apiciana.

Quattro gran pezzi freddi.

5 Arroſto di coſte di Vitello al butirro.
6 Arroſto di Cavile all' aceto roſato.
7 Arroſto di Lattaroli alla rede.
8 Arroſto di Cernia al limone.

Quattro Arroſti.

9 Croccantina alla Caramella.
10 Prugnoli all' acciughe.
11 Sellari all' uſo.
12 Croccantina a Cannelloni.
13 Croccantina alle mandorle.
14 Tartufi al parmegiano.
15 Finocchi al latte di piſtacchi.
16 Croccantina al ſuccaſtrao.

Otto piccole Entremets quadrate.

17 Coſce di Piccioni fritti al baſilico.
18 Lattaroli di peſce fritti al limone,
19 Carcioffi alla parmegiana.
20 Petti di Quaglie fritte alla ſalvia.
21 Animelle fritte al petroſemolo.
22 Pancia di Tonno a filetti fritti al finocchio.
23 Zucchette fritte alla Ricotta.
24 Uccelletti fritti al roſmarino.

Otto Entremets nelle ſchifette.

25 Torta di Fragole alla ſemplice.
26 Imboracciata di mandorle.
27 Gattò di paſta all' uova.
28 Crema alle Carote.
29 Torta di Piſelli alla panna.
30 Spuma alla Cannella.
31 Gattò sfogliato alla marmellata.
32 Crema gialla all uova ſaldicchere.

Otto Entremets rotonde

MINUTA DEL PRANZO PEL MESE DI GIUGNO.

Prima Imbandigione.

Due Zuppe, e due Potaggi.	1	ZUppa al baſilico.
	2	Potaggio di Cipolle all' Uova.
	3	Zuppa alla paſta fina.
	4	Potaggio di radiche di Cicorie.
Quattro Terine.	5	Filetti di Vitello al Colì di pollanca.
	6	Agnellotti di ſpinaci alli gambari.
	7	Polcini in fricaſſea alla purè di Ricci.
	8	Malfatte all' erbette.
Otto Hors-dœuvres triangolari.	9	Caſſettine con ſalpicon di Vitello.
	10	Palataj grigliati a cannelloni.
	11	Fegatelli di pollanche alla rede.
	12	Paſticcetti alla Memoranza.
	13	Buſſolotti alla bergamel.
	14	Braciolette a papigliotti.
	15	Animelle fritte alla farſa.
	16	Paſticcetti all' Italiana.
Otto Entrèes Rotonde.	17	Paſticcio di Vitello alla panna.
	18	Polcini al nido.
	19	Fegato alla primavera.
	20	Sortù alla Milaneſe.
	21	Paſticcio alla Cicceide.
	22	Ucelletti al pane.
	23	Vitello alla Teſtugine.
	24	Sortù alla Giardiniera.
Otto piccole Entrèes Ottangolare.	25	Fricondoncini di Vitello al targone.
	26	Occhi di Vitello all' Uova.
	27	Chiocciolette alli gambari.
	28	Suppreſe di pollanche alla griglia.
	29	Lingua di Vitello in bocconi lardellati.
	30	Orecchie di Agnello al Colì di preſciutto.
	31	Coſcie di pollanche al tornaguſto.
	32	Panſarotte di Vitello alla bergamel.
Quattro Relever.	33	Timpallo di Nevole alle Cervella.
	34	Coſcia di Vitello alle braci.
	35	Paſticcio di Storione al graſſo.
	36	Manzo alla Reale.

Se-

Seconda Imbandigione.

1 CRoccante all' Invenzione.
2 Turbante alla Caramella.
3 Presciutto alla neve.
4 Pan di Tinca al gelo.

Quattro gran Rifreddi.

5 Arrosto di Pavoncella alla rete.
6 Arrosto di pesce spada allo spiedo.
7 Arrosto di Filetto di manzo adobbato.
8 Arrosto di Merluzzo alla rede di Vitello.

Quattro Arrosti.

9 Fragole alla panna.
10 Foglie di fico alla pastetta.
11 Fior di Sambuco in bignè.
12 Fagioletti all' Acciughe.
13 Ciliege al vino.
14 Foglie di vite alla marmellata.
15 Rosmarino al mele.
16 Fiori di zucche alla parmegiana.

Otto piccole Entremets. Quadrati.

17 Fegato di Agnello fritto al naturale
18 Provature fritte al pane.
19 Zinna di Capra fritta a filetti.
20 Calamaretti fritti alla parmegiana.
21 Granelli di Agnello fritti all' uova.
22 Gnocchi di Parmegiano fritte al pane.
23 Vitello addobbo e fritto in bocconi.
24 Fegatelli di pesce fritti al limone.

Otto Entremets nelle Schifette.

25 Bignè alla Crema.
26 Torta di Ciliege.
27 Crema brugiata.
28 Gattò alla confettura.
29 Bignè alla Cioccolata.
30 Torta all' acetosa.
31 Crema di Fragole.
32 Gattò a mille fogli.

Otto Entremets Rotonde.

MINUTA DEL PRANZO PEL MESE DI LUGLIO.

Prima Imbandigione.

Due Zuppe e due Potaggi.	1	Zuppa alli Pollastri.
	2	Potaggio di zucche lunghe al Vitello.
	3	Zuppa all' agresta.
	4	Potaggio di Broccolini al presciutto.
Quattro Terine.	5	Coppiettine di Pollanche al latte.
	6	Gnocchi di riso al Vitello.
	7	Creste di Galletti al Colì di gambari.
	8	Suppresse di ricotta al Colì di presciutto.
Otto Hors. d' œuvres.	9	Pasticcetti brissè al raguncino.
	10	Salsiccine di pancia di Tonno alli pistacchi.
	11	Fegati di Galletti in bignè.
	12	Frittatine di grasso di Vitello a cannelloni.
	13	Pasticcetti sfogliati alla farsa.
	14	Budenetti di ragosta al loro giallo.
	15	Animelle alla pastetta.
	16	Uova in frittura farsite al Vitello.
Otto Entrèes Rotonde.	17	Torta di Cervella alla Dama.
	18	Piccioni farsiti al sangue.
	19	Tortore in istufa alli finocchi.
	20	Timpallo alla pitagorica.
	21	Torta di Polcini alla panna.
	22	Pollastri a granatine al targone.
	23	Ortalani con capparini alla campagnola.
	24	Sortù di chinef alli gambari.
Otto piccole Entrèes Ottangolari.	25	Salmì di petti di Tortorelle.
	26	Fricondò di pesce spada al grasso.
	27	Lattaroli di Vitello all' Italiana.
	28	Passarotti alla purè di fagioli.
	29	Cosce di Tortorelle all' agresta.
	30	Cernia in fette al butirro.
	31	Pezzi di Vitello in brodo alla panna.
	32	Quaglie alla purè di Ceci.
Quattro Relever.	33	Petto di Bue farsito all' acetosa.
	34	Testa di Storione alla salsa Tedesca.
	35	Presciutto in brodo alli cavoli.
	36	Corpo di Pesce ai Capparini.

Se-

Seconda Imbandigione.

1 CRoccante di frontaci ai diavolini.
2 Monte di Spumette ai varj gusti.
3 Pasticcio di Ombrina al vino.
4 Gattò di Tacchina alla spica.

Quattro gran pezzi freddi.

5 Arrosto di Pollastri alla parmegiana.
6 Arrosto di Vitello al naturale.
7 Arrosto di Tortorelle all' olio.
8 Arrosto di Agnello alla rede.

Quattro Arrosti.

9 Ricci ripieni alla semplice.
10 Ostriche panate al limone.
11 Cannolicchi al vino.
12 Cozze nere panate all' olio.
13 Ova di ragoste al pane.
14 Coccioli all' agresta.
15 Filetti di ragosta alla romolato.
16 Padelle al petrosemolo.

Otto piccole Entremets Quadrate.

17 Triglie alla Carbonata.
18 Supprese di Spinaci in frittura.
19 Cervellette fritte al basilico.
20 Fragaglia fritta all' agresta.
21 Merluzzo a filetti carbonato.
22 Zucche lunghe fritte alla Dama.
23 Polcini in quarti fritti alla parmegiana.
24 Gambarelli fritti al limone.

Otto Entremets nelle Schifette.

25 Torta all' Amarene.
26 Budin alla Corradina.
27 Bignè alle pesche moscadelle.
28 Crema alla Costantinopolitana.
29 Torta alla Turca.
30 Budin all' Italiana.
31 Bignè alle Percocole.
32 Crema al Cafè.

Otto Entremets Rotonde.

MD

MINUTA DEL PRANZO PEL MESE DI AGOSTO.

Prima Imbandigione.

Due Zuppe, e due Potaggi.	1	Zuppa alli pomidoro.
	2	Potaggio di fellari all' uova.
	3	Zuppa alla Giulien chiara.
	4	Potaggio di tutte frutta.
Quattro Terine.	5	Maccaroncini farfiti al brodetto.
	6	Polcini in guazzetto alli tartufi.
	7	Gnocchi in brodo alla Veneziana.
	8	Petti di Tortore all' erbette.
Otto Hors-d' œuvres Triangolari.	9	Frittatina ai golofi.
	10	Pafticcetti ai bottoni di galletti.
	11	Pafticcetti di sfoglio alla panna.
	12	Frittatina al prefciutto.
	13	Frittatina alla Cicceide.
	14	Pafticcetti alla animelle.
	15	Pafticcetti alli gambari.
	16	Frittatina alla Cittadina.
Otto Entrèes Rotonde.	17	Pafticcio di Pollaftri all' agrefta.
	18	Ragù di Vitello ai pomidoro.
	19	Pezzo di Carpione alle Scalogne.
	20	Timpallo alla Regina.
	21	Pafticcio di lingua di Vitello alla Tedefca.
	22	Tacchina farfita alla Contadina.
	23	Pezzo di pefce fpada al limone.
	24	Sortù alli Puglian.
Otto piccole Entrèes Ottangolari.	25	Pollaftrini in quarti alla Portoghefe.
	26	Chinef Salpiconate alla criglia.
	27	Tortore alla Milanefe.
	28	Pezzi di fcannatura di Vitello alli funghi.
	29	Piccioni in quarti all' oftriche.
	30	Panfarotte di Vitello al petrofemolo.
	31	Pernicciotti al fapor di timo.
	32	Lingue di Vitello in pezzi alli tartufi.
Quattro Relever.	33	Lagane alla Pampadur.
	34	Manzo alla falfa di cedriuoli.
	35	Pafticcio alla Parmegiana.
	36	Tefta di Vitello all' acciughe.

Se-

Seconda Imbandigione.

1. CRoccante alla neve con marmellata.
2. Croccante agli amanti con Crema. *Quattro gran pezzi freddi.*
3. Galantina di Ragosta al gelo.
4. Panzetta di Porca al fior di latte.
5. Arrosto di Pollastri all' agresta.
6. Arrosto di Luccio al limone. *Quattro Arrosti.*
7. Arrosto di Lacerto di Vitello ai lardelli.
8. Arrosto d' Agugiie all' Imperiale.
9. Budin di Pomidoro.
10. Spinaci al latte di pignoli. *Otto piccole Entremets Quadrate.*
11. Indivie al butirro.
12. Pomidoro farsiti alla ricotta.
13. Budin di Petronciani.
14. Bietole alla Crema.
15. Sellari all' erbette.
16. Petronciani filettati alle provature.
17. Fettoline di Vitello adobbate e fritte.
18. Pesciolini varj fritti all' acetosa. *Otto Entremets nelle Schifette.*
19. Pollastri fritti alla pastetta.
20. Madresiglie fritte alla farsa.
21. Rognone di Vitello fettato, e fritto all' uova.
22. Cannolicchi fritti alla parmegiana.
23. Filetti di Testa d' Agnello fritti al pane.
24. Maccheroni farsiti, e fritti alla Parmegiana.
35. Pasticcetti frolli con marmellata.
26. Merenghe ripiene all' Uova molli. *Otto Entremets Rotonde.*
27. Tartarette alla panna di latte.
28. Panettini alla pasta Reale.
29. Pasticcetti sfogliati alla Crema.
30. Spume bianche al Cedrato.
31. Caffettine alla vaniglia.
32. Biscotti Amaricanti.

MINUTA DEL PRANZO PEL MESE DI SETTEMBRE

Prima Imbandigione.

Due Zuppe e due Potaggi	1	Zuppa alla Reale.
	2	Potaggio al Popone.
	3	Zuppa alla ſemplice.
	4	Potaggio all' Indivia.
Quattro Terine.	5	Pezzetti di Vitello alla purè di Ricci.
	6	Piccioni a filetti al baſilico.
	7	Fegato di Capretto alle Cipolline.
	8	Palatari a filetti alla purè di Ceci.
Otto Hors-d' œuvres triangolari.	9	Paſticcetti all' Animelle.
	10	Petronciani fritti alla farſa.
	11	Pomidoro grigliati al ſalpicon.
	12	Paſticcetti all' acciughe.
	13	Peſticcetti ai gialli di uova.
	14	Buffolotti di zucche imboracciati.
	15	Pera fritte parmegianate.
	16	Paſticcetti ai Capparini.
Otto Entrèes Rotonde.	17	Torta di Fagiani alle ſcalogne.
	18	Pan ripieno ai fegatelli.
	19	Fagiano farſito alla Corradina.
	20	Pan di ſcorfano ai Capparini.
	21	Torta di Animelle alla Genovese.
	22	Granata alla farſa con ſalpicon.
	23	Cappone al Colì bianco.
	24	Sortù d'acciughe.
Otto piccole Entreès Ottangolari.	25	Quaglie alla Spagnola.
	20	Vitello ai ginepri.
	27	Oſtriche alla purè di radiche.
	28	Coſce di Pollaſtri ai Gambari.
	29	Ortolani alla Lombarda.
	30	Occhi di Bue al corto brodo.
	31	Mazzacogne al Colì di Vitello.
	32	Petti di Pollanche al butirro.
Quattro Relever.	33	Paſticcio di Teſtugine al graſſo.
	34	Bue lardellato alla moda.
	35	Timpallo di Riſo in Cagnone.
	36	Vitello broſciato all' acciughe.

Se-

Seconda Imbandigione.

1 Gattò alla Nobile.
2 Gattò ai Cannelloni.
3 Preſciutto alla Caramella.
4 Cappone di Galera ai frutti di mare.

Quattro gran pezzi freddi.

5 Arroſto di Beccafichi alla salvia.
6 Arroſto di Triglie all' olio.
7 Arroſto di Quaglie al presciutto.
8 Arroſto di Cefalo alla rede.

Quattro Arroſti.

9 Fichi in giulebbe al pan di Spagna.
10 Marmellata di Mela in Caſſettine.
11 Peſche con biscotti alla panna.
12 Prugne con croſtini al vino.
13 Popone nel giulebbe al pan di Savoja.
14 Uva alla caramella in Caſſettine.
15 Sorbe alla Crema con Ciabellette.
16 Cotogna in zucchero con biscotti.

Otto piccole Entremets Quadrate.

17 Cervellette grigliate alla rede.
18 Gola di Vitello fritta panata.
19 Ragoſta fritta alla paſtetta.
20 Suppreſe di fegato panate, e fritte.
21 Lattaroli a papigliotti.
22 Lingua di Vitello alla parmegiana.
23 Teſtugine fritta alla ſalvia.
24 Suppreſe d' Agnello panata alla griglia.

Otto Entremets nelle Schifette.

25 Torta alli tartufi.
26 Crema di Coriandri.
27 Spuma di paſta alle provature.
28 Budin giallo all' Ingleſe.
29 Torta alle Mandorle.
30 Crema di Cinepri.
31 Spuma di Riſo al latte.
32 Budin verde alla pitagorica.

Otto Entremets Rotonde.

MINUTA DEL PRANZO PEL MESE DI OTTOBRE.

Prima Imbandigione.

Due Zuppe, e due Potaggi.	1	ZUppa alli gambari da grasso.
	2	Potaggio di Cavoli al presciutto.
	3	Zuppa di Riso alla Milanese.
	4	Potaggio di Fagioletti al Cervellato.
Quattro Terine.	5	Petti di Fagiani in gnocchi alla semplice.
	6	Fricassea di Testugine ai pomidoro.
	7	Animelle d' Agnello al rosso.
	8	Coppiettine di Rane all' Erbette.
Otto Hors-dœuvres triangolari.	9	Pasticcetti di Vitello alli gambari.
	10	Beccafichi alla moda.
	11	Budinetti di petti di Fagiani.
	12	Spongole farsite, ed imporacciate.
	13	Pasticcetti d' ostriche al presciutto.
	14	Beccafichi alla Corradina.
	15	Gattoncini di fegato d' Agnello.
	16	Funghi farsiti e fritti all' uova.
Otto Entrèes Rotonde.	17	Zinna di Bufala alla Loronese.
	18	Pasticcio di Beccafichi alla Corradina.
	19	Sortù d' Ombrina alli funghi.
	20	Petto di Vitello alla Borgognona.
	21	Midolle di schiena in Sortù alla farsa.
	22	Pasticcio di rognone di Vitello.
	23	Granata di Dentale alli funghi.
	24	Cosciotto di Vitello alla persila.
Otto piccole Entrèes Ottangolare.	25	Petti di Fagiani alla Pitagorica.
	26	Fricassea al bianco di Capretto.
	27	Lingue di Capretto alle scalogne.
	28	Tordi alla purè di Ceci.
	29	Cosce di Fagiani all' Apiciana.
	30	Fricassea di Vitello al bruno.
	31	Ale di Papara al sangue.
	32	Palombelle al sugo di granate.
Quattro Relever.	33	Lacerto di Bufala alla Spagnola.
	34	Tacchina farsita alla Villana.
	35	Capretto dissossato, e ripieno allo spiedo.
	36	Papara alle braci con salsa d' acciughe.

Se-

Seconda Imbandigione.

1 Croccante Dracantata.
2 Croccante a mille fogli.
3 Coſcia di Vitello al latte.
4 Paſticcio di Tortorelle in gelo.

Quattro gran Rifreddi.

5 Arroſto di Fagiani al natunale.
6 Arroſto di Dentale all' acciugata.
7 Arroſto di Piccioni all' ottobrina.
8 Arroſto di fegato di Vitello ai lardelli.

Quattro Arroſti.

9 Tartufi con croſtini al Vino.
10 Paſticcetti dolci in bignè.
11 Rape alla parmegiana.
12 Paſticcetti ſcoverti alla marmellata.
13 Funghi con croſtini all' olio.
14 Bocconotti alla Caramella.
15 Zucche vernine alla Monaca.
16 Tartarette alla Cioccolata.

Otto piccole Entremets. Quadrati.

17 Beccafichi alla marinareſca.
18 Teſte di capretto fritte alla ſalvia.
19 Ragia fritta al petroſemolo.
20 Zinna di Bufala in fette alla griglia.
21 Beccafichi alla veſte.
22 Fegatelli di Capretto adobbati e fritti.
23 Tenca fettata, e panata alla griglia.
24 Coſtollette di Capretto panate, e fritte.

Otto Entremets nelle Schifette.

25 Torta di Flampoes.
26 Crema di Popone.
27 Torta di Piſtacchi.
28 Crema di Garofani.
29 Torta di Azarole.
30 Crema di Peſche.
31 Torta di Ricotta.
32 Crema di ſemi di finocchi.

Otto Entremets Rotonde.

MINUTA DEL PRANZO PEL MESE DI NOVEMBRE

Prima Imbandigioue.

Due Zuppe e due Potaggi	1	Zuppa Semolata.
	2	Potaggio di rape alla Milaneſe.
	3	Zuppa oſcura alla Regina.
	4	Potaggio di Cappucci alla purè di ceci.
Quattro Terine.	5	Filetti di Lepre alla purè di Caſtagne.
	6	Animelle di Capretto al riſo in cagnone.
	7	Beccaccine in fricaſſea alla Lente.
	8	Bocconi di gola di Porco alli funghi.
Otto Hors-d' œuvres triangolari.	9	Salſicce di capponi allo sfoglio.
	10	Chiocciolette di farſa con ſalpicon.
	11	Nevole farſite e fritte alla bragona.
	12	Pagnottine farſite all' interiora di Beccacce.
	13	Budinetti di ſangue di Capponi alla paſtetta.
	14	Lumache di farſa di riſo al preſciutto.
	15	Panzarotte di cervelle alla rete.
	16	Gubollotti di Vitello al forno.
Otto Entrées Rotonde.	17	Paſticcio di Pernici alla Tedeſca.
	18	Cervelle di Bue in Budin piccante.
	19	Fianchetto di Vitello farſito alla giaſſa.
	20	Sortù fantaſtico all' animelle.
	21	Paſticcio di Pavoncella al timo.
	22	Gattò di fegato alla panna.
	23	Scannatura di Vitello al limone.
	24	Sortù farſito alle radiche.
Otto piccole Entreès Ottangolari.	25	Braciole di Cervo all' acciughe.
	26	Petti d' Oca alli Spinaci,
	27	Filetti di Vitello acetoſa.
	28	Beccacce a Cannelloni.
	29	Coppiette di Lepre all' olive.
	30	Petti di Colombacci ai fagioli.
	31	Capretto in pezzi ai capparini.
	32	Torti farſiti a buſſolotti.
Quattro Relever.	33	Paſticcio di Dentale al Vitello.
	34	Culatta di Bue alle Cipolline.
	35	Timpallo alle nevole farsite.
	36	Groſſa granata di Vitello all' Uccelletti.

Se-

Seconda Imbandigione.

1 GAttò alla Sultana.
2 Biscotto all' Imperiale. *Quattro gran*
3 Dentale in Sivè al gelo. *pezzi freddi.*
4 Lepre in Gattò alli pistacchi.
5 Arrosto di Beccacce a papigliotti.
6 Arrosto di Leprotti micciati. *Quattro*
7 Arrosto di Palombelle alla rede. *Arrosti.*
8 Arrosto di Cervo al butirro.
9 Castagne alla caramella.
10 Noccciole ai diavolini. *Otto piccole*
11 Olive di Spagna alla perla. *Entremets*
12 Pinocchi confettati. *quadrate.*
13 Noci caramellati al zucchero.
14 Mandorle all' amberlina.
15 Capparoni di Genova in zucchero.
16 Caccao confettato.
17 Polenta fritta al presciutto.
18 Animelle fritte all' uova. *Otto Entre-*
19 Rane fritte al petrosemolo. *mets nelle*
20 Cervelle in frittatine alla menta. *schifette.*
21 Migliaccio fritto al Vitello.
22 Fegatelli fritti alla semplice.
23 Acciughe fritte alla salvia.
24 Grasso di Vitello fritto al bignè.
25 Spuma di latte alla cannella.
26 Torta alla cioccolata. *Otto Entre-*
27 Crema al portogallo. *mets rotonde*
28 Tartara all' uova saldicchere.
29 Latte al bianco mangiare.
30 Torta al cedro candito.
31 Crema all' archemis.
32 Marmellata alle merenghe.

MINUTA DEL PRANZO PEL MESE DI DICEMBRE.

Prima Imbandigione.

Due Zuppe, e due Potaggi.

1 ZUppa alla Corradina con purè.
2 Potaggio al Salgrao.
3 Zuppa di riso al Polao.
4 Potaggio di cardoni al parmegiano.

Quattro Terine.

5 Saporiglia di Porco alla Corradina.
6 Capponi a filetti alli tartufi.
7 Fricassea di Lodole alle cipolline.
8 Bocconcini di Vitello alla panna.

Otto Hors d' œuvres Triangolari.

9 Pasticcetti alle midolla di Manzo.
10 Supprese di Beccacce alla griglia.
11 Pasticcetti alla farsa, e grasso di Vitello.
12 Budin di Capponi in budello.
13 Pasticcetti alla bergamel.
14 Budin di sangue di porco in budello.
15 Pasticcetti di Vitello all' Imperiale.
16 Crocchetti di Vitello alla rede.

Otto Entrèes Rotonde.

17 Pasticcio di Cappone alla moda.
18 Zinna di Vacca in Sortù.
19 Sartrosa di erbe alla farsa.
20 Timpallo di gnocchi al sugo di Porco.
21 Pasticcio di marlardo alle cipolline,
22 Tacchina farsita al Capitone.
23 Cavolo cappuccio ripiene allo spiedo.
24 Sortù di Chinef alla nobile.

Otto piccole Entrèes Ottangolari.

25 Filetti di Porco in fricondò.
26 Vitello a filetti alla spagnola.
27 Beccacce in Salmì.
28 Piccioni in Bisca.
29 Coscie di Capretto alle castagne.
30 Lingue di porco ai capparini.
31 Anatrelle all' olive.
32 Petti di Tacchini all' erbolata.

Quattro Relever.

33 Pasticcio di Cinghiale alla Tedesca.
34 Porchetto di Latte alla Parmegiana.
35 Manzo alla Spagnola.
36 Timpallo di Riso alle provature.

Se-

Seconda Imbandigione.

1 CRoccante di mandorle all' amberlina.
2 Croccante al Paſtigliace.
3 Galantina all' Arlecchina.
4 Gattò di Capitone al petosemolo.

Quattro gran pezzi freddi.

5 Arroſto di Vitello al butirro.
6 Arroſto di Beccacce all' interiora.
7 Arroſto di Capponi alli lardelli.
8 Arroſto di Tordi al preſciutto.

Quattro Arroſti.

9 Geletti bianchi al limone.
10 Paſtinache al mele.
11 Cardoni alla Parmegiana.
12 Geletti oſcuri alla vainiglia.
13 Geletti ambrellini alla cannella.
14 Tartufi alle braci con limone.
15 Cavoli fiori al butirro.
16 Geletti roſſi all' archemis.

Otto piccole Entremets Quadrate.

17 Capitone in pezzi panato alla griglia.
18 Fegatelli di Porco in rede allo ſpiedo.
19 Granelli di Cinghiale panati e fritti.
20 Calamaretti fritti alla ſemplice.
21 Filetti di Linguattole panati al forno.
22 Lattaroli di Vitello fritti alla parmegiana.
23 Cervellette di porco a tomacelle.
24 Oſtriche fritte alla paſtetta.

Otto Entremets nelle Schifette.

25 Tartarelle alli canditi.
26 Crema bianca merengata.
27 Tortin al ſangue di porco.
28 Bignè all' Amarene.
29 Pa[illegible]ticcetti all' Uova molli.
30 Crema oſcura al Caccao.
31 Budin miſto alla panna di latte.
32 Bignè al Cedro candito.

Otto Entremets Rotonde.

MI-

MINUTA DEL PRANZO DA MAGRO PER LA PRIMAVERA.

Prima Imbandigione.

Due Zuppe. ZUppa di Cambari all' Colì dell' istessi.
Zuppa di funghi al brodo di Tinca.

Due Terine. Polpettine d' Acciughe alle cipolline.
Cecinelli in brodo alla purè di piselli.
Calamari farsiti alli tartufi.

Otto Hors-d' œuvres. Pasticcetti di Rane alli tartufi.
Crocchetti di Storione panati.
Pasticcetti di Triglie al latte di pignoli.
Pasticcetti d' ostriche ai funghi.
Lamprede in bocconi alla pastetta.
Lattaroli di pesce spada alla Salvia.
Pasticcetti d' uova di ragosta all' acciughe.

Quattro Entrèes. Fricondò di Storione al brodo chiaro.
Ombrina alla moresca.
Pesce Spada alla Pitagorica.
Tinca farsita al Colì di gambari.

Due Relever Pasticcio di Pancia di Tonno al tarantello.
Timpal di Lagane alle Telline.

Seconda Imbandigione.

Due Arrosti ARrosto di Pancia di Pesce spada al limone.
Arrosto di Triglie alla semplice.

Otto Entremets piccole Spongole all' acciughe.
Piselli al latte di pignoli.
Sparaci al Colì di Tinca.
Tartufi al petrosemolo.
Spinaci al giallo di Ragosta.
Carcioffi al tatantello.
Zucchettine alle bottariche.
Lattuche al Colì di gambari.

Sei Entremets grandi Fritto di Acciughe al petrosemolo.
Torta frollata alli canditi.
Linguattole fritte al limone.
Tocchi d' Anguille fritti alla salvia.
Crema al latte di pistacchi.
Raggia fritta all' erba di mare.

MI-

MINUTA DEL PRANZO PER L' ESTA'.

Prima Imbandigione.

Zuppa alla Regina al latte di mandorle.
Zuppa di Pomidoro al basilico. — *Due Zuppe.*
Latti di Cefalo alla purè di Ricci.
Filetti di pesce Spada alla purè di Rane. — *Due Terine.*
Pasticcetti farsiti al pesce Spada.
Pomidoro ripieni, panati, e fritti.
Suppressine di Cefalo alla griglia.
Pasticcetti di gambari alli tartufi.
Pasticcetti di Cernia al Salpicon.
Petroncini farsiti, e fritti panati.
Braciolette d' Orata a papigliotti.
Pasticcetti di cozze all' erbette. — *Otto Hors-d' œuvres.*
Cefalo in ragù all' acetosa.
Cernia in olio alla Certosina.
Merluzzo in fricondò al tarantello.
Pesce Spada alle braci con acciughe. — *Quattro Entrèes.*
Pasticcio di Ombrina all' Olio.
Pezzo di Storione in Corboglione. — *Due Relever*

Seconda Imbandigione.

Arrosto d' Orata al marinato.
Arrosto di Ombrina al limone. — *Due Arrosti*
Cialdoni di mandorle.
Zucche lunghe alla rustica.
Pomidoro in crocchetti.
Foritaci ai diavolini.
Grillacciotti di nocciole.
Petronciani all' agro-dolce.
Budenetti di Tartufi. — *Otto Entremets piccole.*
Fragaglie in frittura all' agresta.
Torta di Amarene al giulebbe.
Triglie panate alla griglia.
Merluzzo fritto a filetti.
Crema di Fragole alli pignoli.
Latti di Palamido a pipigliotti. — *Sei Entremets grandi.*

MINUTA DEL PRANZO PER L' AUTUNNO.

Prima Imbandigione.

Due Zuppe. Zuppa di Testugine alle cipolline.
Zuppa di Lente alli finocchietti.

Due Terine. Pancia di Cernia filettata al petrosemolo.
Gnocchi di Merluzzo ai funghi.

Otto Hors d' œuvres. Panettini ripieni ai gambari.
Crocchetti di Luccio al pane.
Rape farsite al forno.
Pasticcetti di Rane alle bottariche.
Bignè in tondo al Merluzzo.
Fegato di merluzzo fritto alla salvia.
Carote salpiconate alle braci.
Pasticcetti di acciughe all' erbette.

Quattro Entrèes. Scorfano alli tartufi.
Braciole di Luccio alli spinaci.
Pesce Cappone ai capparini.
Coppiette di Merluzzo alla Firentina.

Due Relever Torta di Linguattole all' erbette.
Gattò di Pesce castagna al riso.

Seconda Imbandigione.

Due Arrosti. Arrosto di Luccio al tarantello.
Arrosto di Cefalo alla menta.

Otto Entremets piccole. Spumette di Cioccolata.
Fagioletti erbolati all' acciughe.
Cavolfiori alla pastetta.
Bignè al bianco mangiare.
Spumette amaricanti.
Rape a filetti all' uova di ragosta.
Indivia farsita alle bottariche.
Bignè alla polenta.

Sei Entremets grandi Triglie in frittura al petrosemolo.
Torta di fichi al giulebbe.
Ostriche fritte alla semplice.
Cefalo filettato e fritto al limone.
Crema di morole al latte di mandorle.
Bocconi di Capitone fritto alla pastetta.

MI-

MINUTA DEL PRANZO PER L'INVERNO.

Prima Imbandigione.

Zuppa di Spinaci alle Telline. *Due Zuppe.*
Zuppa di Ceci alle lagane.
Fricaffea di Teftugine al fangue.
Filetti di Ragofta alla purè di fagioli. *Due Terine.*
Pafticcetti al falpicon da magro.
Budin di fangue di Teftugine. *Otto Horf. d' œuvres.*
Capitone in pezzi panato alla griglia.
Bunettine di rifo alli tartufi.
Pafticcetti alla farfa di Trota.
Budin di carne di Luvaro.
Cannelloni di Teftugine a papigliotti.
Panzarotte di pane farfite e fritte.
Fricondò di Carpione al targone.
Ragù di Ragofta al fuo giallo. *Quattro Entrèes.*
Luvaro in brodo al faporetto.
Dentale al fapor di ginepri.
Spigola in bianco alla femplice.
Pafticcio di Trota al vino. *Due Relevee*

Seconda Imbandigione.

Arrofto di Rigiola al Crifcione. *Due Arrofti.*
Arrofto di Spigola all' olio.
Tartarette alla cioccolata.
Ricci ripieni al naturale. *Otto Entremets piccole.*
Cannollicchi al vino.
Pafticcetti alla marmellata di cedro.
Bifcotti alla Crema.
Oftriche panate alle braci.
Padelle all' olio.
Calefsò ai diavolini.
Linguattole alla Santè-meno. *Sei Entremets grandi*
Galantina al Capitone.
Cecinelli fritti alla paftetta.
Trote panate alla griglia.
Ragofta in Cappon di Galera.
Calamaretti fritti alla semplice.

MINUTA DEL PRANZO DI LATTICINJ ED ERBE PER LA PRIMAVERA.

Prima Imbandigione.

Due Zuppe. Zuppa alla Dama con purè d' uova.
Zuppa di Sellari alla Parmegiana.
Due Terine. Fricassea di uova alla purè di ricci.
Polpettine di uova alla panna.
Otto Hors-d' œuvres. Pasticcetti di gialli di uova al butirro.
Suppresse di uova parmegianate e fritte.
Indivie farsite ed imboracciate.
Provature fritte al pane.
Bocconotti di ricotta alla Lombarda.
Spinaci piccati alla bignè.
Frittelle di uova ai crostinetti.
Pansarotte di parmegiano alla bietola.
Quattro Entrèes. Uova farsite all' acetosa.
Uova nastrate al Colì di gambari.
Uova sperdute al latte.
Uova ripiene alla bracona.
Due Relever Pasticcio di Uova alla Panna.
Sartrosa di erbe alla farsa di Uova.

Seconda Imbandigione.

Due Arrosti. Arrosto di Latte allo Spiedo.
Arrosto di Butirro al pane.
Otto Entremets piccole Bocconotti di Uova faldicchere.
Sellari alla Delfina.
Finocchi al Latte.
Budinetti di Carote alla panna.
Spumette di pasta di merenghe.
Sparagi alla moda.
Pastinache alla Dama.
Budinetti di bietole al butirro.
Sei Entremets grandi Frittata alla semplice, ed a spuma.
Pannara montata alli Cialdoni.
Uova alla Corradina.
Frittata all' Inglese.
Uova alla Regina.
Crema gialla ai Cannelloni.

MI-

MINUTA DEL PRANZO PITAGORICO PER L' ESTA'

Prima Imbandigione.

Zuppa con erbe varie alla giardiniera.
Zuppa con latte alla Corradina. — *Due Zuppe.*
Prugnoli al Colì di Manzo.
Sellari con butirro all' uova. — *Due Terine.*
Pasticcetti d' acetosa all' acciughe.
Crocchetti di Pomidoro. — *Otto Hors-d'œuvres.*
Cedrioletti imboracciati.
Pasticcetti di Sparagi alla panna.
Pasticcetti di Carcioffi al Colì di Vitello.
Supprese di Petronciani fritti.
Ravanelli farsiti alla moda.
Pasticcetti di piselli al grasso di Vitello.
Gnocchi di Spinaci al butirro.
Indivia farsita alla Crema. — *Quattro Entrèes.*
Sellari alla Corradina.
Finocchi alla purè di Lente.
Lattuche ripiene al Colì di Manzo.
Zucche lunghe farsite al basilico. — *Due Releuer*

Seconda Imbandigione.

Arrosto di Carcioffi alla rede.
Arrosto di Cipolle all' unto. — *Due Arro'*
Frittelle di fior di sambuco.
Tartufi ai gialli di uova. — *Otto Entremets piccole.*
Lupoli alla Contadina.
Salvia fritta alla pastetta.
Frittelle di rosmarino.
Funghi al Colì di Gambari.
Cavoli fiori alla pampadur.
Foglie di fico fritte alla pasta.
Zucche alla Dama.
Torta all' Agresta. — *Sei Entremets grandi*
Frittata di fichi alla panna.
Cedriuoli alla Parmegiana.
Crema alle Fragole.
Frittata di fave alla Romana.

MI-

MINUTA DEL PRANZO DI SALUMI PER L' INVERNO.

Prima Imbandigione.

Due Zuppe.
Zuppa di Fagioli alla Firentina.
Zuppa con erbe alla Santè.

Due Terine.
Polpettine di Salmone alla Lente.
Occhi di Tonno alle Cipolline.

Otto Horſ. d' œuvres.
Paſticcetti di bottarighe alli capparini.
Acciughe fritte alla ſalvia.
Suppreſe di riſo alli tartufi.
Paſticcetti di Caviale al limone.
Paſticcetti di tarantello al ſugo di piſtacchi.
Baccalà a filetti alla paſtetta.
Crocchetti di Tonno alla griglia.
Paſticcetti d' Aringhe al latte di pignoli.

Quattro Entrèes.
Capitone al ragù di ſcalogne.
Merluzzo in fricondò all' acetoſa.
Tarantello alla farſa di Targone.
Salmone alla purè di funghi.

Due Relever
Callo di peſce Spada alla ſalſa Tedeſca.
Timpallo di lagane alla purè di Ceci.

Seconda Imbandigione.

Due Arroſti
Arroſto di Baccalà al ſugo di limone.
Arroſto di Salmone al ſugo di acetoſa.

Otto Entremets piccole.
Bignè al mele.
Cavoli fiori all' agro-dolce.
Zucche vernine al marinato.
Spumette di paſta lievidata al giulebbe.
Zeppole con mele alla Napoletana.
Torza di Cavoli alla ramolata.
Paſtinache alla glaſſa.
Spumette di riſo al latte di mandorle.

Sei Entremets grandi
Frittatine di Caviale a pane.
Torta alla marmellata di Zucca.
Oſtriche in compoſta alla ſalſa.
Frittelle di boragine all' acciughe.
Bianco mangiare al latte di nocciole.
Linguattole a filetti al marinato.

MI-

MINUTA DEL PRANZO DE' GOLOSI PER L' INVERNO.

Prima Imbandigione.

Zuppa di Piccioni al Colì di gambari.
Zuppa alla Parmegiana al salpicon di' animelle. — *Due Zuppe.*

Gnocchi di Capitone al Colì di Vitello.
Chinef di Vitello al giallo di Ragosta. — *Due Terine.*

Pasticcetti di animelle alla farsa di Spigola.
Gattoncini di Vitello ripiene di ostriche.
Supprese di Dentale al rognon di Vitello.
Pasticcetti di gambari con farsa di Cappone.
Pasticcetti di ragosta all' interiora di Beccacce.
Ortolani imboracciati alla farsa di Trota.
Mazzacogne a papigliotti alla farsa di Fagiani.
Pasticcetti di Tordi con farsa di Anguille. — *Otto Hors-d' œuvres.*

Ombrina al Colì di Cappone.
Spigola in butirro alli gialli di uova.
Trota in fricondò al grasso.
Storione in Haricò. — *Quattro Entrèes.*

Pasticcio di Tacchina alla panna.
Porchetto di latte al Capitone. — *Due Relever.*

Seconda Imbandigione.

Arrosto di Pavoncella alla Corradina.
Arrosto di Ortolani alla marinaresca. — *Due Arrosti*

Pasticcetti a bocca di Dama.
Crostini d' interiora di Beccacce all' acciughe.
Crostini di Caviale alle medolla di Manzo.
Pastette alla Reale.
Pasticcetti alla Regina.
Crostini di rognon di Villo alle Lamprede.
Crostini di presciutto alle bottarighe.
Bignè al pan di Spagna. — *Otto Entremets piccole.*

Frittata golosa e alla marinaresca.
Galantina di Cinghiale, al Dentale.
Lattaroli farsiti con Spigola, ed imboracciati.
Calamari fritti e ripieni al rognon di Vitello.
Bianco mangiare con carne di Cappone.
Piccioncini fritti farsiti di Testugine. — *Sei Entremets grandi*

MI-

MINUTA DELLA CENA PER 100 COVERTE NELL' INVERNO.

Questa Cena si può servire con una Tavola in figura rotonda, con due aperture, situando le persone da dentro, e da fuori; o pure in figura di ferro di cavallo; e ciò per esser commoda, ed adattabile ad ogni stanza.

Otto gran Zuppe.

DUe alla Regina, ed al brodetto
Due di Gambari al Colì.
Due alla Reale col brodo oscuro.
Due al Riso con latte.

Trentadue Horf. d' œuvres.

Otto di pasticcetti brisè al salpicon.
Otto di frutta di mare caldi.
Otto di tartufi e prugnoli al pane.
Otto di sfogliolini alla farsa.

Sedici Entrèes.

Quattro di Cacciagione in salmì.
Quattro di Vitello alle braci.
Quattro di Polleria alla bresa.
Quattro di Salvagina all' acciughe.

Sedici di Pasticceria grande.

Quattro Pasticci di Vitello al presciutto.
Quattro Timpalli di gnocchi al sugo.
Quattro Pasticci di Cacciagione al gelo.
Quattro Pasticci di Pesce con salse all' Olio.

Sedici Entremets.

Otto fritture di Animelle, granelli e pesce.
Otto di Creme in frittura, o piccoli Budin.

Otto Pezzi freddi.

Quattro Croccanti varie.
Due gran Gattò alla Savojarda.
Una Coscia di Vitello al Latte.
Una gran Galantina di Tacchine, presciutto, Cinghiale, ec.

Otto Arrosti per Relever le Zuppe.

Due Arrosti di Vitello, e polleria al naturale.
Due di Cacciagione piccata.
Quattro di Pesce all' Olio, e sugo di limone.

Otto insaletine.

Di Carote, e d' indivia, ma con tarantello, acciughe, bottariche, caparini, olive, e frutta di mare.

Li Tondini dell' altro cordone d' intorno al Desert si sa che sono con frutti freschi, canditi, ed in composta, biscottoneria ec.

SPIE-

SPIEGA DI ALCUNI TERMINI CUCINARJ.

Per la manipolazione ed imbandigione delle Vivande, e per la facile maniera d' intendere, e di ſervire.

Blanchire	=	Far per poco bollire in acqua quel che ſi vuole
Paſſare	=	Far ſoffriggere coſa in qualſiſia graſſo
Barda	=	Fetta di lardo
Bardare	=	Mettere le fette di lardo
Inviluppare	=	Involgere coſa in quel che ſi vorrà
Arroſſare	=	Ungere con uova sbattute coſa
Stagionare	=	Far ben ben ſoffriggere le carni, o altro
Piccare	=	Trapaſſar eſteriormente con fini lardelli carne
Farſa	=	Paſtume di carne, uova, graſſo ec.
Farſire	=	Riempire coſa con la farſa
Addobbare	=	Condire con ſughi acidi, erbette, ed aromi.
Bucchè	=	Mazzetto d' erbe aromatiche che ſi fa bollire nelle vivande.
Sugo	=	Brodo colorito, e denſo
Conſumè	=	Brodo riſtretto
Reſtoran	=	Soſtanzioſo brodo per condire
Suage	=	Brodo per zuppe
Breſa	=	Condimento per cuocere carni
Glaſſa	=	Brodo chiarificato, e riſtretto
Aſcì	=	Carne tritulata a fino
Aſcè	=	Tritulare finamente
Dorare	=	Attuffare nelle uova sbattute
Salſe	=	Brodo alterato con aromi, con erbe, o con ſughi acidi.
Collì	=	Denſo brodo eſtratto dalla ſoſtanza delle carni.
Furè	=	Condimento che ſi eſtrae dai legumi, o d' altro
Sapore	=	La polpa delle frutta condita, e ridotta in un denſo liquido.
Entrèes	=	Vivande di primo ſervizio.
Horſ-dœuvres	=	Vivande di tramezzo a quelle di primo ſervizio
Entremets	=	Vivande di ſecondo ſervizio.
Rilevè	=	Vivande di muta alle zuppe, potaggi, o altro.

L' AUTORE.

E quì per me dò compimento e fine. Dico per me, poichè presso altre scuole si troveranno diverse altre manovre, e condìture; giacchè l'esperienza mi fa conoscere, che la scuola Cucinaria si detta, si espone, e si esercita sempre varia in tutti i Vivandieri, ne' quali son sì varie le loro idee nel travagliare, siccome vario è il gusto de' Gommensali. E' certa cosa, che la Cucina e la invenzione delle Vivande, termina col terminar degli uomini; e vivendo gli uomini, continuano ancora le loro varie idee. Le Cucine de' Grandi formano scuola, ove con la pratica si vede quanto si può apprendere, e quanto i talenti si elevano, e si raffinano.

Avviso in ultimo, che io adattando alla materia questo mio presente libro, dico che non esce dalla elegante tessitura accademica, ma sibbene dalla semplice dettatura cucinaria. Non propongo regole di ben dire, ma di ben cucinare. E se ingegni delicati incontreranno qualche detto, che non adatti all' udito loro, io a questi tali, particolarmente protesto, che quì non fu mia intenzione di piacere all' orecchio, ma solo di soddisfare al gusto; nè stia persona a definire, poichè in ciò tale è il duro scoglio, in cui rompe sovente la più soda, ed esatta Filosofia.

Nota di altri libri dello stesso Autore.

Il Credenziere di buon gusto.
Il Cibo Pitagorico per uso de' Nobili, e de' Letterati.
Il Moltiplico, e governo degli Animali domestici.
La Fisiologia, e governo degli Agrumi, Erbe aromatiche, e Fiori.
Norma di Educazione, e governo de' Bachi da seta.
Notiziario delle Produzioni particolari del Regno di Napoli, e delle Cacce riserbate al Real divertimento.
La Manovra della Cioccolata trattata per principj.

LETTERE

DI VARJ ILLUSTRI PERSONAGGI.

ALL' AUTORE.

Roma 12. *Gennaro* 1780.
Il Cardinal de Bernis.

SOno molto tenuto alla vostra attenzione per avermi trasmessi i due vostri Libri, uno della generale maniera del come far servire li Commestibili, e l' altro del particolar cibo Pitagorico. Nel primo ci considero del grande, e del vario, per soddisfare i differenti gusti; ma nel secondo mi par che vi sia cosa più analoga alle persone di applicazione. Io veramente di questo Pitagorico Cibo faccio uso da molti anni a questa parte, e ne sono contento; nè dubito, che lo stesso sia per accadere a chi leggerà, e metterà in pratica lo che si trova scritto nel Libro vostro, che veramente è tirato con somma industria. E con parzial stima mi raffermo.

Firenze 17. *Maggio* 1781.
Il Cavalier Antonio Paci.

FU celebre nell' Antica Roma Apicio per l' invenzione delle Vivande, e per la publica scuola, che tenne del modo di aguzar l' appetito, e così far mangiare più del necessario. Anche su tal materia si distinse con i suoi dotti scritti il Cavaliere Antonio Latini; e tratto tratto anche i Francesi han dato fuori Volumi per ingentilir quest' arte interessante tanto. Ma superiore a tali Illustri Personaggi siete voi, per quel che leggo nel libro vostro, che in dono mi avete mandato. E' ben voluminoso, è di bei rami ornato; lo trovo sublime nel pensare; lo leggo metodico nella disposizione; si ammira vario nel condire; ed è preggevole per l' originale. Io mi rallegro con voi, e mi consolo, per questa vostra utilissima produzione. Mi vanto dell' amicizia vostra: vi sono obbligato, e con piacere attendo i vostri comandi, mentre sono ec.

Pavia 15. Marzo 1783.
Il Dottor Spallanzani.

HO *letto la vostra Opera col titolo il Cuoco Galante, che della Scienza della Gola tratta e contiene; la leggo anche ogni giorno, e ne fo fare dell' esperienze, che riescono felici. In essa ammiro una fantasia acuta e creante, non solo per il meccanismo della Cucina, ma ancora una cognizione sì grande per adattare le cose a seconda delle inclinazioni, e delle varie idee degli uomini; anzi della strana volubilità, che in loro tratto tratto si ammira, nata dalla diversa sensibilità de' corpi, onde nasce la diversità de' giudizj, per cui talvolta, per eccellente che sia una Vivanda, non a tutti riuscirà di piacere. Ma l' Opera vostra per la divisione, e suddivisione de' commestibili e per il variato condire, è fuor di dubbio che incontrerà il genio, e soddisfazione universale. Io ne son contento di questa vostra produzione, e me ne dichiaro a voi tenuto ed obbligato, nel tempo, che mi offeriscono prontissimo a servirvi, e mi soscrivo ec.*

Bologna 23. Ottobre 1785.
Il Segretario della Specola Cantersani.

SE *presso di noi fosse in costume di accordare agli Uomini di spirito inventori di Vivande, quelle dimostrazioni di onori, che a tempo di Augusto, e di Tiberio a tali persone si usavano, al certo, che Voi Oritano Corrado meritareste in premio delle vostre fatiche, cosa di molta distinzione. Il dare al pubblico un compiuto Trattato, ed in varj modi distinto, del come cuocere, e condire le carni degli Animali Quadrupedi, dei Volatili, e delli Aquatici; come formare in varj gusti Vivande di Uova, di Latte, e di Erbe. Come comporre con diversi sensi, ed in varie forme e figure Pasticci, e Torte; come far gustare Sapori, e Salse; ed in fine come imbandire le Tavole secondo i prodotti della stagione, è incontrastabile, che l'Opera vostra forma una Scienza delle più interessanti al commodo, ed alla felicità dell' Uomo; onde cosa vi si dovrebbe. Non è lieve piacere però quello di sentirne l' approvazione universale. Attendo con piacere le altre vostre Opere, per semprepiù ammirare i tratti del vostro talento. Vi son molto tenuto, e sono quì a servirvi, nel mentre di tutto cuore mi dico ec.*

DOMANDATO L'AUTORE DI SE, E DELLA PATRIA SUA, EGLI RISPONDE CON LA SEQUENTE

CANZONE

CErchi di me contezza,
E della Patria mia,
La qual vantava un tempo
E gloria, e Signoria?
Vò soddisfarti. E' *Iria*,
Che, *Oria*, oggidì si chiama,
Nell'antica Japigia
D'immortal gloria, e Fama.
Per nobil serto, e vanto,
Fra tutti que' Paesi,
Ebbe per Fondatori
I primi Eroi Cretesi.
Questi, (com'è pur noto),
Furono Cavalieri,
E in quella prima Etate,
Forti, e prodi Guerrieri,
Che la resero sempre
Con lor virtù sagace,
Non men temuta in Guerra,
Che rispettata in pace.
Era suo pregio un giorno
Il trionfale Alloro:
Abbiette cose, e vili
Stimò l'argento, e l'oro.
La virtù de' suoi Figli,
La resero di poi
Nota bastantemente
Fino alli Lidi Eoi.
Fra questi si distinse
Più d'un dotto *Corrado*,
Ma, fra gli altri, il gran *Quinto*,
Gloria del Parentado.
E i *Marj*, e i *Castiglioni*,
E i nobili *Pagani*,
I *Granafei* sublimi.
E gli *Argentieri* umani,
Diedero lustro, e pregio
Alla natia contrada.
Chi con la Toga addosso,
Chi con in man la Spada.
Di tanto, la mia Patria
Potè gloriarsi allora.
E ne percorse il Nome
Ne' Regni dell'Aurora;
Quando in Bizanzio altera,
Scopo della Fortuna.
Sù la fronte del Trace
Tremò l'argentea Luna.
Ma sopra di tre Colli,
Negletta, e sconosciuta,
Or piange il primo merito,
E gloria sua perduta.
E gli abitanti suoi
Della lor Patria al duolo,
Uniscono i lor gemiti

Con gli occhi fissi al suolo,
Perchè seco rammentano,
E tengono a memoria,
Ch'ella fu pria sì splendida,
Oggi di poca gloria.
Quind'io con essi al pianto
Restar non mi fidai:
Perciò la Patria, e i Miei
Abbandonar pensai;
Qui venni, ed in Partenope
Degli anni miei su'l fiore,
Godei con stento i frutti
Del caldo mio sudore.
E dopo il godimento,
Non men di un Lustro solo,
Con mio piacer lasciai
Anche quest'altro Suolo.
Feci d'Italia il giro
Di Gioventù su'l nerbo
Con nobil Personaggio,
Di cui memoria serbo.
Vidi *Roma*, ed il Tebro
D'allor, di pregj onusto,
Di cui con Greche spoglie
Ornollo il Grande Augusto.
Volsi a *Fiorenza* il piede
Bella Madre di Eroi,
Ove l'Arti, e le Scienze
Tanto fiorir per Noi.
De' dotti *Bolognesi*
La Patria indi ammirai,
E da Bologna poi,
Al gran *Milan* ne andai.
Di là giunsi a *Torino*,
Città Donna, e Signora,
Città, che tutto intende,
Città, che niente ignora.
In *Mantova* la forte
Più d'un dì mi fermai,
E'l bello, il vago, e'l buono
Con mio piacer gustai.
Venezia, ch'è nell'acque
Piacquemi poi vedere;
E di sua libertà
Volli ancor io godere.
Scorsi per le Provincie
Dell'aureo nostro Regno,
E a parte, a parte vidi
Quando vedersi è degno.
Ma che serve narrare
Tai cose, in parte, intutto?
Se co'l girar l'Italia
Ben si comprende il tutto?
Dunque, facciam ritorno
A me, che abbandonai
La cara Patria mia,
Nè la rividi mai.
Ella mi diede in dono
Coll'onore del nascere
Di *Corrado* il Cognome,
Onde l'umor mio pascere.
Colà del mio gran *Quinto*,
L'orme volea seguire;
Ma *il nerbo della Guerra*
Mi fè mancar l'ardire.
Perciò venir quì piacquemi
A stabilir mia Vita,
Ove le mie fatighe

Scor-

Scorta mi fer gradita.
Volli di Scienze, e d'Arti
Le cognizioni avere;
Perciò trattar convennemi
Gente d'ogni sapere.
Dalle Persone Nobili
Io la grandezza appresi;
E della Gente rustica.
Semplicità compresi.
Dal Letterato piacquemi
Sentir l'erudizione;
L'arti dal Fabro appresi
Con tutta l'attenzione.
Sol la Virtù seguii,
Che nel savio ammirai;
E'l Vizio, che forzavami,
Con ragion disprezzai.
Ma non perciò confessomi
Lontan d'ogni difetto
Son Uomo; e come tale,
Dirmi non vò perfetto.
Co'l venerando Vecchio
Serio mi volli fare;
E co'l grazioso Putto
La *Bambola* giocare.
In un; a ogni costume,
Certo, son io capace.
Or mi vedete umile,
Or mi notate audace.
La *scienza della Gola* (a)
In *tre Volumi* ho scritto,
E di *Animali*, e *Piante*
Anche il *governo* ho fitto.
Ma cento volte, e cento
Al Diavol manderei
I Vasi, e gli strumenti
Con tutti i Libri miei,
Se delle mie fatighe
Non fosse già permesso
Godere i dolci frutti,
Finchè son vivo, io stesso.
Io dunque, vivo ancora,
E in Abito *di Voto*,
Per *Vincenzo Corrado*.
Son conosciuto, e noto
Mi par, che soddisfatta
Abbia tua voglia invero.
L'Istoria ti narrai,
Nè ti fui menzogniero.

(a) *Espressione del rinomato Montagna, con la quale definisce la Cucina, ossia la preparazione delle vivande; ma una tale espressione l'Autore della* Guglielmina *con il vivo suo pensare, e con la felice sua penna, la contrasta, la biasma, e con ricercati versi la critica.*

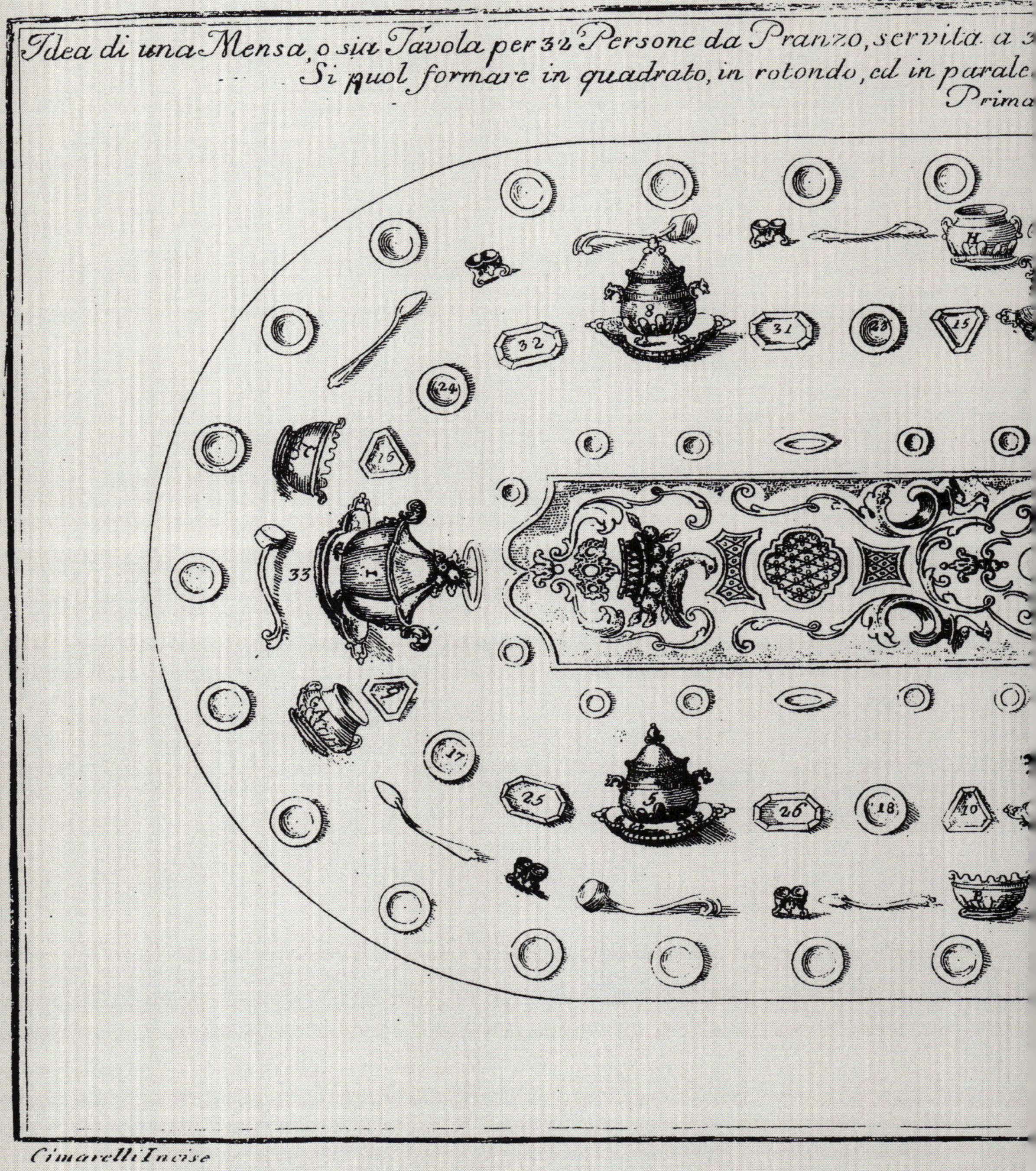
Idea di una Mensa, o sia Távola per 32 Persone da Pranzo, servita a 3
Si puol formare in quadrato, in rotondo, ed in parale
Prima
Cimarelli Incise

ande, e 4 Rilievi. Questa Tavola qui si dimostra in figura ovale, ma
o, secondo il sito ed il piacere di chi regola
nione.

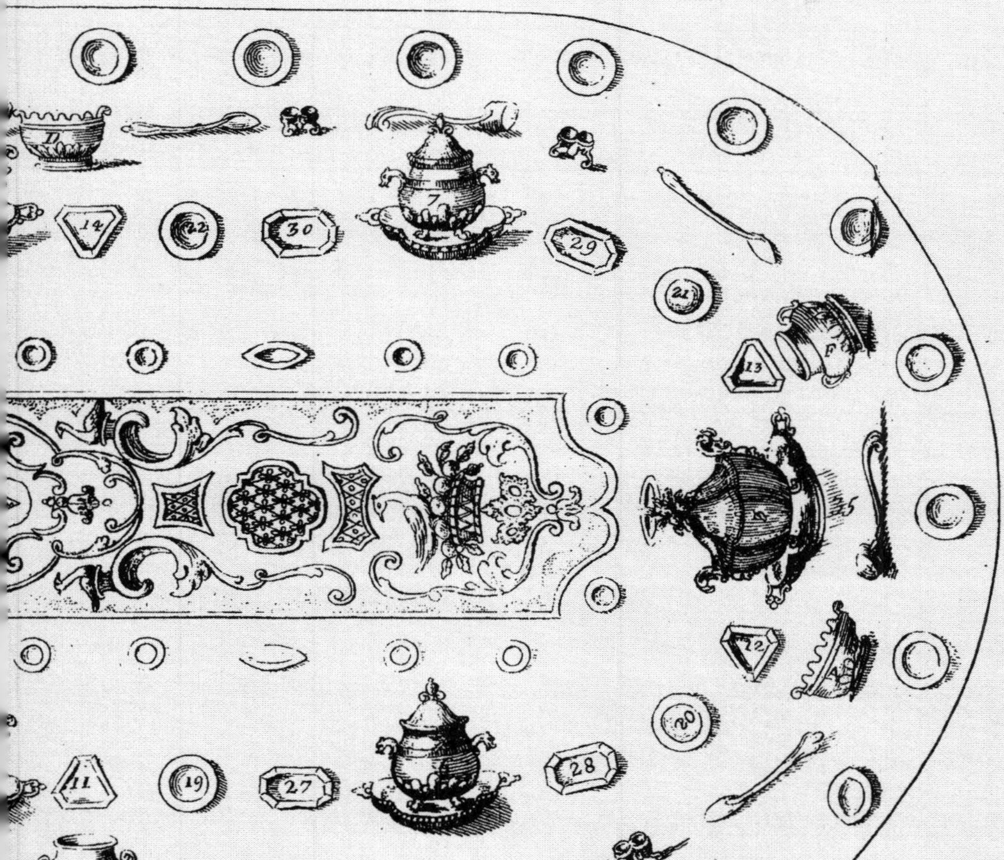

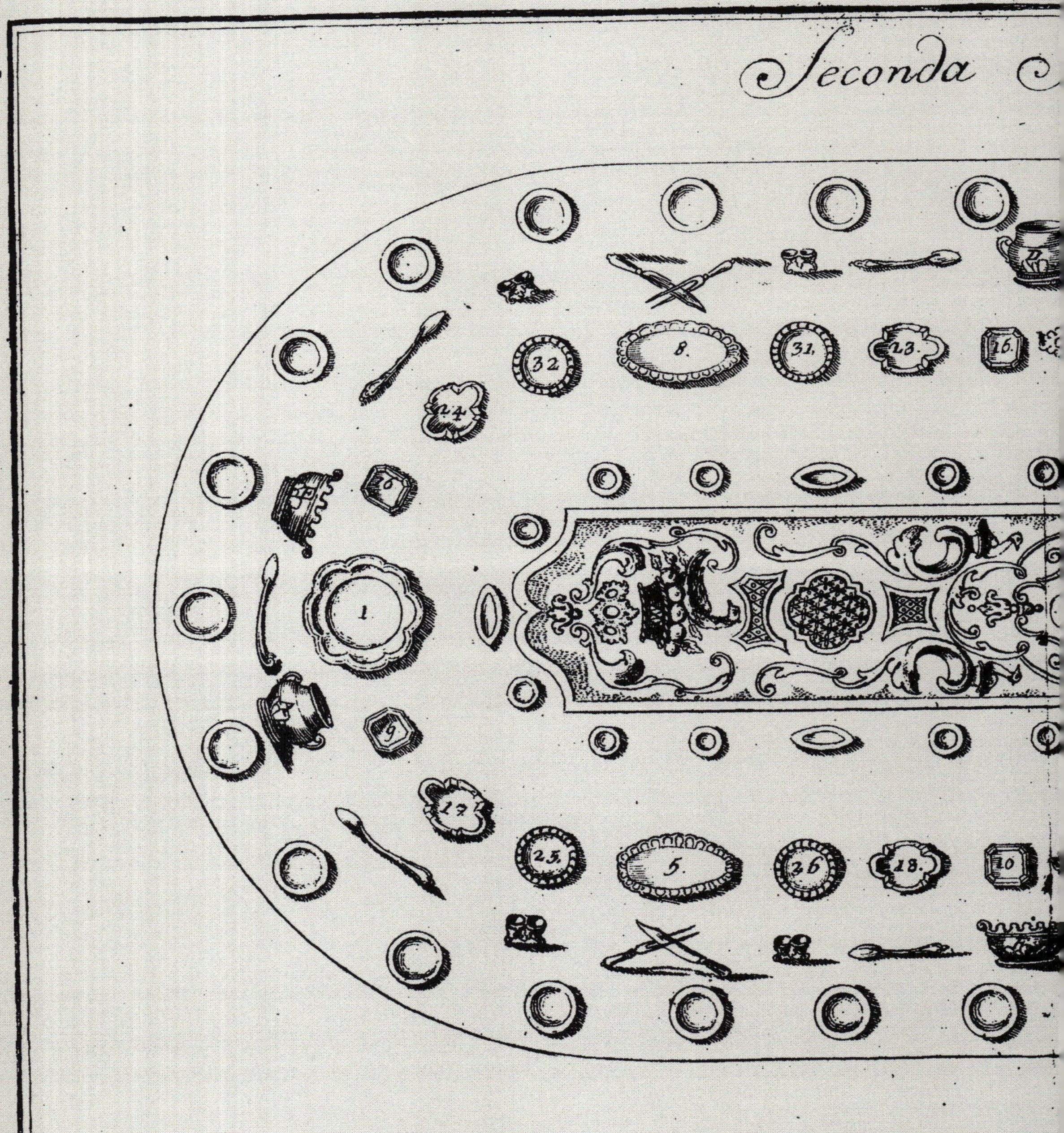
Seconda
8.
32
31.
23.
16.
24
6
1.
9
17
25.
5.
36
18.
10

ndigione

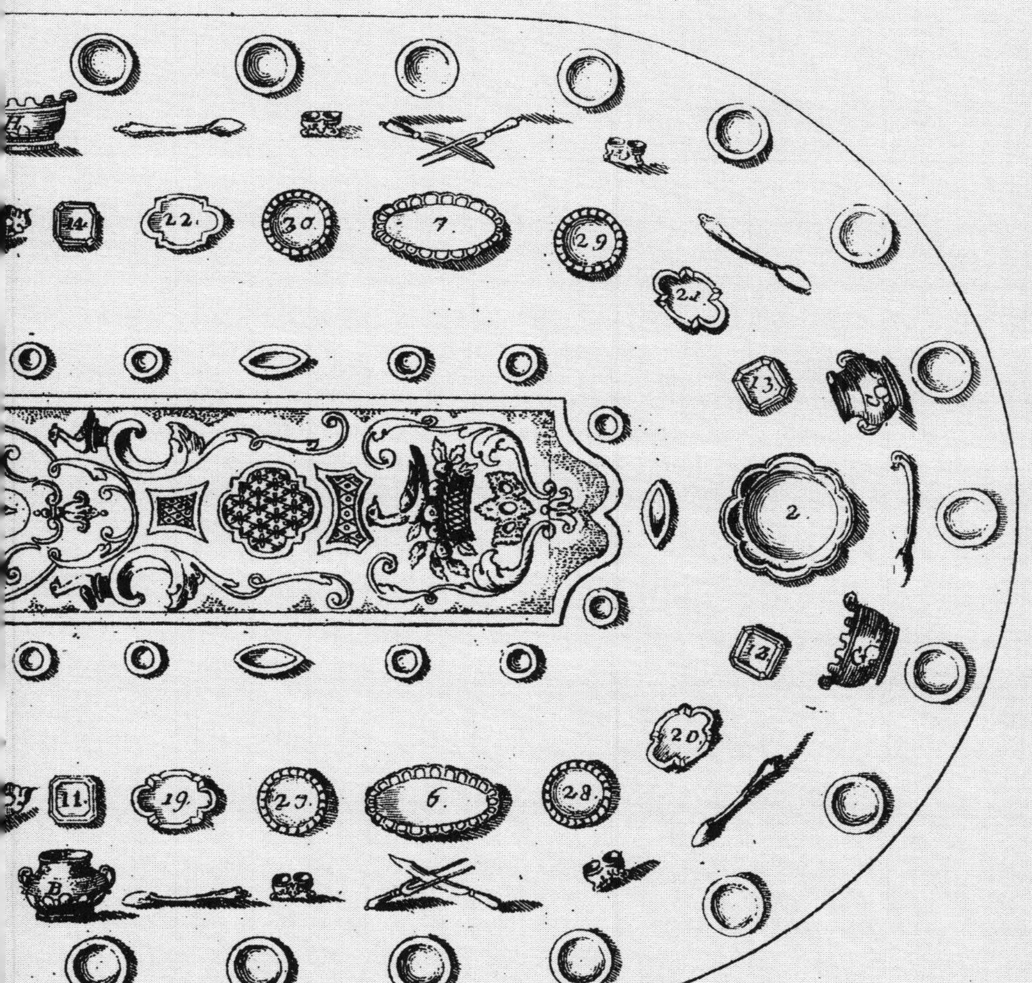

GLOSSARIO

In questo Glossario ho cercato di dare una spiegazione ai termini gastronomici desueti e meno comuni, alle parole di provenienza francese, spesso irriconoscibili perché completamente deformate e alle espressioni legate al dialetto napoletano. Non ho la pretesa di aver risposto a tutti gli interrogativi che potranno sorgere durante la lettura di questo ricettario, perché credo che molte voci siano state coniate dal Corrado che volle dare un titolo di fantasia alle sue ricette e quindi non sempre hanno per noi un significato razionale.

Pesi e misure del Regno di Napoli

Caraffa: litri 0,727	*Rotolo*: 890 grammi
Libbra: 321 grammi	*Oncia*: 26,7 grammi

ADDOBBARE, mettere in **ADDOBBO** = marinare, mettere a macerare nella marinata; condire con sughi acidi, erbette ed aromi.

AFFUMARE, AFFUMATE = affumicare, affumicate.

AGRESTA, AGRESTO = sono sia gli acini d'uva acerba che il loro succo adoperato per condire in alternativa a succo di limone o aceto, oggi del tutto scomparso.

ALACCA = gommalacca, secrezione di alcuni insetti (famiglia dei coccidi) contenente una sostanza rossa usata come colorante alimentare.

AMARICANTE = amarognolo, dal tardo latino *amaricare*.

AMBERLINA = punto di cottura delle mandorle pelate, nel momento in cui acquistano un color ambrato.

AMBICU' = per *ambigu* termine francese che indica una cena in cui si servono vari tipi di pietanze fredde insieme a dessert, dolci e piramidi di frutta. Molto in voga nel XVII secolo, era una specie di buffet freddo, preparato di sera alla conclusione di una festa o di uno spettacolo teatrale.

AMBRA = è l'ambra grigia, sostanza secreta dai capodogli che emana un forte profumo di muschio, è raccolta sui mari tropicali dove galleggia. In tutto il Medioevo veniva aggiunta a salse, creme, confetture e torte. Dal Cinquecento all'Ottocento fu molto apprezzata, si usava di solito mescolarla alla cioccolata calda perché le si attribuivano proprietà afrodisiache e ricostituenti. Oggi è usata solo in profumeria.

AMENTA = antiquato per menta.

ANASI, ANISI = anicini, frutti secchi della *Pimpinella anisum*, impropriamente chiamati semi.

ANTRÈ = corruzione di *entrée* (v.).

ARCHEMIS = sta per *alchermes*, liquore dolce e rosso dall'arabo *al-qirmiz* = cocciniglia, insetto da cui si estrae il colorante rosso.

ARROSSARE = spennellare con uova o con burro fuso per favorire la doratura dei cibi cotti in forno.

ASCÈ = dal francese *hacher*: triturare finemente.

ASCÌ = dal francese *hachis*: preparazione a base di carne, pesce o verdure crude o cotte triturate finemente, utilizzate come base di una farcia.

AZAROLE = lazzeruole, frutti simili a piccole mele, molto profumati, prodotti da una pianta spinosa che ricorda il biancospino (*Crataegus azarolus*), originaria del Medio Oriente, oggi diffusa anche in Italia allo stato spontaneo. Dallo spagnolo *acerola*.

BANDIRE = imbandire, servire.

BARDA = fetta di lardo (v. bardare).

BARDARE = rivestire carni o pesci con fette di lardo, pancetta o prosciutto per impedire che si secchino troppo durante la cottura.

BERGAMEL, BERGAMELA = corruzione per *béchamel*.

BIANCHIRE = attualmente si dice anche scottare, immergere per pochi minuti in acqua in ebollizione carni e verdure per poi passarle in acqua fresca affinché assumano una colorazione più chiara.

BIANCO MANGIARE = pietanza diffusissima nel Medioevo e molto apprezzata anche nei secoli successivi, ora riproposta talvolta come dessert. Era realizzata in diversi modi ma sempre con ingredienti rigorosamente di colore bianco: latte, farina, zucchero, riso, carni bianche, polpa di pesce, ecc.

BIGNÈ = dal francese *beignet*, nome di una pasta (pasta per bigné) o di un dolce realizzato con essa. Nella cucina francese la pasta *bigné* è la comune pastella per friggere le verdure, mentre la nostra pasta bigné è chiamata pasta *chou*, il che è fonte di equivoci. Anche il Corrado usa il termine *bigné* per indicare preparazioni differenti fra di loro.

BISCA = da *bisque*, antico termine francese che suggerisce un collegamento con la provincia spagnola di Biscaye. Indica preparazioni di carne, di volatili o altro servite come minestra, dove l'elemento caratterizzante è la presenza di un *coulis* di gamberi o di altri crostacei tirato con vino bianco e cognac, completato da panna fresca e guarnito da crostini gratinati.

BOCCHETTO = v. BUCCHE'

BONETTINE = diminutivo di *bonnet* che in francese vuol dire cuffia, berretto. Da questo termine prende il nome il recipiente, sorta di stampo tondeggiante a forma di calotta, e la pietanza cottavi dentro che, una volta sformata, ne conserverà l'aspetto. E' anche il nome di un tipico dolce piemontese.

BOTTARICHE = bottarga, ovaie di pesce (tonno, muggine) pressate e salate.

BOTTONI = termine gastronomico per indicare i testicoli di galli, agnelli e vitelli.

BRACIOLE = da brace, indica una fetta di carne con osso adatto ad essere cotto alla brace, come la costata. A Napoli, e in genere nell'Italia meridionale, il termine è invece sinonimo di fette arrotolate su un ripieno, involtini di carne o pesce e tale significato aveva già all'epoca del Corrado.

BRESA = dal francese *braiser* = brasare, metodo di cottura degli alimenti direttamente tra le braci, in un tegame ermeticamente chiuso da un coperchio sul quale si metteva altra brace, cuocere cioè con *fuoco sotto e sopra* (v.). Corrado col termine *bresa* intende sia ogni cibo cotto con tale tecnica, sia il recipiente apposito per tale cottura.

BROSCIATO = dal francese *broche*, asta appuntita su cui si infilzano gli alimenti da cuocere allo spiedo, pertanto brosciato significa infilato sullo spiedo.

BUCCHÈ = Mazzetto d'erbe aromatiche.

BUDEN = dal francese *boudin* = budino. Il termine budino in italiano indica oggi una serie di preparazioni dolci di consistenza gelatinosa, in francese invece è il nome di insaccati composti di sangue e grasso di maiale, che prendono il nome dal budello che funge da contenitore. Questi insaccati in Italia poi furono chiamati *sanguinacci* e potevano essere dolci e salati. Qui il termine è adoperato dal Corrado talvolta per indicare insaccati di sangue, di fegato, di petti di cappone o altro, talaltra preparazioni che si sformano sia con involucro di pasta che senza.

BUGNÈ = *bigné* (v.).

BURNEVILLE = deformazione di Beauvillers, che nel corso del Settecento fu un celebre cuoco del Palais-Royal.

BUTIRRO = antiquato per burro, letteralmente formaggio bovino.

CAGNONE = dalla voce lombarda *cagnon,* baco, larva di insetto, cui vengono assimilati i chicchi di riso condito in bianco con burro e parmigiano.

CALAMAI = calamari.

CALESSÒ = deformazione del francese *calisson*, dolcetti provenzali di pasta di mandorle e confettura di frutta.

CANNELLONI = il termine è usato nel testo sia per indicare involtini di carne farciti, sia dolci simili ai cannoli fatti di pasta arrotolata su cannelli di latta e fritti, poi riempiti di crema o marmellata.

CAPITONI = definiti dal Corrado anguille grosse, in realtà sono le anguille femmine che hanno subito la trasformazione per divenire adulte e sono pronte a partire per andare a riprodursi e, dovendo compiere un viaggio di migliaia di chilometri, hanno un'abbondantissima riserva di grasso.

CAPONATA = pietanza consistente in pane raffermo bagnato in acqua e aceto, condito con olio, aglio, sale, aromi e ricoperto di pesce, ortaggi lessi, insalata, olive, ecc., anticamente offerta ai viandanti che sostavano nelle *cauponae*, sorta di bettole sparse lungo le vie consolari.

CAPPARINI = piccoli capperi.

CAPPARONI = grossi capperi, forse i cucunci che sono i frutti del cappero.

CAPPONE DI GALERA = v. caponata.

CARAMELLA = zucchero caramellato.

CARBONATA = dal francese *carbonade*, specialità fiamminga, che è un umido di bue cotto con cipolle e birra.

CERVELLATI = insaccati a base di cervella di porco.

CHINEF = deformazione del francese *quenelle*, sorta di polpettine lessate in un liquido bollente, acqua, brodo o latte.

CHIODI = sottili bastoncini di prosciutto o lardo con cui steccare la carne.

CICCEIDE = il termine è usato dal Corrado anche in altri suoi libri per indicare preparazioni diverse a base di testicoli di vari animali.

COLÌ o **CULÌ** = antico termine gastronomico dal francese *coulis* (*couler* = filtrare) che indicava i densi sughi risultanti dalla cottura prolungata di carne, pesci o verdure con un grasso e vari aromi e l'aggiunta di brodo, acqua o altro liquido.

CONCIATO = condito.

CONDE' = nome dato a svariate preparazioni dedicate al Gran Condé dai cuochi al servizio suo e dei suoi discendenti.

COPPIETTE = polpette accoppiate due a due.

CORIANDRO = coriandolo, i cui frutti secchi erroneamente chiamati semi, sono usati in cucina per il loro delicato aroma.

CORBOGLIONE = neologismo dal francese *court bouillon*, letteralmente brodo ristretto, indica un liquido aromatizzato in cui si lessano pesci e crostacei. Di solito è a base di acqua salata aromatizzata con cipolla, sedano e carota, cui di solito si aggiunge del vino bianco o aceto o succo di limone.

CORRADINA = indica preparazioni create dal Corrado.

DAMA (alla) = detto di pietanza particolarmente delicata.

DATTILI = datteri.

DENTALE = dentice.

DISLATTARE = voce antiquata per svezzare, qui nel senso di eliminare il latte dalle mandorle pestate.

DISSALSARE = dissalare immergendo in acqua fresca.

DRAGANTE = adragante, è la gomma estratta da una pianta che cresce nelle zone aride della Turchia e dell'Iran, adoperata in pasticceria come stabilizzante. E' detta anche *gomma di Tragakantha* composto di *tragos* = capra e *àkantha* = spina, che è il nome della pianta.

ENTRÉES = piatti da servire nel primo servizio.

ENTREMETS = pietanze del secondo servizio.

ERBA S. MARIA = nota anche come *Erba di San Pietro* o *Erba amara*, utilizzata per il profumo gradevole e il sapore aromatico delle sue foglie. Cresce sia allo stato selvatico sia coltivata negli orti.

FAGIOLETTI = fagiolini.

FARSA = farcia, qualsiasi ripieno composto da vari ingredienti usato per imbottire pietanze.

FARSIRE = riempire con la farsa, farcire.

FIOR DI LATTE = crema di latte, panna.

FIANCHETTO = taglio di carne bovino corrispondente alla pancia.

FLAMPOES = deformazione del francese *framboise* = lampone.

FORITACI = si tratta di fiori (rose, gigli, ecc.) realizzati tagliando la pasta mediante stampini, montati poi in modo da formare una piramide, in francese sono detti *fleuron*.

FRAGAGLIA = il pesce minuto che resta sul fondo della rete.

FRICANDO' = dal francese *fricandeau,* che definisce un taglio di carne di vitello, ma poi è passato a indicare una preparazione di carne lardellata, rosolata e cotta in umido con erbe aromatiche e verdure.

FRICASSEA = dal francese *fricassée*, indicava anticamente un umido di volatili, carni varie, pesci e verdure; nei secoli successivi la *fricassea* acquistò in Italia un carattere particolare, cioè di carni in umido finite con una legatura all'uovo e al limone, e in tal senso è usato dal Corrado.

FRULLO = frullino.

FUOCO SOTTO E SOPRA = era un metodo di cottura lenta molto usato nel Settecento. La casseruola, detta *bresa* (v.) era posta sulla brace di carbone e il suo coperchio era ricoperto con altra brace. La cottura durava ore durante le quali la casseruola restava sempre coperta.

GALANTE = non nel significato di cerimonioso con le donne, ma di ricercato, delicato, raffinato, squisito, perfetto, che si distingue per l'accuratezza dell'esecuzione (Battaglia).

GALANTINA = è una complessa preparazione fredda costituita da dadi di carne, prosciutto, lingua, lardo, guarniti con pistacchio, tartufo e spezie, inglobati e amalgamati in una farcia, il tutto avvolto e cucito in un involucro di pelle di pollo o di tacchino, oppure omento di vitello o una fetta larga e sottile di vitello, o anche in un tovagliolo tenuto stretto e ben legato, come nella ricetta riportata dal Corrado (testa di maiale), poi lessata in brodo e servita fredda a fette con gelatina. Sembra che il termine derivi dall'antico francese *galatine* = gelatina.

GALLO d'INDIA = tacchino, detto così perché originario dell'America, chiamata inizialmente "Indie Occidentali". Fu introdotto in Spagna intorno al 1520, e da qui si diffuse rapidamente in tutta Europa per le notevoli dimensioni e la bontà delle sue carni.

GARDONI = cardoni, francesismo per cardo.

GATTO' = torta, deformazione del francese *gateau.*

GELO = gelatina.

GENOVESE (alla) = La lonza di vitello alla genovese descritta in questo libro dal Corrado è un arrosto morto in casseruola a lunghissima cottura in strutto e burro. Nel Settecento e prima metà dell'Ottocento, la carne alla genovese era una pietanza diffusa in tutta Italia e riportata dai maggiori cuochi dell'epoca, ma la cipolla non viene neanche nominata fra gli ingredienti. A Napoli successivamente per aumentare il quantitativo del fondo di cottura, nel cuocere questo stracotto si cominciò ad aggiungere moltissima cipolla tritata che, disfacendosi, diventava un ottimo sugo per condire i maccheroni, "maccheroni alla genovese".

GHIACCIO = dal francese *glace* = glassa, nel senso di copertura lucida che si dà a una vivanda per renderne più gradevole l'aspetto. Il Corrado usa il termine anche per una copertura fatta di albumi e zucchero asciugata in forno.

GIALLI D'UOVA = francesismo per rossi d'uova, tuorli.

GIULEBBE = sciroppo ottenuto facendo bollire per qualche minuto acqua con zucchero nella proporzione di 2 a 1. Il termine deriva dal persiano *gulab*, acqua di rose.

GIULIEN = dal francese *julienne*, preparazione a base di erbe tagliate in filamenti lunghi 2-3 cm e larghi un paio di millimetri. L'etimologia del termine non è chiara, ma cominciò a comparire nei ricettari francesi nella prima metà del Settecento.

GLASSA = dal francese *glace* = ghiaccio (v.), copertura o sugo lucido con cui si copre una vivanda o un dolce per renderla brillante e appetitosa.

GOLO = riferito all'intestino, verosimilmente intestino colon.

GOMMA A PALLONE = gelatina, colla di pesce.

GORBOGLIONE = v. Corboglione.

GRANATA = sorta di timballo rivestito esternamente di pangrattato da cui il nome. L'operazione di cospargere di pangrattato era detta un tempo ingranire, verbo oramai desueto.

GRANELLI = testicoli degli animali.

GRANI = anche nel significato di chicchi.

GRANO d'INDIA = granturco, mais.

GRILLACCIOTTI = piccoli dolci di nocciole tostate, diminutivo di *grillace* (v.).

GRILLACE = dal francese *griller* = tostare, vivanda con mandorle o nocciole tostate.

HARICO' (in) = nella cucina francese *halicot* o *haricot* è un piatto di carne tagliata a pezzetti con rape, cipolle, patate e talvolta fagioli.

HORS d'OEUVRES = letteralmente "*fuori d'opera*" cioè fuori del menù, vivande in genere di competenza del credenziere da consumare insieme a quelle del primo servizio, presenti sulla tavola in piattini molto decorativi detti *tondini*.

IMBORRACCIATO = impanato, avvolto in pangrattato.

IMPERIALE (alla) = denominazione di svariate pietanze d'alta cucina particolarmente raffinate e complesse.

LACERTO = nell'Italia meridionale è il taglio di carne vaccina corrispondente al girello.

LAGANE = lasagne, dal greco "*laganon*" focaccia larga e sottile.

LATTAROLI = schienali, midollo spinale di bestie macellate. Quando però il Corrado parla di lattaroli riferendosi a pesci, forse intende riferirsi alle ovaie.

LENTE = lenticchie.

LINGUATTOLA = nome di un pesce piatto che si differenzia dalle sogliole per avere gli occhi sul lato sinistro della testa anziché sul destro, ma è probabile che con questo nome il Corrado intenda riferirsi proprio alle sogliole.

LUPOLI = germogli giovani del luppolo.

LUVARO = nome napoletano del pagello o fragolino dal dorso rossastro, corruzione del latino *ruber* = rosso.

MADREFIGLIE = erano detti così i grappoli di uova senza guscio che si trovavano nell'addome delle galline ammazzate.

MARICANTE = sta per amaricante (v.), dal verbo *amaricare* = rendere amaro, qui riferito a mandorle amare, ingrediente di pasticceria.

MECCANICA = opera meccanica è il sottotitolo del *Cuoco Galante*, ossia capacità artigianale, attività manuale.

MELA ROSA = piccolo frutto mangereccio, color giallo carico, grande come una nespola, con polpa delicatamente profumata di rose, prodotto da una pianta arbustiva delle mirtacee coltivata nelle regioni tropicali (*Syzygium jambos*).

MELE = miele.

MELE ALAPPIE = dal latino *melapium,* mele appie, a Napoli chiamate anche *appiuole*. Varietà molto pregiata di mele invernali, piccole, bianche e rosse, dalla polpa rosata soda e zuccherina. Sono dette così da Claudio Appio che le portò a Roma dal Peloponneso.

MERENGHE = meringhe.

MICCIATI = picchettati con bastoncini sottili di lardo o prosciutto, dal napoletano *ammeccià* = unire due pezzi in modo che l'uno entri nell'altro.

MIGLIACCIO = attualmente indica delle torte molto diverse fra loro secondo le regioni, l'origine invece è comune in quanto tutte le preparazioni erano un tempo a base di farina di miglio oggi sostituito quasi sempre da farina gialla, cioè di granturco. Quello proposto dal Corrado è un dolce fatto con sangue e cervella di porco, ricotta, parmigiano, zucchero, spezie e cedro canditi, senza farina, racchiuso in un involucro di pasta (pag. 45). Da ricordare che il migliaccio romagnolo è ancora oggi una torta dolce a base di sangue suino.

MODA (alla) = secondo il gusto dell'epoca.

MOLLICARE = ricoprire di mollica.

MONDIOLA = sta per mandola, attrezzo con cui si tagliano verdure e altri cibi, composto da una base di legno con una lama orizzontale su cui si fa passare velocemente il cibo da affettare. È chiamato anche *mandolino* perché il movimento delle mani di chi lo usa ricorda quello per suonare lo strumento musicale.

MONTONCINI = mucchietti.

MORESCA (alla) = sono dette così dal Corrado le preparazioni rifinite con una salsa a base di fegato pesto, mostaccioli o altro ingrediente che conferisca una colorazione scura alla pietanza.

MOSTACCIOLI = piccoli dolci di pasta secca a base di farina, miele e originariamente di mosto, da cui il nome. Nel Settecento i mostaccioli di Napoli erano conosciuti in tutta Italia e sbriciolati entravano nella preparazione di varie pietanze come addensante.

MUSCHIO = sostanza di odore penetrante estratta dalle ghiandole del cervo mosco o dai semi di alcune piante coltivate in Africa e alle Antille, usata un tempo come spezie in alternativa all'ambra per profumare cibi e bevande.

NASTRATE = a forma di nastri.

NITRO = sale.

NEVOLE = cialde sottili e leggere fatte di farina impastata con mosto e cotte fra due ferri arroventati.

ORITANA (alla) = cioè alla moda di Oria, il paese natale del Corrado, nome di fantasia per designare piatti creati dal Corrado.

PADELLE = patelle, frutti di mare.

PAMPATEUR (alla) = per Pompadour, dal nome della favorita di Luigi XV, appassionata di arti culinarie. Numerosi piatti che portano il suo nome furono di sua creazione, altri le furono dedicati da celebri cuochi dei secoli successivi.

PANNARA = panna.

PANSAROTTI = panzarotto o calzone è preparazione tipica napoletana consistente in un involucro di pasta con ripieno dolce o salato, fritto o cotto al forno.

PANZETTA = pancetta, salume suino.

PAPIGLIOTTI = dal francese *papier* = carta, fogli di carta in cui si avvolgono cibi da cuocere sulla graticola o in forno.

PASSARE = sta per ripassare, dare una leggera rosolatura ad alimenti già cotti o sbollentati.
PASSERINA o **PASSERINI** = uva passa.
PASTE FINE = pastina.
PASTIGLIACE = dal francese *pastillage*, pasta di zucchero, amido, gelatina ed altro, piuttosto consistente da stendere e ritagliare in pezzi che, una volta essiccati e induriti, possono essere assemblati in modo da creare sculture o composizioni artistiche.
PASTUME = impasto omogeneo composto di vari ingredienti da usare per ripieno.
PEPAROLO = peperone.
PEPE LUNGO = varietà di pepe, costituito dalle bacche del *Piper elongatum*.
PERA MOSCATELLA = varietà di pera dall'aroma di moscato.
PERCOCA = varietà di pesca dalla polpa compatta di colore giallo, molto diffusa a Napoli, dal latino *praecoqus*, frutto precoce, che matura prima.
PERSILATA (alla) = sta per *persillée*, termine di cucina francese usato per qualificare della carne bovina di ottima qualità, caratterizzata dalla presenza di minuti filamenti di grasso tra le fibre del muscolo, (detta anche *marbrée*, marmorizzata).
PETRONCIANE = antico nome delle melanzane.
PETROSEMOLO = prezzemolo.
PICCARE = introdurre superficialmente in un pezzo di carne dei lardelli, cioe bastoncini di lardo, pancetta o prosciutto.
PICCATIGLIO = dallo spagnolo *piccadillo* dal verbo *picar*, sminuzzare. Indicava di solito una vivanda preparata con carne minutamente tagliuzzata.
PINOCCHI = pinoli.
PIPERNA = nome dialettale napoletano per serpillo o pepolino, erba aromatica simile al timo.
POLAO (al) = più o meno così si pronuncia la parola francese *poêlon*, che indica un recipiente a bordi semialti, dritti, munito di un manico lungo, adatto a cotture lente e prolungate.
POLVERATO = ricoperto con polvere di pane, con zucchero o altro.
PORCELLANA = portulaca, ancora oggi si usa aggiungerla cruda nelle insalate.
PORTOGALLO = arancia dolce così chiamata perché portata dai portoghesi in Europa nel Settecento, fino allora le arance coltivate nei paesi del Mediterraneo erano aspre o addirittura amare e venivano chiamate cetrangoli o melangoli.
POTAGGI = dal francese *potage*, cioè cibi cotti nel *pot* = pentola. Erano le minestre liquide con cui si iniziava il pranzo, preparate con gli ingredienti più diversi, carni, pollame, vegetali, uova, ortaggi, tutto cotto sempre in ottimo brodo.
PROVATURA = antico nome della mozzarella, derivato da *provare*, perché alcuni esemplari servivano di assaggio.
PRUGNOLI = qualità pregiata di funghi.
QUAGLIO = caglio.
RAGGIA, **RAGIA** = razza, pesce cartilagineo di forma romboidale.
RAGOSTA = aragosta.
RAGÙ = dal francese *ragouter*, eccitare il gusto. Qualsiasi ingrediente (carne, pesce o anche verdura) può essere cucinato in ragù, soffriggendolo in un fondo di aromi tritati e rosolati nel grasso. Dopo aver insaporito l'ingrediente prescelto in questo fondo, se ne completa la cottura con l'aggiunta di un liquido caldo (acqua, brodo, vino, latte).
RAME e **RAMI** = incisioni su rame.
RAMOLATA (alla) = la *rémoulade* francese è una maionese resa piccante dall'aggiunta di mostarda,

cetriolini, capperi, acciughe, erbe aromatiche tritate. La maionese nel *Cuoco Galante* manca e la salsa, fatta con tutti gli altri ingredienti ben pestati, viene stemperata con olio, aceto e sugo di limone.

RAPATO = grattugiato, dal francese *raper* = grattugiare.

RAPPIGLIARE = rapprendere, addensare.

RAVAGGIUOLI VESTITI = ravioli ricoperti da un involucro di pasta, in passato si preparavano anche ravioli nudi, il ripieno cioè, ridotto in piccoli bocconi, veniva cotto in brodo direttamente senza essere racchiuso nell'involucro di pasta.

REALE (alla) = si dice di preparazioni particolarmente delicate e raffinate.

REDE = rete.

RESTORAN e **RISTORANTE** = dal francese *restaurant*, termine che fino all'Ottocento indicava alimenti sostanziosi, in particolare un brodo ricco e saporito, capace di restituire le forze perdute. In seguito passò ad indicare un locale specializzato nella vendita di tali cibi (*restaurants*). Il primo di tali locali fu aperto a Parigi nel 1765 da tal Boulanger, ma il primo ristorante francese degno di tale nome fu quello aperto da Beauvillers nel 1782 con il nome di *Grande Taverna di Londra.* Fu però solo dopo la Rivoluzione che i ristoranti si diffusero, aperti da tutti i cuochi della nobiltà rimasti senza lavoro dopo la fuga all'estero dei padroni. La loro fortuna fu poi decretata dall'arrivo nella capitale dei numerosi rappresentanti del popolo, provenienti dalla provincia e lontani dalla famiglia, nonché da giornalisti e uomini d'affari desiderosi di quei piaceri riservati fino a pochi anni prima esclusivamente ai ricchi.

RIGIOLA = ricciola.

RILEVÈ = come spiegato nel paragrafo "**Servizio di tavola**", ogni pietanza occupava un suo posto ben preciso sulla tavola. Le zuppe e i potages erano i primi ad essere consumati e i relativi contenitori venivano portati via, ma poiché la tavola non doveva mai restare sguarnita, al loro posto venivano piazzati i *relevés* (dal francese *relever* = rimpiazzare) che erano di solito grandi portate di carne, come la testa di vitello, o grossi pesci accompagnati da una salsa e da un contorno. Il celebre gastronomo Grimod de La Reynière precisa che *"prendono il nome di relevés perché con questi si rimpiazzano i potages che sono ai due estremi della tavola."*

RO' = dal francese *rôt* = arrosto, carne o pesce cotta al fuoco diretto, dal verbo *rôtir* = arrostire.

RODOLATE, ROTOLATE = arrotolate.

ROGNONATA = il grasso che circonda i rognoni o reni di maiale o di vitello.

SALGRAO = deformazione del francese *saugrenée* che è un condimento composto da burro montato con acqua, sale e erbe aromatiche tritate.

SALPICON o **SALPICCONE** = dal francese *salpicon* a sua volta dallo spagnolo *sal* = sale e *picar* = tagliare. Ripieno composto da vari ingredienti tritati come funghi, animelle, fegatini e sempre prosciutto che dava l'apporto di sale, usato per farcire pezzi di carne o volatili, involtini, torte e pasticcini rustici.

SANDOLO ROSSO = è il *sandalo*, foglie e fiori del *Pterocarpus santalinus*, usato in erboristeria per colorare.

SANTE' MENO' (alla) = deformazione per *Sainte-Menehould*, città francese sulla Marna dove specialità tipica sono i piedi di porco lessati, raffreddati, poi impanati, grigliati e serviti con mostarda o salsa alla Sainte-Menehould a base di cipolla, mostarda, aceto e erbe aromatiche. La tecnica di cottura della ricetta è stata poi applicata anche ad altre pietanze. La *Confrérie des Compagnons du Pied'or*, fondata nel 1972, ha dichiarato che i piedi di porco alla moda della città furono serviti al re Carlo VII nel 1435 e che Luigi XVI li gustò nel 1791 quando fuggì a Varenne.

SAPORI = sono salse o condimenti freddi da servire accanto a qualsiasi pietanza per renderla più appetitosa e saporita.

SAPORIGLIA = da sapore, indica intingoli particolarmente saporiti.

SARACCHE = napoletano per salacche, cheppie e sardine conservate sotto sale o affumicate.
SARTROSA = deformazione del francese *sauteuse*, casseruola rotonda, bassa, dai bordi leggermente svasati, munita di un lungo manico che consente di far saltare (*sauter*) gli alimenti.
SARTU' o **SORTU'** = dal francese *sur tout* = sopra di tutto. Era la pietanza più importante e decorativa del pranzo, di solito un monumentale timballo cui spettava il posto d'onore al centro della tavola. Era poggiato su un piatto rialzato in modo da dominare le altre pietanze ed essere ben visibile da ogni parte. Oggi è rimasto nella ricca cucina borghese napoletana solo il *Sartù di riso*.
SCANNATURA = taglio di carne bovina che si trova sotto la gola.
SCAPECE = dallo spagnolo *escabeche*, preparazione di pesci o verdure prima fritti e poi marinati in aceto e erbe aromatiche. Secondo alcuni il termine spagnolo avrebbe la sua etimologia nella locuzione *ex Apicium*, ipotesi giustificata dalla frequente citazione di una tecnica simile nel ricettario del celebre gastronomo latino.
SCARLATA (alla) = sono detti così pezzi di carne suina o bovina, soprattutto la lingua, immersi per un tempo più o meno lungo in una salamoia, il trattamento li rende di colore rosso vivo, da cui il nome. Successivamente sono cotti in acqua bollente. Vengono dette *alla scarlatta* anche le pietanze in cui la lingua così trattata, tagliata a bastoncini o tritata, entra come ingrediente o come decorazione.
SCHIAMAZZANDOLI = in napoletano schiamazzare o scamazzare significa schiacciare.
SCIRIS = deformazione del francese *Chivry*, nome di un burro lavorato e addizionato di erbe aromatiche tritate (prezzemolo, dragoncello, cerfoglio, cipolline, scalogno e pimpinella).
SELLERI = sedani dal francese *céleri*.
SIVE' = così si pronuncia il termine francese *civet*. E' uno stufato di cacciagione simile al salmì con un abbondante fondo di cipolla, la cui salsa dovrebbe essere legata col sangue e il fegato dell'animale. Il Corrado invece chiama con questo termine varie preparazioni di sua fantasia in cui talvolta entrano aceto, zucchero e mostaccioli pestati o anche limone verde, alloro ed aromi, oppure Portogallo candito pesto, pistacchi e spezie, ed altre varianti.
SOPPRESSE o **SUPPRESSE** (in) = piccole crocchette di ingredienti vari formate pressando l'impasto tra le mani.
SPARAGI = asparagi.
SPASE = sparse, stese in napoletano.
STAGIONARE = soffriggere lentamente carni o altro nel fondo di cottura.
STAMINA = setaccio.
STUFA = arredo indispensabile nelle cucine importanti dell'Ottocento. Si trattava di una comune stufa a carbone con bocca e canna fumaria incorporata in uno stipo di mattoni provvisto di sportello e scansie di ferro la cui temperatura interna si manteneva al di sotto dei 100° C. Serviva principalmente come scaldavivande, ma anche per cuocere cibi che richiedevano una cottura lenta e prolungata a calore basso, gli stufati appunto.
SUAGE = brodo per zuppe ottenuto dalla lenta cottura degli ingredienti, dal francese *suer* = sudare, cuocere a fuoco lento.
SUCCASTRAO = nella cucina francese esiste un dolce dalle caratteristiche simili a quello descritto dal Corrado, chiamato *sacristain*. Non escludo che il termine usato dal Corrado sia un'ennesima deformazione del vocabolo francese.
SUGNA = a Napoli è detto sugna l'ammasso di grasso che si ritrova all'interno di alcuni animali e che sciolto e filtrato si trasforma in strutto.
SULDANA (alla) = *à la sultane*, nella cucina francese sono dette così le pietanze caratterizzate dall'impiego di pistacchi.

TARANTELLO = salame di ventresca di tonno pressata e salata, così chiamato perché originario di Taranto.

TARGONE = deformazione del francese *estragon*, dragoncello.

TARTARETTE = tartellette, piccoli dolci rotondi di pasta farciti di crema, frutta o confetture.

TIMPALLI = timballi, sorta di pasticcio realizzato in uno stampo leggermente conico a pareti alte, detto appunto timballo per la somiglianza di forma con l'antico strumento musicale omonimo.

TOMACELLE = preparazioni di carne, fegato o altri ingredienti tritati simili a polpette.

TONDINO = piattino, piccolo piatto rotondo. Una serie di *tondini* era posta intorno al centrotavola con piccole golosità d'ogni genere: acciughe, burro, salumi, sott'oli, sott'aceti, caviale, tartufi, finocchi, mandorle, biscotti, crostini, e così via.

TORNAGUSTO (al) = termine antiquato e obsoleto per *stuzzichino*, cibo o bevanda che stuzzichi l'appetito e risvegli il desiderio di mangiare.

TRAMEZZO = entremets (v.).

UOVA FALDICCHERE = tuorli d'uovo impastati con zucchero e modellati in piccole palline che venivano incartate in modo da poter essere portate in tasca senza rischiare di sporcarsi. Dallo spagnolo *faltriquera* = tasca. Qui però usate per guarnire una torta.

UOVA SPERDUTE = uova affogate o in camicia, aperte e fatte scivolare in un liquido bollente (acqua, latte, vino, brodo) da cui vengono alzate appena l'albume si rapprende.

ZINNA = mammella di animale che ha allattato.

ZUCCA VERNINA = è una varietà di zucca oggi nota come *Lunga invernale di Napoli*.

È STATO IMPRESSO IN NAPOLI
PER I TIPI DELLA
GRIMALDI & C. EDITORI
NELL'OTTOBRE 2017